21世纪技能创新型人才培养系列教材

新媒体系列

新媒体视频节目制作

主　编◎郑宇麟　赵泾钧　魏　成
副主编◎邹　勤　张晓晖　贾　岚　冀建平

中国人民大学出版社
·北京·

图书在版编目（CIP）数据

新媒体视频节目制作 / 郑宇麟，赵泾钧，魏成主编
. -- 北京 : 中国人民大学出版社，2023.6
21 世纪技能创新型人才培养系列教材 . 新媒体系列
ISBN 978-7-300-31759-5

Ⅰ. ①新… Ⅱ. ①郑… ②赵… ③魏… Ⅲ. ①电视节
目制作－教材 Ⅳ. ① G222.3

中国国家版本馆 CIP 数据核字（2023）第 100824 号

21 世纪技能创新型人才培养系列教材 · 新媒体系列
新媒体视频节目制作
主　编　郑宇麟　赵泾钧　魏　成
副主编　邹　勤　张晓晖　贾　岚　冀建平
Xinmeiti Shipin Jiemu Zhizuo

出版发行　中国人民大学出版社
社　　址　北京中关村大街 31 号　　邮政编码　100080
电　　话　010－62511242（总编室）　010－62511770（质管部）
　　　　　010－82501766（邮购部）　010－62514148（门市部）
　　　　　010－62515195（发行公司）　010－62515275（盗版举报）
网　　址　http://www.crup.com.cn
经　　销　新华书店
印　　刷　中煤（北京）印务有限公司
开　　本　787 mm × 1092 mm　1/16　　版　　次　2023 年 6 月第 1 版
印　　张　15　　印　　次　2023 年 6 月第 1 次印刷
字　　数　340 000　　定　　价　48.00 元

编委会

序　一

2021 年 4 月，习近平总书记对职业教育工作作出重要指示，强调“在全面建设社会主义现代化国家新征程中，职业教育前途广阔、大有可为”，“要坚持党的领导，坚持正确办学方向，坚持立德树人，优化职业教育类型定位，深化产教融合、校企合作”，“加快构建现代职业教育体系，培养更多高素质技术技能人才、能工巧匠、大国工匠”。从中可以看出以习近平同志为核心的党中央对职业教育的重视程度。促进社会发展是职业教育的应有之义和神圣职责，职业教育大有前途。

教育部、国家发展改革委等九个部门于 2020 年 9 月联合印发《职业教育提质培优行动计划（2020—2023 年）》（以下简称《行动计划》）。《行动计划》提出系统推进职业教育“三教”改革，要求加强职业教育教材建设，实行教材分层规划制度，健全教材分类审核、抽查和退出制度，促进教材质量整体提升。

《新媒体视频节目制作》活页式教材是北京经济管理职业学院提质培优行动计划中职业教育规划教材遴选及培育项目的成果，基于需求导向、问题导向和学生导向确定教材选题，将课程思政、素质教育、1+X 等融入教材编写，深化校企合作、产教融合，符合高等职业教育发展的最新要求。

本教材第一主编郑宇麟，北京经济管理职业学院教师，毕业于中国传媒大学，具有大型综艺节目制作、纪录片制作经验，职业教育经验丰富。第二主编赵泾钧，北京经济管理职业学院教师，曾在企业就职，任设计部专业经理等职务，实践经验丰富。企业主编魏成，曾任搜狐网副总编辑、360“北京时间”新闻产品总监、音频新媒体考拉 FM 总编辑，曾受到国新办、北京市委宣传部、北京市委网信办等多部门书面嘉奖，从业二十多年，积累了丰富的新媒体新闻工作实践经验。

本教材的主要特点如下：

第一，坚持立德树人。首先，学习任务明确素养目标，要坚定文化自信、理想信念、价值理念及道德观念。其次，课程案例选取正能量、主旋律的主流媒体节目，使正面宣传质量和水平明显提高。再次，课程评价体系强调培养理想信念坚定，德、智、体、美、劳全面发展，具有良好的人文素养、职业道德和创新意识，精益求精的工匠精神。从多方面进行课程思政融合，为全面建设社会主义现代化国家、实现中华民族伟大复兴的中国梦提供有力的人才和技能支撑。

第二，坚持以学生为中心。教材内容通过学习领域的形式，以学生为中心，按照新媒体视频节目制作、编辑的流程，循序渐进，重点关注学生新媒体视频节目制作能力的培养，淡化理论讲解。将学习任务项目化，创设相关的实践拍摄情境，使学生在教学做一体化的教学过程中，建构知识体系和工作经验，锻炼职业技能，养成职业素质，使学生的素养与专业技能同步提升。

第三，坚持深化产教融合、校企合作。本教材是北京经济管理职业学院与北京成聚移动科技有限公司、凤凰数字媒体产业教育集团合作的成果，校企双方师资互兼互聘。学校专任教师具有高校教师资格，师德高尚、学识扎实。企业教师坚持正确的政治方向，具有良好的职业道德、工匠精神，结合企业人才需求，传授给学生扎实的专业知识和丰富的实际工作经验。

第四，坚持 1+X 证书融入。把学历证书与职业技能等级证书结合起来，探索实施“1+X”证书制度，是《国家职业教育改革实施方案》的重要改革部署，也是重大创新。本教材将数字媒体专业与“移动流媒体技术职业技能等级证书”有机结合，课程的设置与职业考证相对应。通过课程学习，学生能掌握部署、配置录播环境及操作视音频硬件设备的方法，掌握移动短视频制作的基本方法，掌握编写移动流媒体产品运营与营销方案等技能，从而参加相关职业证书的考试。

第五，坚持优质教育资源共享。本教材配有相关多媒体课件、微课视频、二维动画等教学资源，学生可以扫描学习任务对应的二维码，通过线上线下结合的方式进行自主学习。教材编写与“新闻短视频制作”“微电影制作”“微纪录片制作”等精品在线开放课程建设相结合，在智慧职教 MOOC 平台及智慧树网等精品在线开放网络平台实现优质教学资源共享，扩大优质教学资源的受益面。

本教材可作为职业院校数字媒体应用技术专业或网络专业的新媒体视频节目制作应用教材，以及数字媒体及网络技术培训机构的培训教材，也可作为希望从事新媒体视频节目制作、编辑人员的自学参考书。

何苏六

（中国传媒大学电视学院副院长，

新闻传播学部副学部长，

中国纪录片研究中心主任，

首部国家级纪录片蓝皮书《中国纪录片发展报告》主编）

2023 年 4 月

序　二

2019年2月，国务院印发的《国家职业教育改革实施方案》中提出了“三教”（教师、教材、教法）改革的任务。“三教”改革中，教师是根本，教材是基础，教法是途径，它们形成了一个闭环的整体，解决教学系统中“谁来教、教什么、如何教”的问题。其落脚点是培养适应行业企业需求的复合型、创新型高素质技术技能人才，目的是提升学生的综合职业能力。

为响应《国家职业教育改革实施方案》中的“三教”改革要求和学校“双高”项目计划中活页式教材的编写要求，本教材从产教融合的角度找准突破口，与“三教”改革进行结合。

“教师”的改革。以“双向双融通”为主要途径，与北京成聚移动科技有限公司、凤凰数字媒体产业教育集团合作，企业专家参与教材编写。主编、副主编及编委团队，功能整合、结构合理、任务明确，实现职业教育的产教深度融合。

“教材”的改革。本教材按照更新教学内容、完善教学大纲、编写或开发教材的顺序进行。

一是在教材内容上打破学科体系、知识本位的束缚，加强与生产生活的联系，以实际新闻节目、纪录片、微电影等为实践项目，突出应用性与实践性，关注技术发展带来的学习内容与方式的变化。

二是完善教材形态，为纸质教材配备数字化教学资源。本书配有多种教学素材，形成“纸质教材＋多媒体平台”的新形态一体化教材体系。

三是推广以在线开放课程为代表的数字课程。本教材中三个学习领域都已在智慧职教MOOC平台及智慧树网完成课程搭建，满足“互联网＋职业教育”的新需求。

“教法”的改革。数字媒体技术专业实践类课程采用混合式智慧教学模式，借助智慧职教MOOC平台等，拥有“教师、软硬件平台、学生”三个要素，“课前、课中、课后”三个阶段的有机结合。通过实施线上线下混合式教学，加之翻转强化，检视学生对知识的理解与运用情况，同时根据实际需要补足线下的实践拍摄环节。

本教材与课程思政有机结合。教材注重“立德树人”，在新闻节目制作、微电影、微纪录片制作的教学过程中，将社会的正能量内容引入课堂，激励学生成长成才；在组建节目制作团队准备拍摄方面，注重“育人”先“育德”，加强学生的专业素质与修养，提升各岗位工作人员的主人翁精神、能动性和创造力；在节目拍摄录制方面，注重知识传授、价值塑造和能力培养的多方面统一，提高学生的团队协作能力。

数字媒体技术利用日新月异的技术、媒体、通信手段来对艺术创意进行多样化的展示，学生学习新媒体、新闻、微电影、纪录片、短视频等节目制作，具有光明的就业前景。

雷建军

（清华大学影视传播研究中心主任 / 教授）

2023 年 4 月

前 言

随着网络技术的迅猛发展，网络视频越来越多，新媒体视频节目制作的应用范围也越来越广。目前，图书市场也有不少关于新媒体视频节目制作方面的教材，但这些教材的一个共同特点就是偏重理论知识的讲解，缺乏实操训练，缺少数字化配套教学资源，不太符合对实践性要求较高的职业院校的学生学习。笔者结合多年的新媒体工作经验，以及新媒体视频节目制作的教学经验积累，将平时教学过程中的教学案例进行总结和整理，编写出这本活页式教材。

本教材采用学习领域化教学模式，详细介绍了新媒体视频节目的概念、策划、拍摄、编辑、发布等。包括三个学习领域，每个学习领域包括若干个学习情境，每个学习情境又分解为项目任务。本教材侧重于培养学生的动手操作能力、自主学习能力及项目实践能力。

一、教材内容

1. 学习领域 1　新闻短视频制作

目前新闻短视频在网络上传播量较广，制作难度较低，因此将其作为本教材的第一个学习领域，让学生从基础的视频制作技术开始学习，逐步掌握视频策划、拍摄、编辑的方法。

2. 学习领域 2　微电影制作

微电影不同于传统电影，节目时长普遍较短，制作成本较低，在网络上的传播效果较好，对学生来说也更容易掌握。学生通过微电影策划选题、撰写剧本、绘制分镜头脚本、搭建拍摄团队、现场拍摄、后期剪辑、包装以及发布到网络上等制作过程的训练，能够进一步掌握影视创作的方法与技巧。

3. 学习领域 3　微纪录片制作

纪录片作为经典的影片体裁，现在在网络上发展出了多种形态，例如 Vlog、旅行短片、博主日常、微纪录片等都属于纪录片的形式。多元的新媒体纪录片激发出了人们源源不断的创作动力，学生可以通过微纪录片的选题、拍摄、剪辑、发布，锻炼自己发现、记录、讲述真实故事的影视创作能力。

二、教材特点

1. 与课程思政有机结合

党的二十大报告提出：“培养什么人、怎样培养人、为谁培养人是教育的根本问题。育人的根本在于立德。”“全面贯彻党的教育方针，落实立德树人根本任务，培养德智体美劳全面发展的社会主义建设者和接班人。”

本教材注重“立德树人”，将党的二十大精神融入教学。在课堂中深入社会主义核心价值观教育，深化爱国主义、集体主义、社会主义教育，着力培养担当民族复兴大任的时代新人。

2. 校企合作、产教融合、实践性强

2022 年 12 月，中共中央办公厅、国务院办公厅发布的《关于深化现代职业教育体系建设改革的意见》提到，以习近平新时代中国特色社会主义思想为指导，深入贯彻党的二十大精神，以提升职业学校关键能力为基础，以深化产教融合为重点，坚持以教促产、以产助教、产教融合、产学合作。

本教材是校企合作的成果，通过企业真实生产项目，以学生为中心，按照新媒体视频节目制作、编辑的流程，循序渐进，重点关注学生新媒体视频节目制作能力的培养，淡化理论讲解。将学习任务项目化，创设相关的实践拍摄情境，使学生在教学做一体化的教学过程中，建构知识体系和工作经验，锻炼职业技能，养成职业素质，使素养与专业技能同步提升。

3. 有一定的创新性

教材在内容上打破学科体系、知识本位的束缚，与实际的企业生产案例紧密结合。教材设计采用活页式，以单个任务为单位组织教学，以活页的形式将任务贯穿起来，强调在知识的理解与掌握基础上的实践和应用，具有模块化、灵活性、重组性及趣味性等特点。教材在形式上，通过配备数字化教学资源、在线慕课资源等方式，形成“纸质教材 + 多媒体平台”的新形态一体化教材体系。

4. 教学资源较丰富

本教材在新闻短视频制作、微电影制作、微纪录片制作这三个学习领域下分别建设有相应的在线课程。除了课程教师自主开发专业在线课程和相应的教学资源外，还根据情况选用国家资源共享课程教学资源、国家级精品课教学资源，拓展学生知识面，提高教学效果。

三、教材使用建议

本教材可以作为职业院校数字媒体应用技术专业或网络专业的新媒体视频节目制作应用教材，以及数字媒体及网络技术培训机构的培训教材，也可作为希望从事新媒体视频节目制作、编辑人员的自学参考书。如果用做数字媒体应用技术专业的教材，教师可以适当增加讲授视听语言、摄影摄像技术以及类型片剪辑与实践、影视特效包装等课程。

本教材基本结构及建议学时如下表所示，相关专业教师及学生可以根据专业人才培养方案进行安排和调整。每个学习情境分为 1 ～ 3 个项目任务，教师根据任务引导学生自主学习，完成工作步骤，最后进行总结分享、交流互评。

教材基本结构及建议学时

学习情境	学习领域 1 新闻短视频制作	学习领域 2 微电影制作	学习领域 3 微纪录片制作
1	**学习情境 1.1**（8 学时） 新闻短视频的相关概念	**学习情境 2.1**（8 学时） 认识微电影	**学习情境 3.1**（12 学时） 纪录片基础
2	**学习情境 1.2**（12 学时） 新闻短视频的选题与采访	**学习情境 2.2**（12 学时） 微电影制作的前期准备	**学习情境 3.2**（16 学时） 微纪录片的前期准备
3	**学习情境 1.3**（24 学时） 新闻短视频的拍摄方法	**学习情境 2.3**（28 学时） 微电影的现场拍摄	**学习情境 3.3**（24 学时） 微纪录片的拍摄
4	**学习情境 1.4**（8 学时） 新闻短视频的文字稿写作	**学习情境 2.4**（20 学时） 微电影的后期制作	**学习情境 3.4**（20 学时） 微纪录片的后期制作
5	**学习情境 1.5**（20 学时） 新闻短视频的剪辑与包装	**学习情境 2.5**（4 学时） 微电影的传播策略	
建议学时	72 学时	72 学时	72 学时
建议学期	1	2	2

教学设计强调以学生为主体，重视教师引导者、监督者和评价者的作用，在课前、课中、课后采用学习情境驱动、案例分析等教学方法，结合教学资源，采用线上线下混合式教学模式，完成教学重点，突破教学难点。学习形式与方法设计如下图所示。

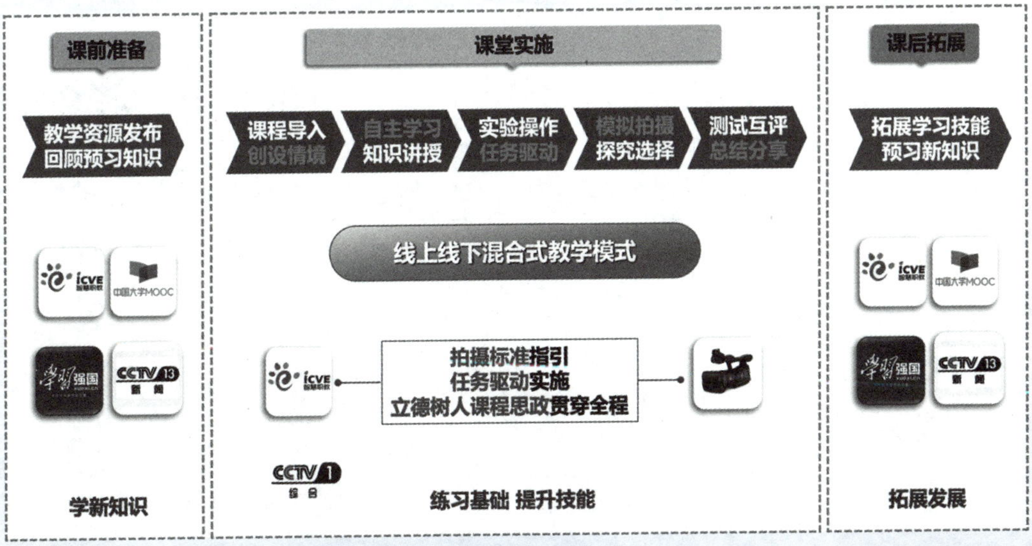

学习形式与方法设计

附录为项目任务相关表格，包括组员及分工情况表、引导问题答题表、项目任务评价表等教学表格，学生和教师在使用时，可复印多页，便于多次使用。

由于水平有限，本教材难免有疏漏和不当之处，敬请读者批评指正。

编者

2023 年 4 月

目 录

学习领域 1

新闻短视频制作

学习情境 1.1　新闻短视频的相关概念
学习情境 1.2　新闻短视频的选题与采访
学习情境 1.3　新闻短视频的拍摄方法
学习情境 1.4　新闻短视频的文字稿写作
学习情境 1.5　新闻短视频的剪辑与包装

学习领域设计

一、学习领域描述

“新闻短视频制作”是一门基于新媒体、电视新闻节目制作过程开发出来的学习领域课程，是新闻与传播、新闻采编与制作、数字媒体技术等专业的专业核心课程。本学习领域尽可能以真实的场景为指导依据，将电视网络行业的新闻制作项目转化为学生可参与的学习情境、项目任务，学习领域中包含了知识、能力、素养三方面的目标要求。学生完成学习课时后，应掌握选题、策划、拍摄、采访、撰稿、剪辑、发布等新闻短视频制作的能力。

适用专业：新闻与传播、新闻采编与制作、数字媒体技术、多媒体设计与制作、电视节目制作等。

开始时间：第 1 学期

建议课时：72 学时

二、学习情境及项目任务设计

新闻短视频制作的知识点内容依据学习情境及项目任务展开，分为 5 个学习情境。学生先自主学习新闻短视频的基础概念，奠定良好的新闻媒体人职业素养；再了解新闻短视频的选题、采访及提问的要点，能够在遵守新闻报道原则的基础上进行新闻采访；之后学习新闻短视频的拍摄方法，能够进行画面构图，合理应用固定镜头和运动镜头；然后熟悉新闻短视频文字稿的写作，能完成标题、导语、正文、结尾的撰稿；最后掌握新闻短视频后期制作技巧，能够熟练地进行新闻短视频的剪辑、包装。

课程教学重点为让学生根据真实的新闻短视频制作项目，理解、掌握及运用所学的知识，在实践中分析解释新闻传播现象，提高新闻传播实践能力，逐步锻炼拍摄、剪辑等能力。目标是培养出符合新闻传媒行业需要的，具有优良道德品质、坚定职业理想，了解新闻规律，具有专业特长，熟练掌握电视新闻基本业务技能，精通新媒体业务技能的复合型传媒人才。

学习情境及项目任务设计如表 1-0-1 所示。

表 1-0-1 “学习领域 1 新闻短视频制作”学习情境及项目任务设计

序号	学习情境	项目任务内容	学时
1	新闻短视频的相关概念	1. 新闻与传播（2 学时） 2. 新闻报道原则与职业素养（4 学时） 3. 新闻短视频的概念及特征（2 学时）	8

续表

序号	学习情境	项目任务内容	学时
2	新闻短视频的选题与采访	1. 新闻选题（4学时） 2. 新闻采访准备（4学时） 3. 新闻采访提问（4学时）	12
3	新闻短视频的拍摄方法	1. 手机设备拍摄参数设置（8学时） 2. 手机新闻短视频的画面构图（8学时） 3. 手机新闻短视频中固定镜头和运动镜头的拍摄（8学时）	24
4	新闻短视频的文字稿写作	1. 新闻短视频标题写作（2学时） 2. 新闻短视频文字稿主体写作（6学时）	8
5	新闻短视频的剪辑与包装	1. 新闻短视频的剪辑（12学时） 2. 新闻短视频的包装（8学时）	20

三、课程学习目标

本课程采用项目化教学模式，以工作过程为导向，采用工学结合和任务驱动教学模式，通过强化学生的自主思考、自主学习与操作技能，以学生为中心，让学生熟练掌握新闻策划的基本要求和新闻短视频制作。

培养学生团队协作能力；坚持诚信、自律的职业道德；坚持正确舆论导向。结合专业需求培养具有正确价值观、人生观和世界观的专业新闻人才，使他们在从事新闻工作时在思想上时刻与国家发展、社会稳定保持高度一致，更好地成为符合社会主义新闻事业要求的卓越新闻短视频传播制作人才。[①] 学习领域1课程学习目标如表1-0-2所示。

表1-0-2　“学习领域1　新闻短视频制作”学习目标

知识目标	能力目标	素养目标
1. 了解新闻短视频的相关概念。 2. 熟悉新闻短视频的选题与采访、新闻短视频文字稿写作。 3. 掌握新闻短视频的拍摄采集、声画编辑的方法及技巧。	1. 能够自主思考、自主学习。 2. 能够进行选题计划、采访准备。 3. 能够拍摄、剪辑包装符合传播规律的新闻短视频。	1. 立德树人，培养职业品格，团结合作，形成正确的价值观、人生观和世界观。 2. 坚持诚信、自律的职业道德，坚持正确新闻舆论导向。 3. 实践活动紧扣思政主题，加强品德修养，增长知识见识，培养奋斗精神，增强综合素养。

四、课程思政元素

新闻短视频是新媒体视频节目生产的重要部分，短视频这种表现形式和新闻内容的结合是一个新兴的传播领域。相比于单调的文字和静态的图片，短视频更为直观，包含的信息也更丰富。相对于长视频，短视频耗费的流量较少，阅读成本更低，更适合移动化、碎片化的消费场景。

---

① 徐华飞，王鹏. 新闻类课程开展课程思政的探索与实践［J］. 重庆行政，2021（4）：104-106.

新闻短视频制作与信息传播、意识形态、社会舆论有着天然的联系。在授课过程中应更加注重培养学生过硬的政治素质、家国情怀和社会责任感。“学习领域 1 新闻短视频制作”的思政元素融入如图 1－0－1 所示。

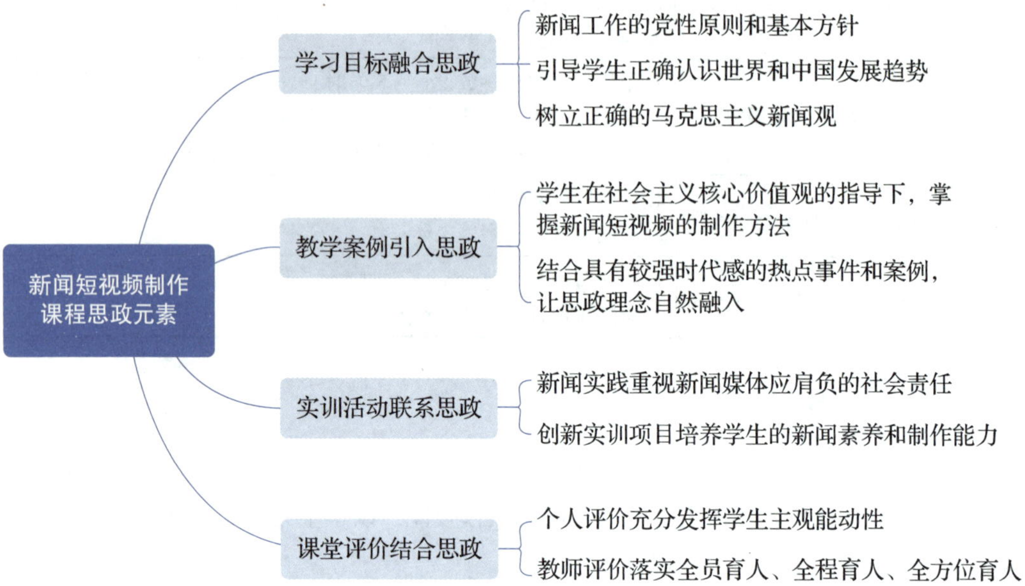

图 1－0－1 “学习领域 1 新闻短视频制作”的思政元素

五、学习形式与方法

在开始学习新项目之前，学生根据所学项目的难易程度，自主进行学习团队的组建（教师可根据学生的综合能力给以适当的调整）。由团队的成员推选出一位综合能力最强的同学作为学生团队的负责人，由学生负责人按照生产流程和工作岗位来对项目进行分工，通过不同项目的轮流实践，学生体会到不同岗位的职责，能力相对强的学生还可尝试兼任数职；在项目设计制作过程中，根据项目情境的不同，学生还会扮演所学新闻采访项目中的不同角色，以便更好地理解角色的动作与思想。学生角色的多元化有利于学生体会到团队工作的重要性，有利于学生在今后的工作中加强团队合作的能力，为学生就业打下基础。

在教学过程中，根据不同的学习任务的需要，分别采取角色扮演、任务驱动、项目导向、启发引导、分组教学等多元化的教学方法，使学生能乐学、善学于实践。

对于课程采用多元化考核，总评成绩由过程考核成绩、作品设计成绩及学业评价三部分组成，全面客观地评价学生的学习效果。

六、学业评价

学业评价包括教师对学生每个学习情境完成情况进行评价，以及学生对自己的各学习情境完成情况进行评价，每个学习情境在本课程中的权重不同。课程学业评价如表 1－0－3 所示。

表 1-0-3　“学习领域 1　新闻短视频制作”学业评价

学号	姓名	学习情境 1.1		学习情境 1.2		学习情境 1.3		学习情境 1.4		学习情境 1.5		总评
		分值	比例（10%）	分值	比例（20%）	分值	比例（30%）	分值	比例（30%）	分值	比例（10%）	

七、教学资源

本学习领域提供了丰富的配套资源，包括微课视频、PPT 课件、教学大纲等。读者可扫下列二维码观看微课视频。

微课视频同步看

学习情境 1.1

新闻短视频的相关概念

学习情境背景

新媒体环境下，新闻内容的生产者呈现多元化趋势，受众已经成为公共信息生产的重要力量。以新华社、梨视频等为代表的新闻客户端既是展示平台，也是新闻信息的集纳、展示终端，吸收用户拍摄的短视频，用户可以全方位参与。通过手机认证，发起文字、图片、视频、音频等多媒体新闻，而新华社、梨视频平台可以在线扮演 UGC（用户生成内容）筛选者、核实者、阐释者、聚合者的新角色，经过编辑部加工后形成新闻产品。[①]

本学习情境将对新闻短视频的相关知识进行介绍，包括新闻与传播、新闻报道原则与职业素养、新闻短视频的概念及特征三个项目任务。

思维导图

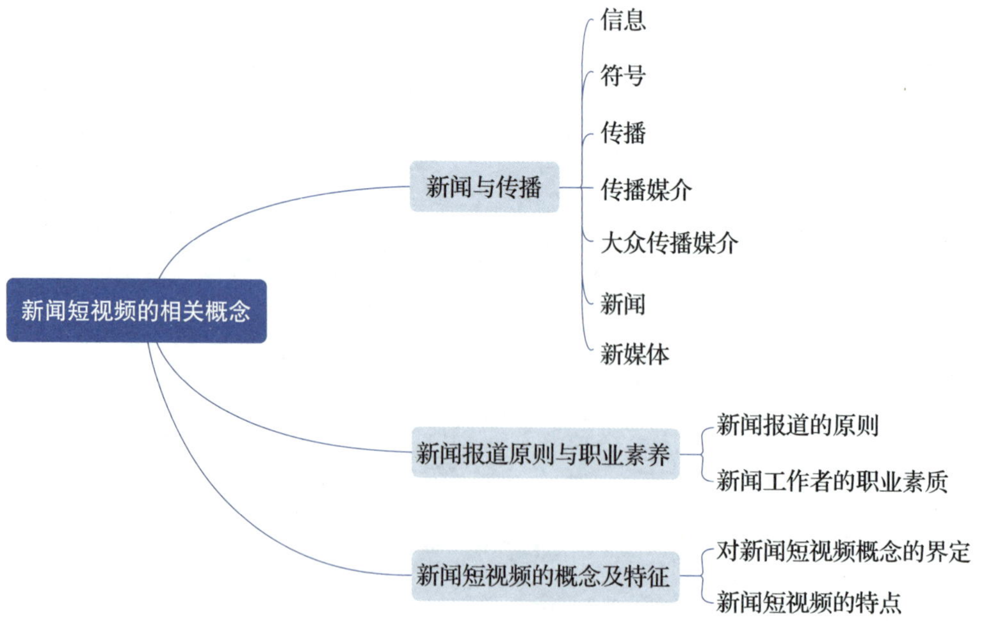

① 牛天，周继坚. 短视频成为创新新闻报道“利器”[J]. 传媒评论，2016（10）：27－29.

项目任务 1.1.1

新闻与传播

项目任务书

新闻与传播项目任务书如表 1－1－1 所示。

表 1－1－1　新闻与传播项目任务书

组号		指导老师		日期	
组长		学号		任务活动时间	2 学时
任务导入	1. 阅读材料，将新闻与传播相关的基础概念核心要点提炼出来。 2. 思考下列问题，并概括出你理解的概念是什么。 （1）什么是信息？ （2）什么是符号？ （3）传播、传播媒介、大众传播媒介、新闻、新媒体之间的关系是什么？ 3. 将基础概念（信息、符号、传播、传播媒介、大众传播媒介、新闻、新媒体）总结成思维导图。				
总结 / 完成情况					

获取资讯

- 引导问题 1：什么是信息？
- 引导问题 2：什么是符号？
- 引导问题 3：传播、传播媒介、大众传播媒介、新闻、新媒体之间的关系是什么？
- 引导问题 4：请总结新闻与传播的相关基础概念（信息、符号、传播、传播媒介、大众传播媒介、新闻、新媒体媒介），并画成思维导图。

工作实施

教师引导学生了解本学习领域的学习情境设置，认识总项目任务要求，发布任务书，带领同学自主学习，完成引导问题填写，保证工作实施，总结分享，并且控制每个活动环节的时长。

学生首先学习资料，填写引导问题，绘制思维导图，将思维导图贴在黑板上 / 提交至云学习平台，进行展示交流，学生之间相互点评，选取学生评价较好的同学进行总结分享。

（注意：引导问题填写可使用附录中“表 2　引导问题答题表一”，思维导图绘制可使用附录中“表4　引导问题答题表三”。所有附录活页均可拆卸，建议复印多份空白表格，反复使用。）

小提示

思维导图，是表达发散性思维的有效图形思维工具。思维导图运用图文并重的技巧，把主题关键词与图像、颜色等建立记忆链接。思维导图的应用场景有建立知识框架、激发创意、发散思维、分析问题、归纳总结、读书笔记等。可参考的思维导图样式如图1-1-1和图1-1-2所示，可以用软件制作，也可以手绘。

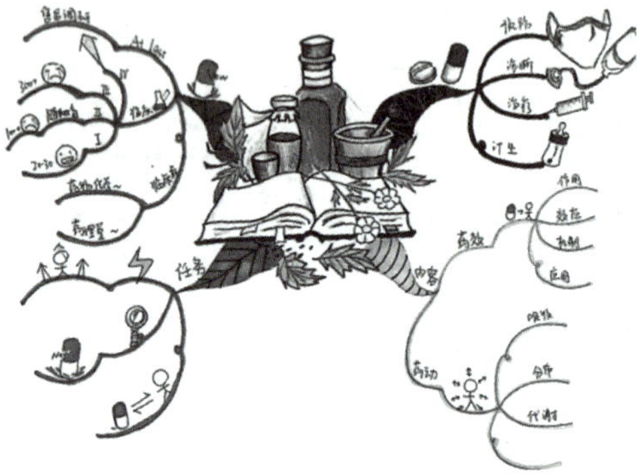

图1-1-1　思维导图样式一

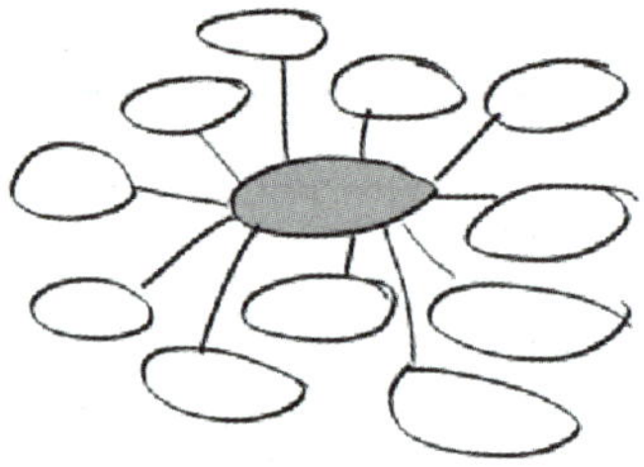

图1-1-2　思维导图样式二

评价反馈

学生根据思维导图的交流展示相互点评，并完成附录中的“表5　项目任务评价表”。

知识加油站

新闻短视频的相关概念

微课视频同步看

信息、符号、媒介等作为新闻学、传播学的基础概念，是新闻短视频的从业人员需要掌握理解的。

一、信息

随着人类文明程度不断进步，人们对信息的认识不断提高。信息的概念十分广泛，不同的学科，从不同的层次、角度，对信息有着不同的解释。

广义上，“事物的信息是该事物运动的状态和状态改变的方式”。认识论层次的定义，“信息是认识主体（生物或机器）所感知的或所表述的相应事物的运动状态及其变化方式，包括状态及其变化方式的形式、含义和效用”。[①] 信息的本质是运动和变化。

① 唐世伟，刘贤梅. 信息论［M］. 哈尔滨：哈尔滨工程大学出版社，2009：1.

信息无处不在，哪里有事物的运动和变化，哪里就会产生信息。信息本身是非常抽象的，必须依附于一定的物质形式存在，运载信息的物质，为信息载体。

有学者根据信息作用、系统的不同，将其分为物理信息、生物信息和社会信息。在传播学中，通常采用社会信息的概念。人类社会信息载体种类繁多，一般分为语言、文字和电磁波。最早出现的信息载体是语言；文字和图像形式的信息载体，更利于传播和保存；电磁波极大提高了信息载体的容量、速度。

二、符号

新闻传播离不开符号，传播者发布信息、传播观点、表达情感等活动，需要通过符号实现。那么符号是什么？

意义必用符号才能表达，符号只能用来表达意义，没有意义可以不用符号表达，也没有不表达意义的符号。任何意义活动必然是符号过程，不可能脱离符号讨论意义。意义必然是符号的意义，符号就是意义。①

符号可以通过载体被人类感知，包括声音、语言、文字、图像、图画、手势、姿态、表情、颜色、气味等种类。如图 1－1－3 所示，为图像符号。图 1－1－4 所示，为表情符号。

图 1－1－3　图像符号

资料来源：叶以琛，兰芳．符号学语境下汉代长青树文创产品设计研究［J］．设计，2021（19）：154－157.

图 1－1－4　表情符号

三、传播

传播学中传播的概念，是社会信息的传递或社会信息系统的运行。传播是一种行为、过程、系统，传播成立的前提是传播和接受者双方要有共同的意义空间。社会传播是信息共享活动，在一定社会关系中进行，是一种双向的社会互动行为。②

---

① 赵毅衡．符号学原理与推演［M］．南京：南京大学出版社，2016：1.

② 郭庆光．传播学教程［M］．北京：中国人民大学出版社，2011：4－5.

四、传播媒介

从印刷术到互联网新媒体，媒介作为人感官、意识的延伸，与人类共同进化。人们如何获取信息、沟通联系，都深受媒介影响。媒介即信息，媒体选择的不同，会改变讯息的内容。媒介是人体感官能力的延伸和扩展，文字印刷媒介是视觉能力的延伸，广播是听觉能力的延伸，电视是视觉、听觉和触觉能力的延伸。①

五、大众传播媒介

此类媒介是完成大众传播活动的中介物，是联系传播者与社会大众的媒介。它包括为社会公众公开传播和提供大量信息的工具，如印刷媒体，有书籍、报纸、刊物等；电子媒体，有广播、电视、手机、互联网等。②

大众传播的特征表现为：拥有大量受传者，信息源头是机构或组织，采用某种技术大量复制信息。

六、新闻

随着时代的更新交替，人们对信息的理解和需求也在逐渐发生变化，由此新闻定义也在不断变化。

在新媒体环境下，新闻的概念即是，媒体对公众生存环境新近发生的重要变动状态的描述。新闻一定是正在发生和已经发生的事件和现实，具有时效性，必须真实。③新闻六要素一般指“5W+1H”，即人物——谁（Who）、时间——何时（When）、地点——何地（Where）、事件——何事（What）、原因——为何（Why）、发生过程——如何（How）。

七、新媒体

“新媒体”这一概念最早出现在 1967 年，由美国哥伦比亚广播电视网（CBS）技术研究所所长戈尔德马克（P. Goldmark）提出，他在一份关于开发电子录像（EVR）商品的计划书中，将“电子录像”称作“New Media（新媒体）”，“新媒体”概念由此诞生。④随后这一词在美国广泛运用，不久全世界范围内也传播开来。

新媒体指的是区别于报纸、广播、电视、杂志等传统媒体，依托数字技术、网络技术、移动通信技术、智能技术等基础技术或新兴科技而产生的向用户提供信息服务的一系列新的工具或手段。新媒体涵盖了所有数字化的媒体形式，包括数字化的传统媒体、网络媒体、移动端媒体、数字电视、数字广播、数字报纸杂志等。与传统媒体相比，新媒体具有数字性、虚拟性、即时性、交互性、共享性、个性化、社群化、平台化等特征。

---

① 马歇尔·麦克卢汉. 理解媒介［M］. 何道宽，译. 南京：译林出版社，2019：16－18.
② 周小普. 广播电视概论［M］. 北京：中国人民大学出版社，2017：2.
③ 高钢，潘曙雅. 新闻采访与写作［M］. 北京：中国人民大学出版社，2018：2－3.
④ 宫承波. 新媒体概论［M］. 北京：中国广播电视出版社，2020：2－5.

项目任务 1.1.2

新闻报道原则与职业素养

项目任务书

新闻报道原则与职业素养项目任务书如表 1－1－2 所示。

表 1－1－2 新闻报道原则与职业素养项目任务书

组号		指导老师		日期	
组长		学号		任务活动时间	4 学时
项目任务导入	1. 真实性是新闻报道的最高工作准则。真实性是记者从事新闻报道工作追求的终极目标。在互联网上检索近三年来的失实新闻报道，要求 2～3 条，分析导致这些报道失实的原因。 2. 为了保证新闻的真实性，新闻记者必须实地采访调查，全面了解信息，严禁主观臆想，交代信息来源，准确描述事实，坚守客观公正，绝不轻信于人，认真核实验证。在近日的新闻报道中找出没有交代新闻来源的报道，分析其不交代新闻来源的危害。				
总结 / 完成情况					

获取资讯

- 引导问题 1：你认为在新闻报道中应该怎样坚持真实性原则？
- 引导问题 2：新闻报道为什么要对信息进行核实和验证？你是否知道怎样对信息进行核实和验证？
- 引导问题 3：新闻报道为什么要交代消息来源？
- 引导问题 4：新闻从业人员应该具备什么样的人文品格和职业素质？
- 引导问题 5：你认为客观、公正的报道具有什么特征？怎样在新闻报道中坚持客观、公正的原则？
- 引导问题 6：在互联网上检索近三年来的失实新闻报道，要求 2～3 条，分析导致这些报道失实的原因。
- 引导问题 7：在近日的新闻报道中找出没有交代新闻来源的报道，分析其不交代新闻来源的危害。

工作实施

教师带领同学自主学习，完成引导问题填写，保证工作实施，总结分享，并且控制每个活动环节的时长。

学生首先学习资料，填写引导问题 1 ～ 5。根据所掌握的新闻报道的原则与职业素养相关知识点，分析引导问题 6 ～ 7。

教师引导学生进行展示交流，学生之间相互点评，选取学生评价较好的同学进行总结分享。

评价反馈

学生根据引导问题填写及新闻分析情况，相互点评，并完成“项目任务评价表”。

知识加油站
新闻报道原则与职业素养

微课视频同步看

新闻工作者需要具备正确的政治导向，树立健康的价值观、人生观和世界观，在传播信息、发布观点时要符合社会主义新闻事业要求。

一、新闻报道的原则

新闻短视频制作的流程基本分为选题策划、事件采集、文案编辑、后期制作、专业审核、网络发布等环节。[①] 如图 1－1－5 所示。

图 1－1－5　新闻短视频制作的流程

新闻短视频制作人必须在新闻报道工作的各个环节中，都遵从以下原则。

（一）真实性

真实是新闻的生命。新闻工作者要坚持发扬实事求是的作风，深入基层、深入实际、深入群众，加强调查研究，报实情、讲真话，不得弄虚作假，不得为追求轰动效应而捏造、歪曲事实。[②]

真实性是新闻存在的基本价值、理由和意义，是新闻报道的最高准则、终极要求，也是新闻工作者工作追求的最高目标。新闻的真实性要求新闻报道、新闻短视频等必须反映客观事实的本来面貌，可以帮助受众了解客观环境的真实的变动状态。

如何确保新闻真实性？可以通过以下方法：坚定只报道事实的原则；对事件进行全面的观察，避免单一、片面等问题；不要带入主观想象；对于传闻、单一来源的信息，要核实背景资料。

---

① 王汉熙，刘凯，万成娜. 动新闻制作流程探索［J］. 武汉理工大学学报，2014（10）：140－148.

② 牛静，杜俊伟. 全球媒体伦理规范译评［M］. 北京：社会科学文献出版社，2018：362－365.

（二）准确性

马克思认为，新闻要“根据事实来描写事实”，而不是“根据希望来描写事实”。记者在取得符合新闻价值的事实后，应该准确地描述事实。因此“准确性”是新闻报道的基本要求。

确保新闻准确性需要注意，一定要报道实际发生的事，不要杜撰虚假信息；新闻中引用的资料、文件、数据、报告等，必须准确；新闻中提到的人物、动作、事件、心理活动也要保证真实和准确。新闻报道工作者可以通过实际观察，引用来源权威的信源，做到时间、地点、人物、事件、原因等新闻要素齐全。

（三）客观性

客观性是新闻工作的专业工作标准与规范。新闻记者选择不同的报道题材、角度及形式，可以产生不同的社会效果。因此，在进行新闻报道的时候，要了解新闻事件的全貌，客观地描述事实，多提供不同视角的观察，揭示事件背后复杂的原因，避免有个人倾向的意见。建议多用具体的名词，谨慎使用形容词，不使用副词。

（四）公正性

构建和谐社会是社会主义建设的主题，和谐社会需要公正的社会氛围、舆论氛围，新闻媒体必须站在人民的立场上，以公正的态度进行报道，践行公正性原则。

美国自由论坛主席查尔斯 · L. 欧佛比（Charles L. Overby）曾提出“新闻公正性公式”，如图 1－1－6 所示，即准确（Accuracy）+ 平衡（Balance）+ 全面（Completeness）+ 客观（Detachment）+ 伦理（Ethics）= 公正（Fairness）。[①] 公式阐释了新闻公正性的 5 个要素，新闻工作者要平等对待新闻事件的对立双方，分析矛盾的构成要素，关注弱势群体，从而做到坚守公正性的职业道德规范。

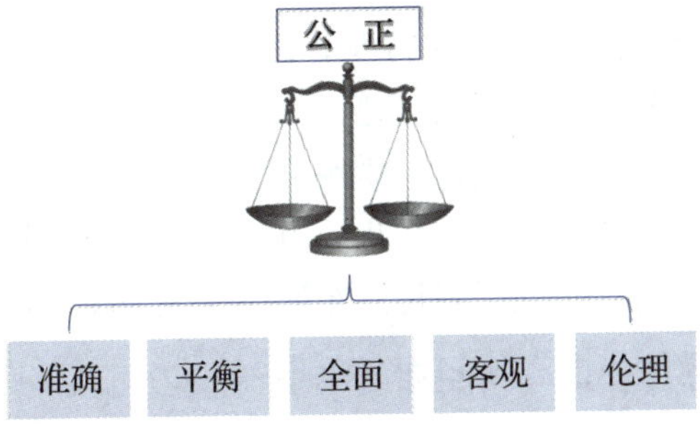

图 1－1－6　查尔斯 · L. 欧佛比“新闻公正性公式”

二、新闻工作者的职业素质

新媒体的出现和发展，冲击着传统媒体，改变了新闻生产和报道方式，也颠覆着新闻记者的思维方式。在新媒体背景下，新闻工作者需要适应新媒体思维，锻炼新闻业务能力，培养专业的职业素质。

新闻短视频制作的团队成员及分工比较明确，一般包括：制片人，负责节目的整体

① 赵振宇，张强. 新闻评论的正义观初探［J］. 国际新闻界，2013（11）：34－46.

运作；主编，负责编审记者、编导的文字稿件，策划新闻短视频节目；记者，也可以是编导，负责采访、写稿、编片；最后是摄像进行拍摄，通常也兼顾收音、灯光等工作。如图 1-1-7 所示为新闻采访拍摄现场。

图 1-1-7　新闻采访拍摄现场

（一）遵守职业道德，把握正确舆论导向

新媒体工作者要重视自身职业道德建设，不能违背新闻记者职业道德。学习马克思主义基本理论和党的方针、政策，以马克思列宁主义、毛泽东思想、邓小平理论、“三个代表”重要思想、科学发展观、习近平新时代中国特色社会主义思想为指导，坚持新闻工作的党性原则，树立正确的价值观、人生观以及世界观，具有社会责任感。作为新闻行业从业者，要能正确理解、掌握党在不同时期的宣传方针和宣传要求，把握舆论导向。坚持传播积极正向的信息，把握好积极正面的舆论方向。

（二）培养新闻敏锐度，锻炼新闻价值判断力

新媒体时代下的新闻报道，需要保持及时性与高效性，强调新闻发布速度、质量。媒体平台第一时间发布快速准确的新闻报道，往往能得到受众的关注与认可。

这就要求新闻从业者具备较高的新闻敏锐度，能从众多的信息中快速发掘具有新闻价值的内容，找到真实客观的角度，提炼出要点，最终完成新闻报道。较高的新闻敏锐度和新闻价值判断力，能够保证新闻报道发布的快速、准确，并且有深度。

（三）熟悉新媒体操作，提高新闻业务水平

新闻业务包括采访、拍摄、录音、写作、后期编辑等工作。对比传统媒体，新媒体具有传播速度快、互动交流频繁、内容形式多样化等特点。新媒体环境中的新闻从业者，不仅要熟悉报纸、杂志等传统媒体的报道模式，还要掌握新媒体平台的采编方法，需要具备同时处理视频、音频、图像、数据、表格和文字等素材的综合业务能力。①

① 周大义. 新媒体时代新闻记者的职业素养和社会责任探索［J］. 新闻研究导刊，2020（2）：124-125.

项目任务 1.1.3

新闻短视频的概念及特征

项目任务书

新闻短视频的概念及特征项目任务书如表 1－1－3 所示。

表 1－1－3　新闻短视频的概念及特征项目任务书

组号		指导老师		日期	
组长		学号		任务活动时间	2 学时
任务导入	1. 学生自主分成 A 组和 B 组，每组人数相近。 2. A 组取得相关知识点页《一、对新闻短视频概念的界定》，B 组取得信息页《二、新闻短视频的特点》。 3. 每位同学先独立处理信息。处理信息要达到要求，即能够将其传达给不了解该信息的人。请做好笔记。 4. 信息处理完后，请根据老师发出的信号，与组中的合作伙伴进行简短的成果交换。 5. 交流结束后，请同学们与另一个人结成 A、B 对子，做一个双人游戏。 6. 首先，由 A 开始将其信息传达给 B。B 接收信息后，将他所理解的信息再反馈给 A。如有必要，A 可对 B 反馈的信息进行纠正。然后，由 B 开始向 A 传达其信息，并按照同样原则进行后续游戏。 7. 学生根据自己的笔记《一、对新闻短视频概念的界定》和《二、新闻短视频的特点》，从组中评选出一位有吸引力、有说服力的团队之星。				
总结 / 完成情况					

获取资讯

引导问题 1：新闻短视频的定义是什么？

引导问题 2：新闻短视频的特点是什么？

工作实施

教师发布任务书，进行任务导入说明活动流程，带领学生自主学习，完成引导问题填写，保证工作实施，总结分享，并且控制每个活动环节的时长。

学生先分成 A、B 两组，分别学习对应的文字资料，填写引导问题，进行组内交流。然后 A、B 组成员一对一进行要点讲述，一个学生分享时，另一个学生记录总结的情况。进行展示交流，学生之间相互点评，选取学生评价较好的同学进行总结分享。

评价反馈

学生根据引导问题填写、分享交流情况，相互点评，并完成“项目任务评价表”。

知识加油站 新闻短视频的概念及特征

微课视频同步看

随着移动互联技术的飞速发展，5G 建设日趋完善，用户上网体验不断提升，短视频成为广受关注的信息产品，报纸、杂志、广播、电视等传统媒体，将新闻报道与短视频结合起来进行融合转型，从而获取到更多用户及关注。

一、对新闻短视频概念的界定

（一）短视频的发展现状

据中国互联网络信息中心《第 51 次中国互联网络发展状况统计报告》显示，截至 2022 年 12 月，我国网民规模达 10.67 亿，互联网普及率达 75.6%，如图 1－1－8 所示。手机网民规模为 10.65 亿，网民中使用手机上网的比例为 99.8%，如图 1－1－9 所示。

根据视频时间的长短，将网络视频节目分为短视频、中视频和长视频。短视频的时长一般在 5 分钟以内；中视频的时长一般为 5 ～ 30 分钟；长视频（综合视频），主要指网络剧、网络综艺和网络电影等，时长一般在 30 分钟以上。

我国网络视频（含短视频）用户规模达 10.31 亿，其中短视频用户规模为 10.12 亿，占网民整体的 94.8%，较 2021 年 12 月增长 7 770 万，如图 1－1－10 所示。短视频主要通过手机、笔记本电脑、平板电脑等移动端设备，融合文字、语音和视频等内容形式，实现随时拍摄取材、便捷美化编辑、快速传播发布，结合社交平台的交互功能，可以满足用户的分享展示、获取信息、沟通交流等需求，为各大平台提供了大量的流量增长。

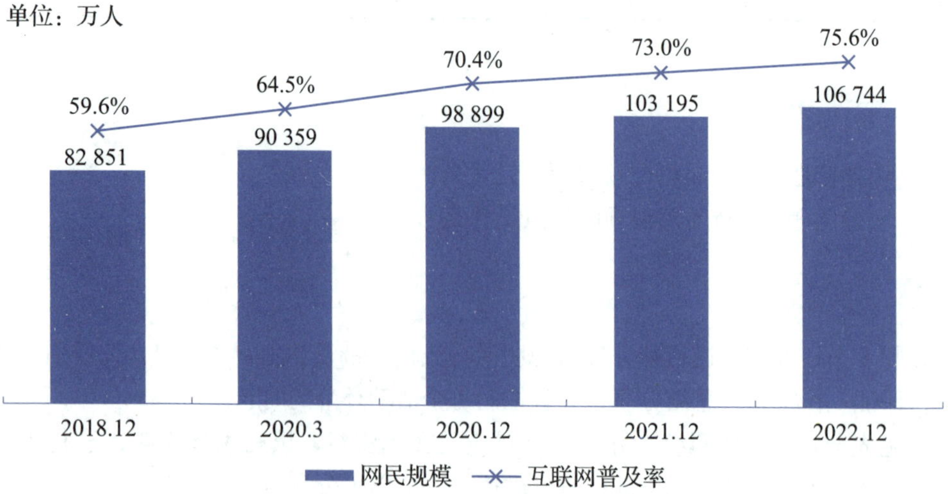

图 1－1－8 网民规模和互联网普及率

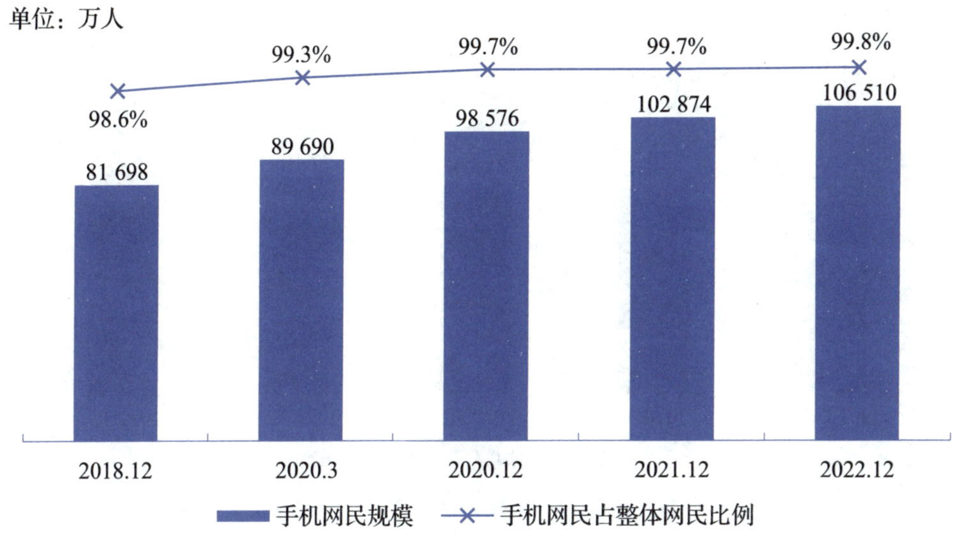

图 1－1－9　手机网民规模及其占网民比例

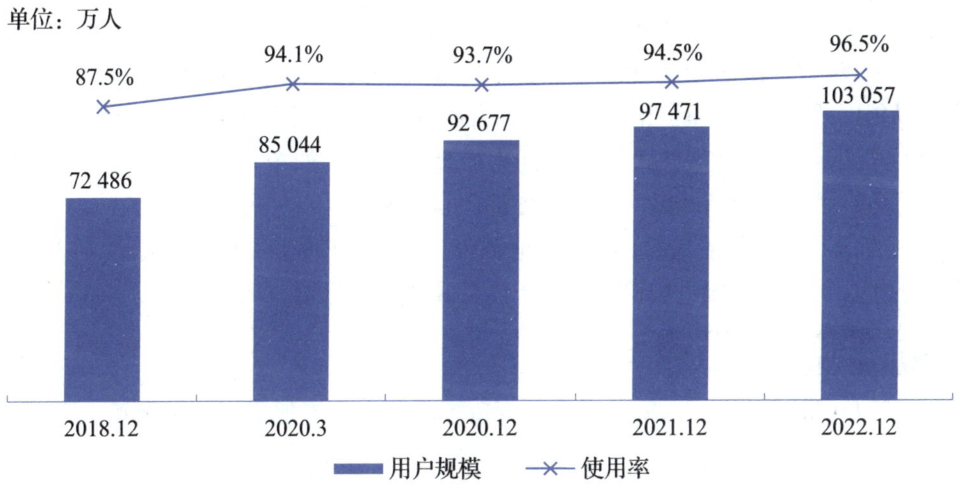

图 1－1－10　2018.12—2022.12 网络视频（含短视频）用户规模及使用率

（二）新闻短视频的概念

截至 2022 年 12 月，我国网络新闻用户规模达 7.83 亿，较 2021 年 12 月增长 1 216 万，占网民整体的 73.4%，如图 1－1－11 所示。2021 年是中国共产党成立 100 周年，网络新闻媒体围绕建党 100 周年主题内容，通过报道形式讲好中国共产党故事，对党和祖国表达忠诚信仰和美好祝福，记载展示党的百年辉煌伟业。2022 年，网络新闻行业围绕重点新闻事件，如“党的二十大”胜利召开，学习“党的二十大”精神等，开展宣传报道，提升人民群众对国际国内重大事件的理解认知。短视频平台已经成为获取新闻的重要渠道，新闻传播方式和平台也更加多元。

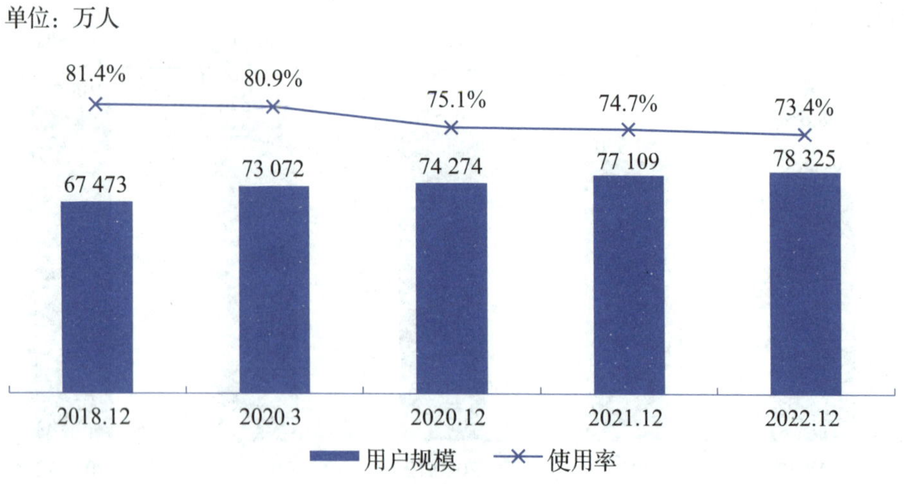

图 1－1－11 2018.12—2022.12 网络新闻用户规模及使用率

新闻短视频作为网络短视频及网络新闻的重要内容形式，为传统的新闻报道的方式带来了创新。新闻短视频是一种结合文字、图片、音频及视频等多种媒介新闻报道形式，时长通常在 5 分钟以内，可以有 10 ～ 15 秒、1 分钟左右、2 ～ 5 分钟等多种设置。

新媒体环境下，生产和传播新闻短视频的机构、平台大致分为以下类别：（1）传统新闻媒体转型推出的新闻资讯平台、客户端，如央视新闻、人民日报、新华网等。（2）各大门户网站的新闻资讯频道、客户端，如腾讯新闻、网易新闻、新浪新闻等。（3）新闻资讯媒体平台，自媒体进驻打造社会化生产，如今日头条、一点资讯等。[①]（4）"两微"平台，微信、微博的各级各部门官方账号。（5）短视频平台，如抖音、快手等，逐渐具有新闻传播属性。（6）其他平台，包括问答平台（如知乎）、生活平台（如小红书）等，同样不断跟进舆论热点，传播新闻信息。

二、新闻短视频的特点

在移动互联网时代下，新闻短视频较传统新闻在内容形式、传播渠道上有明显不同，新闻短视频有如下特点。

（一）内容量大，形式多变

新闻短视频从内容上划分包括社会、民生、国内、国际、娱乐、体育等不同方面。新闻短视频的作用是向用户真实、准确地传递尽可能多的信息，将新闻内容以视频、文字、图片融合的形式快速呈现出来，相比文字和图片，动态的视频结合声音能更生动、直观地给受众呈现大量的新闻信息。

（二）信息碎片化，传播快速及时

相关研究表明，时长在 2.1 分钟左右的视频最受欢迎。另有研究发现，24 秒及 2.08 分钟左右的时长对短视频来说也比较合适。[②] 当前的时代背景下，人们的时间逐渐碎片

① 张志安，李霭莹. 变迁与挑战：媒体平台化与平台媒体化——2018 中国新闻业年度观察报告［J］. 新闻界，2019（1）：6－15.

② 潘宇，刘胜枝. 新闻短视频发展现状、问题及趋势［J］. 中国编辑，2018（7）：82－85.

化，专注力下降，思考方式变得单一。新闻短视频需要在短的时间内，向受众传达关键信息，来满足用户碎片化的阅读习惯。

（三）交互性强，推送个性化

发布新闻短视频的平台都具有较强的社交属性。这些新闻资讯平台一般都有自己的移动客户端，并且会在微博、微信等社交平台开设短视频账号。用户可以随时对新闻短视频内容进行评论、点赞，并且能通过社交媒体进行转发、分享和互动。[①] 新闻资讯平台在推送新闻时，通常会多个渠道同时发布，同样的新闻主体会根据不同渠道的传播特点进行个性化编辑。不同的发布渠道也会根据用户个人的观看习惯，进行个性化推送。

（四）PUGC 的创作模式，内容生产全民化

PGC（Professional Generated Content）是专业生产内容模式，一般由于技术门槛相对过高，审核筛选流程过多，产出的数量和广度会受到影响。UGC（User Generated Content）是以用户为导向的内容生产模式，专业门槛较低，任何用户都可以在平台进行内容生产，但是容易出现内容质量良莠不齐的问题。而现阶段新闻短视频生产，发展出 PUGC（Professional User Generated Content，专业用户生产内容模式）。[②] PUGC 将 UGC 与 PGC 的内容生产模式融合，通过加入专业审核团队、专业内容生产者二次加工用户素材等方式，优化视频生产成本，获取更多资源，规范用户拍摄及产出标准，验证用户真实身份确保素材来源。PUGC 模式使新闻短视频内容生产具有全民性的特点。

① 殷乐，高慧敏. 传统媒体新闻短视频发展现状与传播态势［J］. 当代传播，2018（6）：45－50.

② 郑洁. 梨视频内容生产的 PUGC 模式及启示［J］. 传媒，2021（9）：57－59.

学习情境 1.2

新闻短视频的选题与采访

学习情境背景

新闻采访活动是新闻短视频工作者有目的搜集新闻信息的活动。它大致可以分为选题、采访准备、采访几个环节。选题是确定新闻报道对象的过程。社会生活纷纭复杂，新闻线索传播价值不同。新闻短视频容量有限，要从其中选择出有价值的加以采访报道。

本学习情境将对新闻短视频选题与采访的相关知识进行介绍，包括了解新闻选题、采访准备、采访提问等方面。

思维导图

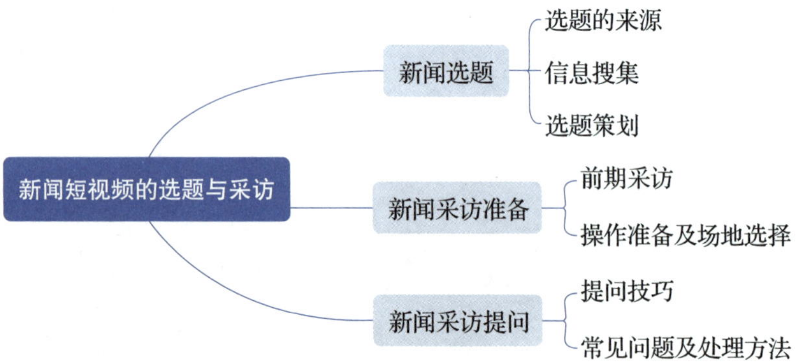

项目任务 1.2.1 新闻选题

项目任务书

新闻选题项目任务书如表 1－2－1 所示。

表 1－2－1 新闻选题项目任务书

组号		指导老师		日期	
组长		学号		任务活动时间	4 学时
项目任务导入	1. 设定情境：你是校园新媒体平台的一名新闻短视频编辑，现在校园电视台有一个主题新闻节目，请你为这个节目制作一条新闻短视频。 2. 请你仔细阅读新闻选题知识点，总结概括相关概念。 3. 现在有三份不同的主题描述。请通读主题描述，并且思考，你更愿意选择哪个主题进行工作。 4. 如果你选择了一个主题，请根据现有的文章选取重要信息及相关热点事件，并将其总结成思维导图。 5. 选择一类主题的学生分为一组，每组至少 2 人，超过 5 人可拆分。 6. 思考你想要讲述的故事，同时注意以下两个问题。 （1）我想要讲什么故事？ （2）我想讲的内容与受众息息相关吗？ 7. 在第一阶段留出约 5 分钟时间做笔记。 8. 完成之后，将所做笔记与搭档交换 5 分钟并和搭档一起探讨改进你的成果。修改部分请以书面形式保留。小组成员互相探讨改进你们的成果，也可以找出你们的相似之处。 9. 接下来 10 分钟里，在小组里完善你们的提纲。特别注意上面的两个问题并用两到三句话来回答。				
总结 / 完成情况					

获取资讯

- 引导问题 1：选题来源有哪些？
- 引导问题 2：新闻线索的搜集方法有哪些？
- 引导问题 3：选题论证需要在哪些方面做出思考与判断？
- 引导问题 4：请选择一个新闻主题，根据现有的文章选取重要信息，并将其总结成思维导图。
- 引导问题 5：我想要讲什么故事 / 新闻内容？

引导问题 6：我想讲的内容与受众息息相关吗？

工作实施

教师发布任务书，设定为校园新媒体平台制作新闻短视频的学习情境。带领学生自主学习知识点，完成引导问题填写，发布三份不同的新闻主题描述，引导学生选择并绘制思维导图。组织学生根据自己的选题分为若干小组，先完成思考笔记，再进行交流分享，保证工作实施，总结分享，并且控制每个活动环节的时长。

学生首先自主学习知识点，填写引导问题，绘制思维导图，思考新闻选题，列出想法提纲，小组成员之间进行展示交流，相互讨论、修改提纲，学生进行互评。

小提示

主题 1：致敬战“疫”青年

曾经，中国的“80后”“90后”们在长辈眼里，是“娇滴滴的一代”，而今，在这场抗击疫情的斗争中，他们丢弃了年轻与稚气，成为坚韧不拔的青年脊梁。在这场没有硝烟的战“疫”中，冲在前线的有许多是“80后”“90后”的医护人员。

“90后”的荣耀

王奔，北大第三医院援鄂抗疫国家医疗队队员，临时党支部书记，2020年3月10日，他和另一名“90后”吴超，把青年党员的想法向习近平总书记进行了汇报。信中写道：“我们用实际行动证明，我们不是‘娇滴滴的一代’！我们不怕苦、不怕牺牲，争做共和国的脊梁！”

“90后”的荣耀

“00后”的担当

刘家怡，广东支援护士，是2000年出生的“千禧宝宝”之一，在武汉的日子是她离家最久的一段时间。不到二十岁的她说：“穿上防护服，我就不是孩子了。”

“00后”的担当

生命摆渡人

汪勇，一个“80后”快递员。大年夜晚上，金银潭医院护士在朋友圈发的求助司机接送医护人员的信息引起了他的注意，早上6点钟，汪勇准时到达金银潭医院。这一天，汪勇接送了近30个医护人员。

生命摆渡人

习近平总书记在给北大援鄂医疗队全体“90后”党员的回信中写道：“你们青年人同在一线英

勇奋战的广大疫情防控人员一道，不畏艰险、冲锋在前、舍生忘死，彰显了青春的蓬勃力量，交出了合格答卷。”疫情来临时，一个个青春的身影忙碌在抗击疫情第一线，他们不辱使命，把危险留给自己，谱写了一曲新时代的青春之歌！

（资料来源：北京青年报，2020-05-02）

主题 2：高校食堂频出“光盘”新招

新学期伊始，各大高校的校团委纷纷向广大师生发出“节约粮食，从我做起”“光盘行动，从每一餐做起”的号召。大学食堂里纷纷出创意、使新招，鼓励和引导同学们按需打饭、物尽其用。

北京航空航天大学：自选称重按需取餐

新学期刚开学，为鼓励师生每一餐都努力做到“光盘”，北京航空航天大学各食堂除提供半份米饭（1 两）之外，又开始制售手工“小馒头”，每个 1 两，售价 2 毛；学一食堂还推出了半量半价的“小份菜”；合一厅和沙河校区第一食堂推出了“自选称重”式售饭模式，师生可按需取餐购餐。“终于不用再纠结一份菜吃不饱、两份菜吃不下了。现在打一份半刚刚好，还可以来三个半份，完美。”一位正在学一食堂吃晚饭的女生告诉记者。

北京航空航天大学“光盘行动”海报

清华大学：馒头切成两半卖

最近，清华大学微信公众号、官微和各学生公众号上都播出了一段食堂就餐小贴士视频。视频中宣布：学生食堂基本伙的饭菜全部采取“半份菜”供应，号召大家“拼着吃节约又营养更均衡”。

此外，适合按重量出售的饭菜按“两”计，米饭也可以按“两”购买，一个大馒头更是被食堂大师傅一切两半，可以根据购买者的需求按半份售卖；餐厅和快餐都提供打包袋、打包盒，鼓励学生们将吃不完的剩餐打包。

顺应越来越多学生喜欢上少油少盐、蒸煮为主的“轻食”饮食习惯，紫荆园食堂从 9 月 9 日开始在三层推出自助称重式健康轻食，学生可以自由搭配，称重计费，可以堂食也可以打包带走，一经推出就受到了学生的欢迎。

（资料来源：北京青年报，2020-09-14）

主题 3："传承"传统文化新国货获"00 后"青睐

《2021 新青年国货消费研究报告》显示，以"90 后""00 后"为代表的年轻人出生和成长在中国综合国力高速提升的年代，通过对中国及世界多方位的了解，他们具备极强的民族自信与民族认同感，并且这种自信与信念有着强劲的内在生命力，促使他们对中华文化的传承与发扬有了更深的使命感与责任感。

传统文化获新一代簇拥

随着汉服"破圈"掀起古风审美热潮，"服章之美"成为年轻人热切追捧的传统文化对象；中国优秀传统文化通过不同载体的展现与演绎，在青年文化、潮流文化的双重作用下形成"古风审美"浪潮。

当代年轻人有着多元化的审美以及十足的文化自信，他们对于传统服饰、古典乐器、传统舞蹈、传统美食都表现出浓厚的兴趣。

国货偏好度"00 后"高于"90 后"

调研数据显示，近年来一些老字号或老品牌推出的创新产品，以及新锐、新兴的国产品牌产品，在"90 后"和"00 后"消费群体中均备受青睐，对"新国货"表示感兴趣的年轻人比例占到 70% 以上。伴随着国内消费市场的升级以及国民文化自信的增强，新一代的消费群对于国货的购买偏好度有了较明显的提升。

当代年轻人不愿再被西方消费主义"绑架"，我国的传统节日逐渐成为年轻人在消费主义造成的"节日泛滥"的时代里得以喘息的一块栖息地。随着传统文化变得不再枯燥乏味，在形式和内容上变得逐渐丰富有趣，年轻人的文化自信正在逐步增强，当代年轻人已然成为发展优秀传统文化的主力军，年轻人更加乐于承担优秀传统文化传承者的角色，通过自身的言论以及行为影响其他人，让更多的人认识和感受到优秀传统文化之美，并在日常生活中彰显自己的民族身份。

（资料来源：北京青年报，2021-10-08）

评价反馈

学生根据思维导图、内容提纲的交流展示相互点评，并完成"项目任务评价表"。

知识加油站

新闻选题

微课视频同步看

新闻从业者一般通过选题来确定新闻报道的主题、事件、人物及角度，可以通过采访来有目的地搜集新闻信息。

一、选题的来源

不同的新闻短视频平台，由于用户类型、收看目的不同，选题要求也有所区别。但是无论何种选题，都要坚持正确导向，坚持党性与人民性相统一的原则。选题的来源可以分为以下类型。①

一是常规新闻报道，常态化重大社会活动、事件、时政活动，通常已规划时间、主题、议程等内容，如国内及国际大型会议、活动等。

二是重大的突发事件、热点事件，社会影响大、新闻价值突出，一般是不可预见的，记者、编辑关注网络上引发热议的话题事件，依靠新闻工作者的经验积累来准确判断、发掘。

三是深度报道、专题类选题，可以自己发掘，通过采访、信息搜集或者由社会人员提供。

二、信息搜集

信息搜集是指通过各种方式获取重要信息的过程。编辑、记者进行选题工作，先关注热点消息，规划常态时政事件，再对相关事件进行信息搜集。新媒体信息搜集可以通过内容搜集工具、大数据舆情分析工具、互动信息采集等方式来实现。②

常用的内容搜集工具有百度搜索、微信搜索、知乎、豆瓣、新浪微博热搜榜单、抖音热榜等平台。大数据舆情分析工具有百度指数、新榜、腾讯大数据、清博指数等。互动信息采集可以通过微信、QQ 等进行文字消息发送、语言视频聊天，还可以借助电子邮件、百度网盘等工具进行文件传输，腾讯会议等软件可以实现多人视频在线交流。如表 1－2－2 所示。

表 1－2－2 新媒体信息搜集的渠道和方法

渠道 方法	内容搜集工具	大数据舆情分析工具	互动信息采集
相关平台	1. 搜索引擎：百度搜索、搜狗搜索、谷歌搜索等； 2. 热点榜单：百度热搜、微博热博、微博榜单、抖音热榜、头条热榜等； 3. 内容平台：微信平台（微信搜索）、腾讯网、网易网、人民网、知乎、豆瓣等。	1. 指数平台：百度指数、微指数、爱奇艺指数、清博指数等； 2. 新媒体综合平台：新榜、壹伴、乐观号等； 3. 舆情平台：微热点（微舆情）等； 4. 大数据平台：腾讯大数据等。	1. 社交工具：微信、QQ、钉钉等； 2. 文件传输工具：电子邮箱、百度网盘等； 3. 线上会议工具：腾讯会议、钉钉会议。

① 陈廉. 如何做好新闻选题策划［J］. 新闻战线，2020（10）：94－95.

② 陶亮，吴航行. 新媒体信息编辑［M］. 北京：人民邮电出版社，2019：29－36.

续表

渠道方法	内容搜集工具	大数据舆情分析工具	互动信息采集
工具界面	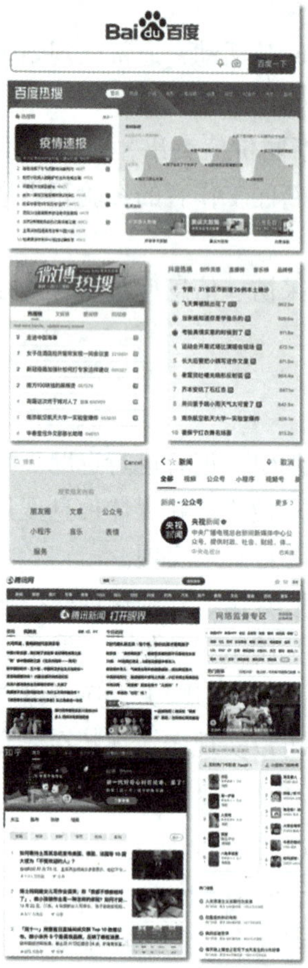	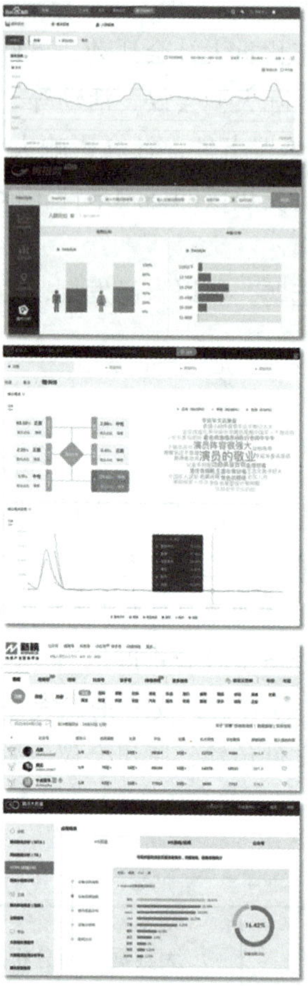	

三、选题策划

新闻策划，即是拍摄、采访相关新闻事件前，制订的报道计划和活动安排。根据报道内容确定报道形式，对节目的重要性做出表述，确定节目内容，考虑目标观众，列出采访对象的想法和立场。还需要考虑制作成本，从而选择设备、安排行程。

选题策划一般包括以下内容：

（1）报道选题，新闻标题（拟定标题）。

（2）选题分析。从选题背景、题材分析展开，阐述报道目的、选题意义。对报道时间、采访拍摄的时间进行规划，安排制作周期，确定播出日期。根据选题的方向和受众的特点，明确选题范围，比如是针对全国、省、市范围，或者是学校范围。

（3）前期准备，熟悉采访对象，根据主题列出采访问题提纲。先确认采访报道的对象、资料；搜集相关的资料；设计好向采访对象提问的问题，问题要与主题相关。主要采访对象，要尽可能找与新闻题材相关的人员，也可以从侧面选择关键采访对象、辅助采访对象，并阐述选择不同采访对象的原因。检索、搜集新闻事件及采访对象的信息，介绍相关背景资料。根据采访对象的资料，再准备问题提纲，要注意口语化的表述，开场要缓和。比如："您好，很高兴今天能邀请到您接受我们的采访……""请问您的职业是什么呢？"

（4）拍摄计划。对摄制组的分工进行安排，包括编导或导演、记者、摄像、录音、灯光等工作人员。确定报道的思路、角度，报道的形式、风格，以及报道的地点、场地。提前准备拍摄设备，如麦克风、摄像机、灯光等。将详细的规划安排列出，如：何时去看现场？何时研究材料？安排几个记者采访？分工如何？素材如何整合？

（5）应提前考虑可能遇到的问题。如场地是否允许拍摄，航拍飞行器是否允许使用等，可提前联系解决。

项目任务 1.2.2

新闻采访准备

项目任务书

新闻采访准备项目任务书如表 1－2－3 所示。

表 1－2－3　新闻采访准备项目任务书

组号		指导老师		日期	
组长		学号		任务活动时间	4 学时
任务导入	1. 请先思考，你在有限的时间里可以使用哪些信息检索工具。 2. 寻找对你来说最理想的合作搭档，在小组中进行讨论。把讨论结果汇总成笔记。 3. 阅读采访准备相关知识点，总结要点。 4. 请搜索选定主题的信息。根据采访准备的要点，寻找可能的主角（采访对象），并注意不能违反任何新闻行业法律规定。 5. 将结果以小报告的形式展示出来。				
总结 / 完成情况					

获取资讯

- 引导问题 1：请先思考，你在有限的时间里可以使用哪些信息检索工具，在小组中进行讨论。把讨论结果汇总成笔记。
- 引导问题 2：案头准备主要包括哪些方面？
- 引导问题 3：前期采访的切入点是什么？
- 引导问题 4：采访的操作准备有哪些？
- 引导问题 5：请搜索选定主题的信息。根据采访准备的要点，寻找可能的主角（采访对象），并注意不能违反任何新闻行业法律规定。将结果以小报告的形式展示出来。

工作实施

教师带领同学自主学习，完成引导问题填写，保证工作实施，总结分享，并且控制每个活动环节的时长。

学生首先学习资料，填写引导问题，将填写的引导问题页拍照提交至云学习平台，进行展示交流，学生之间相互点评，各小组选取一个学生进行总结分享。

评价反馈

学生根据信息检索、小组报告的交流展示情况相互点评，并完成“项目任务评价表”。

知识加油站

新闻采访准备

微课视频同步看

新闻短视频的记者、编导在确定选题之后，就要开始采访准备。充分的准备工作是为了采访活动的顺利进行，从而保证节目质量，提高传播效果。

一、前期采访

在正式采访前，一般会有前期采访的环节，也叫预采，或预先采访。前期采访为了顺利展开正式采访报道而进行，围绕选题内容及录制报道收集一切必要的信息。① 前期采访对象有两类：一是与新闻选题相关的权威人士、专家学者，采访他们可以了解政策法规、专业知识、宏观背景等，充实自身的知识储备；二是与新闻事件相关的人。正式采访工作一般无法预料在现场会面对来自什么地区、何种受教育程度的被采访者，要提前全面了解事件相关人员，考察是否具有新闻报道价值。

二、操作准备及场地选择

移动设备的技术发展，使得新媒体短视频的拍摄十分便捷，随时随地都能采集素材，拍摄设备也相对简单。采访的场地一般选择被访者较为熟悉的环境，干扰较少的地点，也可在演播厅内采访。在正式采访前，需要准备拍摄的各种设备。图 1－2－1 为外景拍摄，拍摄设备有摄像机、灯光等。图 1－2－2 为无线领夹式麦克风。

图 1－2－1　外景拍摄

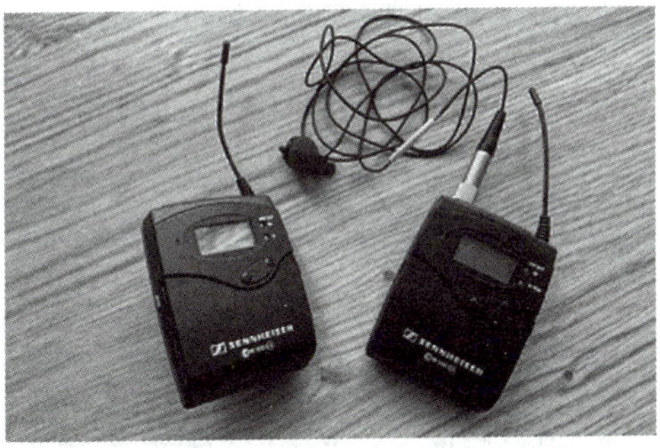

图 1－2－2　无线领夹式麦克风

编导记者在拍摄前要根据采访的对象、场景，考虑使用什么型号的设备。比如麦克风是使用手持式，还是无线领夹式；摄像机使用小高清，还是单反；配备长焦镜头，还是广角镜头；检查内存卡是否完好，空间量有多少；灯光、反光板是否需要；电池要确保充满，并且带好备用电池。这些属于操作准备，繁杂而具体，任何环节出了问题，都会影响到正式的采访报道。遇到突发事件时，可以根据经验来快速准备，进行拍摄。

① 张红霞. 新闻专题片的前期采访和现场采访探析［J］. 传播力研究，2019（22）：109－110.

项目任务 1.2.3 新闻采访提问

项目任务书

新闻采访提问项目任务书如表 1－2－4 所示。

表 1－2－4　新闻采访提问项目任务书

组号		指导老师		日期	
组长		学号		任务活动时间	4 学时
任务导入	1. 你已通过学习感受了访谈，记录了提问技巧与回答的相关笔记。请学习知识加油站中的提问技巧、常见问题及处理方法，思考什么对于一个优秀的访谈来说是重要的。你的笔记是接下来小组讨论的基础。 2. 根据你了解的采访技巧，以及小组里选定的选题，列出你想采访的问题提纲。 3. 在小组中讨论交流，收集反馈较好的采访问题，汇总成小组采访提纲。 4. 整理采访提纲和小组讨论情况，为本组的新闻选题写一份策划案。				
任务实施步骤和主要工作内容	1. 选一个合适的采访对象，确定拍摄采访的地点，用三脚架拍摄基础采访，采访不要超过 6 分钟。注意声音录制。 2. 采访问题可参考近期的热点事件，围绕事件的时间、地点、经过、结果等要素展开。采访某人，让他描述在重大事件前后的生活。这是件什么事？遇事之前这个人什么样？遇事之后又是什么样？（声音可以同时录制，或单独录制。） 3. 将不同的采访片段连接，可以运用一些素材让采访更有画面感，最后剪辑成采访视频。 4. 可使用摄像机自带的麦克风，不过还是在靠近受访者一侧准备独立麦克风，音效会更好。				
总结 / 完成情况					

获取资讯

- 引导问题 1：采访提问技巧有哪些？
- 引导问题 2：采访当中延伸提问、把控过程需要注意些什么？
- 引导问题 3：出镜采访时，身体语言、屏幕形象怎么把握？
- 引导问题 4：根据你了解的采访技巧，以及小组里选定的选题，列出你想采访的问题提纲。
- 引导问题 5：在小组中讨论交流，收集反馈较好的采访问题，汇总成小组采访提纲。
- 引导问题 6：根据附录中“表 6　新闻短视频节目策划方案表”的结构，撰写策划案。

工作实施

教师带领学生自主学习，完成引导问题填写，保证工作实施，总结分享，并且控制每个活动环节时长。学生首先学习资料，记录采访技巧，填写引导问题，列出采访提纲，在小组内进行展示交流、相互讨论，各小组汇总出一份采访提纲，学生进行互评。

评价反馈

学生根据采访提纲，策划方案，采访模拟拍摄的情况，进行交流展示，相互点评，并完成“项目任务评价表”。

知识加油站

新闻采访提问

微课视频同步看

进行现场采访环节时，采访者需要把握采访主题，结合提问技巧，挖掘采访内容。遇到常见的问题，要灵活调整采访方式。

一、提问技巧

采访提问需要新闻工作者在长时间的实践锻炼中，不断反思和总结，积累经验技巧，从而不断提升采访能力，应对突发问题。常用的提问技巧如下：

（1）提问应简洁明确。一次只问一个问题，如果一次提问包含两个问题，对方在回答时往往只回答其中之一，而且往往是较容易回答的那个。

（2）问题长度要适当。一般情况下，问题越长，回答越短，问话长到一定程度就会使人很难回答，所以要追求一语中的式的提问。

（3）除了对想象力丰富的人可以尝试外，一般不要假设提问，对棘手的问题更是如此。特别是对身居高位者，他们会拒绝回答此类问题。

（4）提问中不要包含答案，以避免对方仅以“是、否”来回答。重要事实、意见，要让对方自己说出来，只有在非常必要的情况下才可以提此类问题，如重要的责任认定等。

（5）提问要新颖、有个性，尽量不提老一套的问题，如“你感觉如何”之类。这种问题往往会让对方不知从何说起，对方回答“感觉很好”就会让记者无功而返。记者提问要多动脑子，新鲜的问题容易引起对方回答的兴趣。

（6）适当的沉默。美国哥伦比亚广播公司的资深记者迈克·华莱士（Mike Wallace）说过：“提一个巧妙的问题，在对方答复之后，停上三四秒钟，好像你在等待他再说点什么。……对方会觉得有点窘迫，于是谈出更多的东西。”① 这是一个资深记者屡试不爽的采访技巧。

为了得到一个实质性回答，记者可以跳跃式提问。如不问做没做过什么事，而问第一次是在什么时候做的，把对方的阵脚打乱，有利于迅速打开缺口。这对一些批评性报道更为有效。

---

① 时珑姗. 非语言符号在电视新闻采访中的运用［J］. 新闻传播，2014（1）：23.

二、常见问题及处理方法

新闻采访中经常会遇到的很多问题，新闻工作者可以通过经验的积累、知识的储备，来处理这些问题。常见的问题及处理方法如下：

（1）与被采访对象沟通生硬。一般应该在采访前告知被访者采访目的、采访主题和基本流程，让被采访对象有所准备。但不能将具体问题透露，避免被采访者过度准备而显得不自然。采访的对话要口语化，注意现场交流的氛围。

（2）采访的内容过浅，没有深度。需特别注意随时调整问题，并且仔细倾听、认真交流，可以及时记录下来重点信息，控制话题深度，进行引申提问。

（3）出镜形象问题。在出镜采访时，要神态自然、举止得体，把握身体语言，形成良好的屏幕形象。避免穿着图案线条过密的服装，容易产生“波纹效果”。

学习情境 1.3

新闻短视频的拍摄方法

学习情境背景

在掌握了新闻短视频的概念、学习了新闻短视频的策划与采访方法之后，下面将进入实际拍摄的环节。在本学习情境中，每名学生将独立采制一条新闻短视频，完成本任务需要以下步骤：自主收集资料并确定选题、自主联系被采访对象并制定采访大纲、填写设备使用表并检查设备、现场音视频素材录制、素材检查与拷贝等。

思维导图

- 新闻短视频的拍摄方法
  - 手机设备拍摄参数设置
    - 认识我们的手机相机
    - 视频的分辨率
    - 视频的帧率和帧数
    - 视频对焦与锁定
    - 视频拍摄画面曝光与锁定
  - 手机新闻短视频的画面构图
    - 视频的景别
    - 横屏短视频的画面构图
    - 竖屏短视频的画面构图
  - 手机新闻短视频中固定镜头和运动镜头的拍摄
    - 固定镜头
    - 运动镜头
    - 录制同期声

项目任务 1.3.1 手机设备拍摄参数设置

项目任务书

手机设备拍摄参数设置项目任务书如表 1-3-1 所示。

表 1-3-1 手机设备拍摄参数设置项目任务书

组号		指导老师		日期	
组长		学号		任务活动时间	8 学时
任务导入	1. 独立学习，检索网络信息，分析并记录自己手机参数（摄像头光圈数值、等效焦距、传感器尺寸等）。 2. 观看微课视频《手机拍摄界面及设置》和文字资料。 3. 自主总结 1 和 2 的关键内容，为自己的手机相机制作一份拍摄参数设置说明书，要求图文并茂。				
任务实施步骤和主要工作内容	1. 2～5 个同学组成一个任务小组，选出组长。根据班级人数分配组员数量，保证每组人数基本一致。 2. 每位组员首先进行独立学习，自主搜索网络信息，记录自己手机设备的参数。 3. 观看微课视频和文字资料，掌握手机相机基本参数的设置。 4. 每组就手机参数进行说明书的绘制，尺幅大小 A3，关键内容包括：摄像头光圈数值、等效焦距、传感器尺寸、拍摄视频分辨率、帧率、对焦等。 5. 各小组海报绘制完成后，张贴至教室四周，每位同学可自由观看、互相点评。 6. 每个小组选取一名同学分享交流本组拍摄参数设置说明书情况。 7. 投票选出拍摄参数设置说明书制作优秀的小组。				
总结 / 完成情况					

获取资讯

- 引导问题 1：什么是视频的分辨率？
- 引导问题 2：手机拍摄视频时常使用的帧率是多少？
- 引导问题 3：为什么要锁定对焦呢？
- 引导问题 4：为什么要锁定曝光呢？

工作实施

教师发放学习资料，引导小组讨论、组间交流分享，控制每个活动环节的时长。

学生首先学习资料、收集信息，完成引导问题填写，参与小组任务，选出代表进行交流分享，组员之间、小组之间相互评价，记录学习情境完成情况。

评价反馈

学生根据学习海报、拍摄参数设置说明书的交流展示情况，相互点评，并完成“项目任务评价表”。

知识加油站

手机设备拍摄参数设置

微课视频同步看

随着科技的进步和时代的发展，现在手机设备不单只是拥有通话功能，还集成越来越专业且高质量的摄像和照相等功能，手机便于携带，可以及时地在突发状态中进行实时记录，保存事实影像。

如今越来越多的摄影工作者选择用手机来制作电影，甚至用手机拍摄电影并进行放映。在新闻短视频这一学习领域中，我们将一起来学习如何用手机拍摄出视频影像作品。

一、认识我们的手机相机

目前市面上的手机，几乎都可以利用其内置的拍摄组件来进行静态图片或短片的拍摄。随着时代发展和科技的进步，手机的数码相机作为智能手机的标配功能，其性能得到了迅速的发展。

（一）工作原理

摄像头的主要结构和工作原理如图 1－3－1 所示。

光线——> 镜头——> 图像传感器（即感光器，将光转化为数字信号）——>
数字信号处理芯片（即主芯片，对数字信号进行优化处理，并进行传输和保存）——>
图像 / 视频

图 1－3－1　摄像头的主要结构和工作原理

当前，手机的数码相机功能主要包括拍摄静态图像和短片，除了基本的拍摄参数调节外，不少品牌的手机有非常专业的拍摄模式，可以在手机中调节白平衡、光圈大小、快门速度、ISO、自动对焦（AF）与手动对焦（MF），针对拍摄环境光照不足的情况，还内置了闪光灯等。手机拍摄作品的质量与感光元器件大小、屏幕的分辨率、摄像头像素、摄像头技术参数有直接关系。

（二）手机相机的基础技术参数

1. 画面曝光

试着回忆一下用手机或者相机拍摄的经验，当我们看到了一处美好的风景或者看到了有意思的事情，就会拿起设备，按下快门，一张照片或一段视频就产生了。

以上这个过程，其实就是曝光。曝光是指在摄影过程中，进入镜头的光线使感光材

料发生感光作用的现象。如果拍出来的画面比我们实际看到的要亮，就叫过曝；如果拍出来的画面比我们实际看到的要暗，就叫欠曝。

光线量的大小、光照的时常、感光元器件的感光能力都会影响画面的曝光程度，归结起来，从术语上来讲，影响画面曝光的因素有光圈、快门、感光度。

2. 光圈

光圈是镜头内用来控制光线通过量的装置。光圈开得越大，单位时间内镜头通过的光线量就越多；相反，光圈开得越小，单位时间内镜头通过的光线量就越小。如图 1－3－2 所示，为不同的光圈。

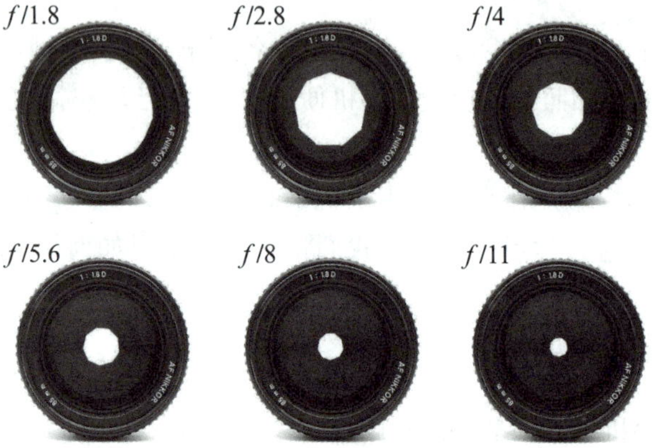

图 1－3－2　不同的光圈

试想一下，当我们要用水装满两个一模一样大小的桶，桶的容量一样，也就好比曝光量一样，当水流很细时，我们需要较长的时间把一桶水装满，当水流很大时，我们需要较短的时间就可以把一桶水装满。这里的水流大小就好比光圈开孔的大小，装满一桶水所用的时间就好比快门的时长，所以光圈越大的摄像头在同一时间内进光量越多，要求达到同样亮度时对快门与 ISO 的要求更低，这意味着有大光圈镜头，能让用户在弱光环境下用安全快门与较低 ISO 的情况下拍摄更为清晰的照片。

除了控制通光量的多少，光圈还可以控制景深的大小。所谓景深，就是当焦距对准某一点时，其前后都清晰的范围。通俗来讲，也就是被摄主体背景虚化程度的多少，背景模糊程度大，主体越突出，背景越清晰，越能反映主体所处的环境。简单来说，景深小可以拍出背景虚化的照片，景深大可以拍出清晰的背景。而光圈跟景深的关系是，光圈越大景深越小，背景虚化效果就更明显，光圈越小景深越大。

图 1－3－3　华为 Nova 8 手机

以华为 Nova 8 手机为例，如图 1－3－3 所示，从官方网站中，我们可以查到其技术参数。后置摄像头后置四摄：6 400 万像素（f/1.8 光圈）+800 万像素（超广角，f/2.4 光圈）+200 万像素（f/2.4 光圈）+200 万像素（f/2.4 光圈），支持自动对焦（相位对焦 / 反差对焦）。

手机镜头一般会采用大光圈，大光圈镜头的好处是在室内拍摄不用过分担心灯光不足，不用过于担心室内拍摄时的抖动。大光圈镜头也不一定是好事，这带来了画面锐度与边缘画质难以控制的缺点，但总的来讲，对手机来讲还是利大于弊。

3. 焦距

以华为 Mate40 系列手机为例，从官方网站中，我们可以查到其技术参数：主摄像头，1/1.28 英寸大底，5 000 万像素，等效焦距 23mm、光圈 f1.9。副摄像头，2 000 万像素超广角、等效焦距 18mm、光圈 f1.8。长焦摄像头，5 倍光学变焦、1 200 万像素、光圈 f3.4。在这段参数中，我们可以看到“等效焦距”“超广角”“长焦”等，那么这些名词是什么意思呢？

镜头焦距是指镜头光学后主点到焦点的距离，是镜头的重要性能指标。镜头焦距的长短决定着拍摄的成像大小、视场角大小、景深大小和画面的透视强弱。

每个镜头都有其固定的焦距，焦距基本上是从镜片中心点到成像平面之间的距离，当这枚镜头被安装在全画幅相机、半画幅（APS-C）相机或手机上（假如可以的话）时，根据比例尺的概念，由于不同机器的感光元器件面积不同，拍出来的画面会出现不同的裁切尺寸，为了统一对焦距的定义，“等效焦距”这一概念就被提出，利用全画幅相机感光元件尺寸用来进行换算。

小提示

全画幅相机感光元件长宽分别为 36mm 和 24mm，根据勾股定理，可以得出全画幅相机感光元器件的对角线长度约为 43mm。

等效焦距系数的换算方法是以全画幅相机的感光元器件大小作为标准：

等效系数 = 43mm ÷ 感光元件对角线长度

等效焦距 = 物理焦距 × 等效系数

这里的单位是使用毫米（mm），需注意，目前很多设备比如相机、手机的感光元件，是采用英寸作为单位的。现在很多手机上的 CMOS（互补金属氧化物半导体）规格是 1/2.3 英寸，它的大小通常被定为 6.2mm × 4.6mm，对角线长约为 7.7mm。43 ÷ 7.7 ≈ 5.6，这就是一般手机焦距的等效系数。

比如使用某手机进行拍摄，从拍摄照片的 EXIF 信息中，可以看到拍摄时的镜头焦距为 5mm，根据等效焦距计算公式，物理焦距（5）× 转换系数（5.6）= 等效焦距 28mm，所以是一个广角镜头，其拍摄视角与全画幅相机 28mm 焦段的视角接近。

4. 感光元器件

在湿版摄影时代，用来感光的材料是银盐底片，在胶片摄影时代，用来感光的材料是“胶卷”，在现如今的数码时代，感光元器件成为记录信息的电子载体。感光元器件是摄影摄像设备的心脏，也是最关键的技术。如图 1－3－4 所示为常见的手机感光元器件尺寸。

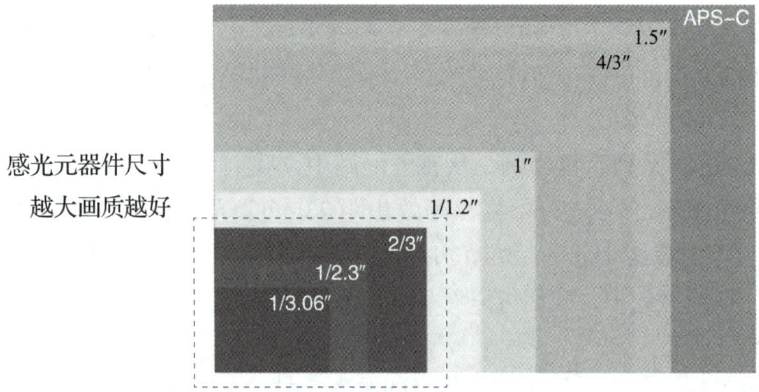

图 1-3-4　常见的手机感光元器件尺寸

目前摄影摄像设备的感光元器件类型有两种：CCD（电荷耦合器件）和 CMOS（互补金属氧化物半导体）。CCD 的优点是灵敏度高、噪声小、信噪比大，但是生产工艺复杂、成本高、功耗高；CMOS 的优点是集成度高、功耗低（不到 CCD 的 1/3）、成本低，但是信噪比较大、灵敏度较低、对光源要求高。

一般认为 CCD 的成像效果比 CMOS 好，但是随着 CMOS 的改进和其他影像技术的弥补（如自动亮度、白平衡控制，色饱和度、对比度、边缘增强等），两者实际效果相差并不明显。

现在手机的感光元器件都是采用 CMOS，很少采用其他的传感器。手机的 CMOS 芯片很小，比相机里的 CMOS 小很多，在对照片的分析和色彩还原、去除杂质等效果上都有很大的差异。

5. 像素与清晰度

摄像头像素是否越高越好？比如我们从网络中查到，某一款高端全画幅相机有约 2 620 万有效像素，而某一款手机已达到 5 000 万像素。为什么在画质表现上，高端全画幅相机的拍摄效果看起来比手机要好一些呢？

的确，分辨率越高，其反映出来可显示的像素个数也就越多，可呈现出更多的信息和更好更清晰的图像。但是同一个类型的摄影摄像设备（比如均为手机），其摄像模块的各个组成部分的质量也有优劣之分。

二、视频的分辨率

在拍摄短视频之前，我们需要先了解一些非常重要的参数。其中，分辨率和帧率是两个非常重要的概念。

视频的分辨率，是指在视频画面内像素点的数量，反映了视频的清晰度和画质。分辨率越高，其反映出来可显示的像素个数也就越多，可呈现出更多的信息和更好更清晰的图像。在我们常用的手机设备中，有以下几种常用的分辨率设置选项（见表 1-3-2），分辨率越高，其拍摄出来的像素越大。

表 1-3-2　常用的分辨率设置选项

分辨率等级	分辨率等级缩写	视频像素总行数	像素数（宽）× 像素数（高）
超高清	UHD	4K	3 840 × 2 160
全高清	FHD	1 080P	1 920 × 1 080
高清	HD	720P	1 280 × 720

注：1 080P、720P 中的“P”是 progressive 的缩写，代表“逐行扫描”，现在摄像基本都是逐行扫描模式。

三、视频的帧率和帧数

当一定数量的静态画面按一定速率播放，就成为视频，这是由于人眼的“视觉暂留”现象，连续的帧就形成了动态的画面。

帧率指视频每秒放映的静态画面数（帧数），1 幅静态画面就叫做“1 帧”，通常用 fps（Frames Per Second）表示。手机拍摄时，常见帧率为：24fps，30fps，60fps，120fps，240fps，用高的帧率来拍摄，可以得到更流畅的动画。

常见的慢动作拍摄即“升格拍摄”，其原理是每秒摄入更多的帧数（格），然后以正常速率进行播放，则出现慢动作效果。例如将帧率设置为 60fps，当使用 30fps 的帧率来进行播放时，视频即呈现 2 倍慢动作效果。

快动作拍摄即“延时摄影”“降格拍摄”，其原理是降低帧率，即单位时间内减少拍摄帧数，然后将获得的所有画面进行正常帧率播放。例如将帧率设置为 12fps，当使用 24fps 的帧率来进行播放时，视频即呈现 2 倍快放效果。

四、视频对焦与锁定

焦点能很好地主导画面内容的表达，使观众明白导演想要表达的画面内涵，是很重要的叙事工具。

无论对于拍摄照片还是拍摄视频来说，对焦都是非常重要的操作。对于手机设备来说，对焦主要有激光对焦、相位对焦、反差对焦等几种运算方式。轻触屏幕中拍摄对象的位置，即可以实现对拍摄对象的对焦。

但是在视频拍摄过程中，难免会遇到被摄物体移动的情况，这时候“锁定对焦”功能就非常重要。锁定对焦可以确保在移动拍摄的过程中，对焦主体依然保持清晰。在手机拍摄时，长按住手机屏幕中要对焦的对象，出现小锁之后，即完成对焦平面的锁定，此时平移或上下垂直移动手机，都不会造成拍摄对象虚焦，便于我们动态构图，但如果想保证被摄主体一直处于焦平面内，切记不可前后移动手机。

五、视频拍摄画面曝光与锁定

摄影是用光的艺术，有光才能记录下精彩的画面。画面的曝光过程，简单来说就是光线进入镜头使感光底片感光的过程。画面的亮暗程度，我们叫它曝光量。

曝光量 = 光的照度 × 光照时间

在手机设备拍摄中，画面的曝光量与对焦处物体的明暗有关，这是由设备的测光系统决定的。

点击屏幕，出现对焦框后，在对焦框的右侧有一个小太阳滑杆，按住小太阳上下滑动，可以看到画面出现了亮暗的变化。如果对焦的对象非常暗（比如黑色），你会发现画面变灰了，这时候需要将对焦框旁边的小太阳滑杆向下拖动，降低画面的曝光量，画面亮度还原正常。同理，如果我们对焦的对象非常亮，你会发现画面变暗了，这时我们需要将对焦框旁边的小太阳滑杆向上拖动，提高画面的曝光量，画面亮度还原正常。

项目任务 1.3.2
手机新闻短视频的画面构图

项目任务书

手机新闻短视频的画面构图任务书如表 1－3－3 所示。

表 1－3－3　手机新闻短视频的画面构图任务书

组号		指导老师		日期	
组长		学号		任务活动时间	8 学时
任务导入	1. 独立学习文字资料，了解拍摄中景别的概念。 2. 在学习好构图等相关理论和拍摄技巧之后，尽可能多地用不同景别的镜头进行采访，通过自主拍摄和剪辑，采访成片要求时长为 15 ～ 30 秒。本项目旨在通过实践，巩固画面造型的相关理论知识，提高学生针对不同事物进行画面提炼的实践能力。				
任务实施步骤和主要工作内容	1. 2 ～ 5 个同学组成一个任务小组，选出组长。根据班级人数分配组员数量，保证每组人数基本一致。 2. 每位组员先通过知识加油站进行独立学习，自主搜索网络信息，了解景别的概念和划分。 3. 在实际拍摄时，原则上只能选择身边的人物和事物为题材。 4. 通过分析拍摄对象、景物拍摄前采点和制定拍摄方案，确定拍摄方式，确定拍摄场景及内容，拟定拍摄提纲。 5. 按照拍摄提纲认真拍好每一个画面。注意拍摄景别要丰富，拍摄视角要独特，画面表现要明确。 6. 每个小组选取一名同学分享交流本组拍摄素材情况。 7. 投票选出拍摄短视频素材优秀的小组。				
总结 / 完成情况					

获取资讯

- 引导问题 1：拍摄时，景别一般有哪几种？
- 引导问题 2：拍摄全景时的要点是什么？
- 引导问题 3：视频画面的宽高比一般是多少？
- 引导问题 4：拍摄竖屏新闻短视频有哪些构图注意点？

工作实施

教师发放学习资料，引导小组讨论、组间交流分享，控制每个活动环节的时长。

学生首先学习资料、收集信息，完成引导问题填写，如有必要，在器材仓库领取实训器材并做好登记，参与小组任务，选出代表进行交流分享，组员之间、小组之间相互评价，记录学习情境完成情况。

评价反馈

学生根据拍摄的短视频素材完成情况，相互点评，并完成“项目任务评价表”。

知识加油站

手机新闻短视频的画面构图

微课视频同步看

一、视频的景别

当镜头焦距一定时，调整摄影设备与被摄主体的距离，被摄主体在画面中所占的范围大小的区别，被称为景别。在手机设备拍摄时，景别的区分主要依靠手机与被摄主体距离的远近来实现。以人物为拍摄主体，一般可以划分为 5 种景别，由远及近分为远景、全景、中景、近景、特写。运用不同的景别，可以表达不同的主题和内涵。

（一）远景

远景交代主体在事件中的环境，让画面形成舒缓的节奏，具有强烈的抒情性等。如图 1－3－5 所示为远景景别。

图 1－3－5　远景景别

（二）全景

全景，展现拍摄主体的全貌，头顶和脚下保留一定的空间，一般头顶的空间大于脚下的空间。如图 1－3－6 所示为全景景别。

图 1-3-6 全景景别

（三）中景

中景，裁身点位于人物膝盖以上，常用来表现主体的动作，是一种常用的叙事景别。

（四）近景

近景，拍摄人物胸部以上的画面，景别较小，主要表现人物的表情、刻画人物的情绪。

（五）特写

特写，展现局部，比如近距离展现手的细微动作、面部局部表情等。

如图 1-3-7 所示，分别为全景、中景、近景、特写景别。

图 1-3-7 全景、中景、近景、特写景别

这五种景别是比较基本的景别分类，在实际拍摄时，要灵活使用景别，以展示导演意图，呈现丰富的效果。

二、横屏短视频的画面构图

视频的宽高比影响画面的构图，宽高比是指视频图像的宽度和高度之间的比率，可以用来描述画幅的大小。随着技术的革新，从电影的发展，到标清、高清电视，再到现在的新媒体移动设备，画幅尺寸也在一直演变。从方形到宽银幕，从横屏幕到竖屏，画幅都是视频创作的基础。① 如图 1－3－8 所示。

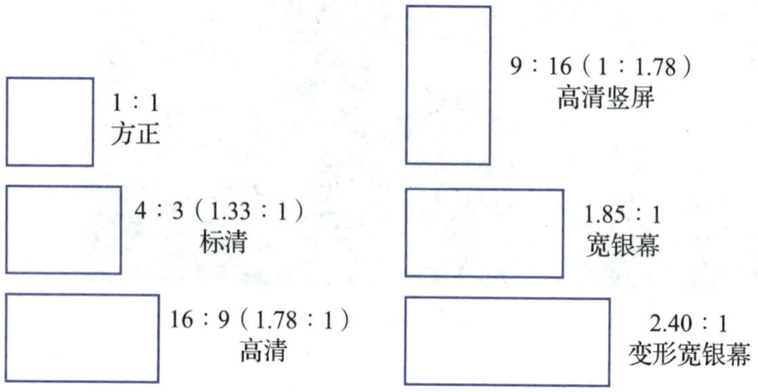

图 1－3－8　多种画幅的宽高比

视频画面的宽高比一般有 16：9、4：3、2.4：1 等，其中 16：9 的宽高比最为常用。横屏的比例在电视节目、视频网站中运用最多，横屏视频的视野开阔，和人眼观察世界的视场角类似。不管拍摄何种影像素材，首要考虑的是画面的主体和主题，所有拍摄的构图都是围绕主体展开。横屏新闻短视频的拍摄中，不同景别有其特殊的拍摄技巧和构图形式。

（一）远景拍摄

远景主要表现的是整体气势，用以交代故事背景和所处的环境。在拍摄远景时，要注意横平竖直的拍摄原则，即水平线水平、垂直线竖直，拍摄时运动要平稳均匀。

（二）全景拍摄

全景在表现人物全貌的同时，又交代其所处的环境。为顾及画面信息的处理，可采用较高角度的俯拍；也可根据需要，将画面进行纵向上的三等分，将地平线等水平线放在三分线处；避免人物和后面景物的交错，优先突出人物，调整拍摄角度，不要喧宾夺主；全景务必“拍全”，即不要造成主体部分出画，同时，也要避免人物全景“顶天立地”的构图形式，注意在主体四周留有一定的空间。

（三）中景拍摄

中景往往用来拍摄主体的动作，人物在画面上的占比增大，环境变得更为次要。拍摄中景时，不要使画面的边线卡到身体的关节处，要时刻关注被拍摄对象的动态变化，把握画面的拍摄重点。

（四）近景拍摄

近景是新闻、采访拍摄时比较常用的景别，在拍摄时要注意面部的对焦，将焦点放在人物的眼睛处；拍摄时考虑到后期加字幕的需要，画面可适当拍得“空”一点；在人

① 罗伊·汤普森，克里斯托弗·J 鲍恩. 镜头的语法［M］. 北京：北京联合出版公司，2017：4－7.

物面朝的一侧，将画面空间留足；仔细避让背景中出现的横、竖线条，如电线杆、地平线，不要使背景中的线条卡在关节处，造成视觉不适。

（五）特写拍摄

特写镜头可展现被拍摄主体的内在，增强画面的艺术性。在手机拍摄时，对于单镜头手机来说，由于设备只有数字变焦，手指触碰屏幕虽然可以拉近物体，但是极大损失了画面的清晰度，如果条件允许，要采用接近物体的方式来进行拍摄，同时务必注意对焦和曝光的准确。

三、竖屏短视频的画面构图

竖屏短视频是依据手机等移动设备衍生出来的一种视频形式，是移动媒体时代的新产物。影像自诞生之初便是以横屏的样式展现在观众面前，对于方兴未艾的竖屏短视频来说，目前业界也没有为其制定非常规范的行业标准并进行系统的规范研究。但竖屏新闻短视频与传统横屏短视频一样，需要用视觉语言和丰富的景别来叙事。

竖屏视频画面的宽高比一般有以下几种：3∶4、9∶16、9∶18 等。目前，智能手机的相机所拍摄的竖幅视频画面比例主要为 9∶16。画面分辨率一般有以下几种：720 × 1 280、1 080 × 1 920、540 × 960 等。由于人体本身就是直立的属性，用手机进行竖屏拍摄时，能发挥竖屏画面的天然优势，但由于两侧画面的削减，使常见的横屏视频的景别无法完全适用，因此更要仔细考量各元素在竖幅画框内的安排。

竖屏视频画面由于纵向比较狭长，不太符合人眼的观察方式，导致画面中人物周围环境的信息被削弱，在竖屏新闻短视频的拍摄中，以下这些拍摄原则值得注意：

（1）竖屏新闻短视频最合适的景别是中景或近景，而且由于竖屏减少了两侧环境的信息，使得中近景又有了特写的属性，使观众与被拍摄对象的距离感拉近，易引起共鸣。

（2）不要大量使用特写。由于竖屏带来的天然的局促感，过多的特写镜头会导致画面非常满，给观者带来不适的视觉感受。同时由于新闻的纪实属性，需要客观反映真实事件，也不需要对人物的内心世界进行刻画，否则就失去了客观的意义，一般也不需要人物大特写，可以适量对物品进行特写，如反映新闻事件的特殊物品等。

项目任务 1.3.3
手机新闻短视频中固定镜头和运动镜头的拍摄

项目任务书

手机新闻短视频中固定镜头和运动镜头的拍摄项目任务书如表 1－3－4 所示。

表 1－3－4　手机新闻短视频中固定镜头和运动镜头的拍摄项目任务书

组号		指导老师		日期	
组长		学号		任务活动时间	8 学时
任务导入	1. 独立学习文字资料，了解固定镜头和运动镜头的概念。 2. 在任务 1.3.2 的基础上，合理应用固定镜头和运动镜头，拍摄不少于 10 条视频素材，每段素材长度 3 ～ 5 秒。本项目旨在通过实践，巩固画面造型的相关理论知识，在新闻短视频的拍摄中，加深对固定镜头和运动镜头的认识。				
任务实施步骤和主要工作内容	1. 2 ～ 5 个同学组成一个任务小组，选出组长。根据班级人数分配组员数量，保证每组人数基本一致。 2. 每位组员首先进行独立学习，自主搜索网络信息。 3. 选择身边的人物和事物为题材，撰写策划等。 4. 通过分析拍摄对象、景物拍摄前采点和制定拍摄方案，确定拍摄方式，确定拍摄场景及内容，拟定拍摄提纲。 5. 按照拍摄提纲认真拍好每一个画面。注意拍摄景别要丰富，合理选用运动镜头和固定镜头，做好同期声收录工作。 6. 每个小组选取一名同学分享交流本组拍摄素材。 7. 投票选出拍摄短视频素材优秀的小组。				
总结 / 完成情况					

获取资讯

- 引导问题 1：什么是固定镜头？
- 引导问题 2：运动镜头分为哪几种？
- 引导问题 3：拍摄运动镜头的要点有哪些？
- 引导问题 4：新闻短视频画面拍摄技巧有哪些？

工作实施

教师发放学习资料，引导小组讨论、组间交流分享，控制每个活动环节的时长。

学生首先学习资料、收集信息，完成引导问题填写，参与小组任务，选出代表进行交流分享，组员之间、小组之间相互评价，记录学习情境完成情况。

评价反馈

学生根据拍摄的短视频素材完成情况，相互点评，并完成“项目任务评价表”。

知识加油站

手机新闻短视频中固定镜头和运动镜头的拍摄

微课视频同步看

一、固定镜头

固定镜头，是指在机位、焦距、光轴均不发生变化的情况下拍摄的画面，但画面中的光线可以变化、人物可以运动。固定镜头最大的特点就是拍摄的空间范围不变，拍摄景别、拍摄角度、透视关系保持不变，视点稳定。对于手机摄制短视频来说，固定镜头在构图上要更注意审美，学生拍摄时要严格遵守景别的划分。

拍摄固定镜头的常见要点如下：

（1）首先要求“稳”。如果有三脚架等专业的稳定设备，那么在拍摄时尽量使用它。如果没有三脚架，则寻找身边可用的支撑物来代替三脚架，如桌面、地面等。如果手持拍摄，要尽最大可能保持画面的稳定，手臂与身体保持三角形支撑，保持均匀的呼吸，双腿分开与肩同宽，降低重心，摄影师的身体还可以倚靠住坚实的墙面。总之，拍摄固定画面，就要利用一切条件，使画面稳定。

（2）保持景别的规范、构图的合理。

（3）可利用静止的画面外框当作参照物，选择合理的拍摄角度和方向，展现画面中运动物体的动态，增加固定镜头的活力和节奏。

（4）固定镜头在选取拍摄对象时，一般不挑选完全静态的景物，尽量选用运动的物体，以保持视频的动感。

（5）值得注意的是，相比传统的横屏视频，竖屏新闻短视频应增加固定镜头的使用。这是由于竖屏的局促感在移动中会带来观感的不适。另外，竖屏短视频中的景别自身就带有天然的近景或是特写属性，固定镜头的使用可以增强观者的沉浸感。

二、运动镜头

当利用手机来进行短视频的摄制，手机机位、光轴的变化会使画面产生动感（一般我们不直接采用数码变焦的形式），这就是运动镜头的魅力。为了后期剪辑方便和视听语言的需要，一个完整的运动镜头需要包括起幅、运动过程和落幅三个部分。运动镜头可分为以下几种运动形式：推、拉、摇、移、跟、升降、综合运动。拍摄运动镜头的常见要点如下。

（一）推镜头

使用手机拍摄时，采用不断向前推进的方式进行拍摄，所拍摄的主体在画面中的占比不断放大，带给观者由远及近、身临其境的感受。

在推的过程中，要注意运动均匀，明确落幅的位置，对焦清晰，避免晃动。

（二）拉镜头

使用手机拍摄拉镜头，即手机机位不断后退，画面中的拍摄对象占比不断缩小，逐步展现拍摄主体所处的环境。比如某颁奖现场的新闻短视频拍摄中，我们可以从奖章、鲜花、证书等拉出镜头，逐渐展现颁奖典礼的现场。

在拉镜头的过程中，要保持画面运动均匀，明确落幅的位置，不能来回推拉。

（三）摇镜头

摇镜头拍摄是指机位保持固定位置，变化机器的光轴，可以使用三脚架上的云台或摄影师的运动，有目的地转换镜头朝向的拍摄方法。另外还有一种甩镜头的运动镜头，其本质就是非常快速地摇镜头。

（四）移镜头

移镜头拍摄是指在拍摄过程中，拍摄设备的位置发生位移，从而改变拍摄画面中的内容。如图 1－3－9 所示为平移镜头拍摄。

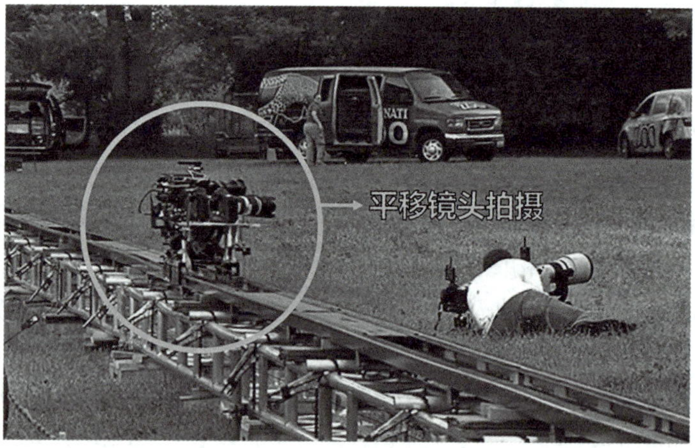

图 1－3－9　平移镜头拍摄

（五）跟镜头

跟镜头拍摄是指拍摄设备始终跟随着运动中的被摄主体，使被摄主体在画面中一直保持所占范围大小一致的拍摄方式。根据被拍摄者与摄影师的位置关系，一般将跟镜头分为前跟镜头、后跟镜头、侧跟镜头等。关键点在于，时刻保持被摄主体在画面中的位置、大小关系一致，达到一种时刻等距跟随主体运动的效果。如图 1－3－10 所示为跟镜头拍摄情况。

（六）升降镜头

升降镜头拍摄是指使用升降设备（比如摇臂等），将摄影设备固定在其上，一边升降一边拍摄的拍摄方法。升降装置可以是升降车、摇臂、稳定器或辅助拍摄设备等，但也可以借助身体的蹲、站进行小幅度的升降拍摄。按升降方向不同，可以分为垂直升降、斜向升降以及不规则升降。

图1-3-10　跟镜头拍摄

(七) 综合运动镜头

综合运动镜头是指，在一个镜头中，拍摄者利用摄影设备，将推、拉、摇、移、跟、升降等各种运动方式按照导演意图进行拍摄，使画面富有动感和流动性。如图1-3-11所示为综合运动镜头拍摄情况。

图1-3-11　综合运动镜头拍摄

三、录制同期声

短视频是动态的画面艺术，声音和画面同等重要，在记录画面的同时，要记录质量好的同期声。同期声就是在新闻短视频的拍摄过程中，同时采集和录制现场的真实声音。同期声对增强影视节目的现场真实感和增加信息量，以及对真实表达人物的性格、思想和情感，都具有重要意义。

(一) 同期声的作用

1. 增强真实性

在强调客观性、可信度的新闻报道和纪录片中，同期声可以让观众在观看画面的同时，听到被采访人物叙述自己的亲身经历，表达自己的感受，让观众觉得真实可信，有说服力和感染力，它所产生的效果是文字和解说所不能比拟的。

2. 渲染现场气氛

同期声由于与画面同一现场同时录制，可以更好地渲染现场气氛，给人身临其境的参与感，同时也可以使画面的表现力得以拓展。

3. 弥补画面表现手法的不足

拍摄过程会受到各种因素的影响，因此有些画面不易于表现，例如，某些情况下由于特殊原因会用马赛克对人物进行遮挡等。另外，已经发生过的新闻事实无法用镜头来表现时，一般会采用当事人或知情者绘声绘色进行讲述的方式来弥补画面的不足，此时，同期声就占据了主导地位，达到独立传播信息进而吸引观众的效果。

（二）手机短视频拍摄时的注意事项

（1）检查手机话筒是否保持打开的状态。因为在新闻拍摄中难免会有一些突发情况，所以要随时检查手机话筒的情况，确保同期声录制。注意打开相机设置中的录制立体声选项。

（2）可以购置收声设备，用于收录同期声。

（三）同期声的运用

1. 避免人为控制

在新闻类节目中，人为控制同期声会使新闻类、纪实性节目失去真实面目，缺乏亲和力和真实感。

2. 要有目的性

录制同期声时，要依据具体情况和内容需求出发，尽可能地结合真实性与艺术性。如人物专题片，附加上环境同期声会使内容更丰富翔实，人物形象也更生动鲜活。但如果演播室制作的严肃的新闻节目附加上环境背景声，就很容易喧宾夺主，分散观众的注意力，这不仅会削弱新闻的表现力，还容易使观众对新闻的理解产生偏差。

3. 要与画面相匹配

同期声要与画面相互衬托、相互补充才能充分表现出事物的特点和人物的情感，不能为用而用，徒有形式。

4. 要富有有效的信息量

同期声包含的信息量和价值量越大，就越有表现力。

5. 要简明扼要

同期声在运用时要把握节奏，简明扼要，减少没必要的声音，准确精练地表达拍摄主题，避免华而不实。

学习情境 1.4

新闻短视频的文字稿写作

学习情境背景

新闻短视频文字稿怎么写？这是初接触新闻短视频的制作人经常会问和思索的问题。相对于报纸等平面媒体的新闻稿写作，短视频新闻稿的写法有其特殊性，不能简单认为把报纸新闻稿的写法照搬过来就行。

随着科技现代化越来越发达，人们的阅读观看习惯越来越碎片化。新媒体写作需要吸引用户，并让受众在有限的时间内获得更多的信息。新闻短视频的文字稿写作从标题、导语、正文到结尾，都需要符合新媒体用户的习惯和观看特点。

本学习情境将对新闻短视频文字稿写作的相关知识进行介绍，包括了解新闻短视频标题、导语、正文、结尾写作等方面。

思维导图

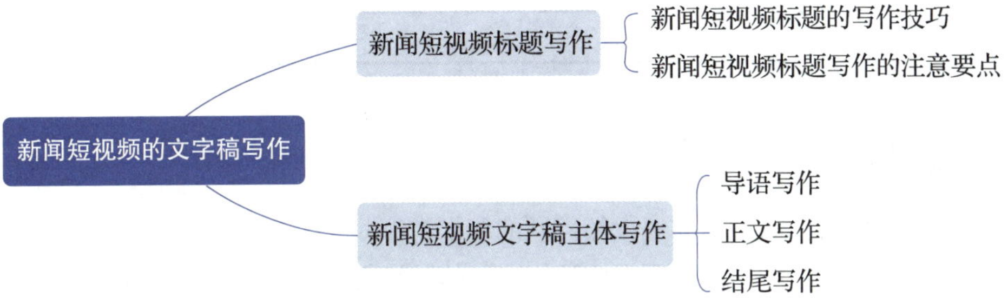

项目任务 1.4.1

新闻短视频标题写作

项目任务书

新闻短视频标题写作项目任务书如表 1－4－1 所示。

表 1－4－1　新闻短视频标题写作项目任务书

组号		指导老师		日期	
组长		学号		任务活动时间	2 学时
任务导入	1. 设定情境：你是校园新媒体平台的一名新闻短视频编辑，现在校园电视台有一档主题新闻栏目，请你为这档节目制作一条新闻短视频。 2. 请你仔细阅读标题写作知识点，总结概括相关概念。 3. 根据你选定的新闻主题，查阅相关信息，列举 2 ～ 3 条你认为符合标题写作要求，且较吸引人的标题。 4. 请每个同学为本小组选定的主题及拍摄采访的素材撰写标题。 5. 在小组内讨论交流，可进行一定的修改调整。每组选出最符合新媒体新闻标题要求的 2 ～ 3 个标题。 6. 在全班范围内投票选出“最吸引人”的新闻短视频标题，3 个主题分别选 1 个。				
总结 / 完成情况					

获取资讯

- 引导问题 1：制作新闻短视频标题的要求有哪些？
- 引导问题 2：新闻片标题中应该嵌入具体的核心事实，属于哪一项要求？
- 引导问题 3：根据你选定的主题及拍摄采访的素材，查阅相关信息，列举 2 ～ 3 条你认为符合标题写作要求，且较吸引人的标题。
- 引导问题 4：根据本小组选定的主题新闻撰写标题，可写多个。
- 引导问题 5：在小组内讨论交流，可进行一定的修改调整。每组选出最符合新媒体新闻标题要求的 2 ～ 3 个标题。

工作实施

教师带领同学自主学习，完成引导问题填写，保证工作实施，总结分享，并且控制每个活动环节的时长。

学生首先学习资料，填写引导问题，再查阅资料收集符合写作要求的标题。查阅汇总后，自己撰写标题，并且在小组内进行展示交流，修改标题，组内选出 2 ～ 3 个较好的标题，在全班范围内评选。

评价反馈

学生根据新闻标题的交流展示情况相互点评，并完成“项目任务评价表”。

知识加油站

新闻短视频标题写作

微课视频同步看

新闻短视频的标题需要能够吸引用户，才能获得好的传播效果。对于新媒体用户来说，标题尤为重要。在信息过载的时代，内容质量越高的新闻短视频，越要起个好标题，如果标题不够吸引人，再好的内容也不会有人看到。

一、新闻短视频标题的写作技巧

借助信息搜集工具，运用新榜、微信搜索、抖音热榜能工具，可以直接搜索出最近的爆款内容，多看热门视频、事件、文章的标题，从而总结经验模式。[①]

（一）突出新闻时效，紧跟热点

社交媒体上，每个人都十分关注社会、群体、人物、事件等动态，其中具有广泛传播度和关注度的点即是热点。切中热点式新闻标题，能够满足人们获取信息价值的需求。

例如，新冠疫情期间，人们非常关注有关疫情传播、病例情况。央视新闻有关疫情的新闻标题《比德尔塔具有更多突变！新型变异毒株或引发更大传播风险》《满洲里发现 3 例核酸阳性人员》等，如图 1－4－1 所示。新华社的新闻标题《最新！新增确诊病例 41 例，其中本土 21 例》等，如图 1－4－2 所示。

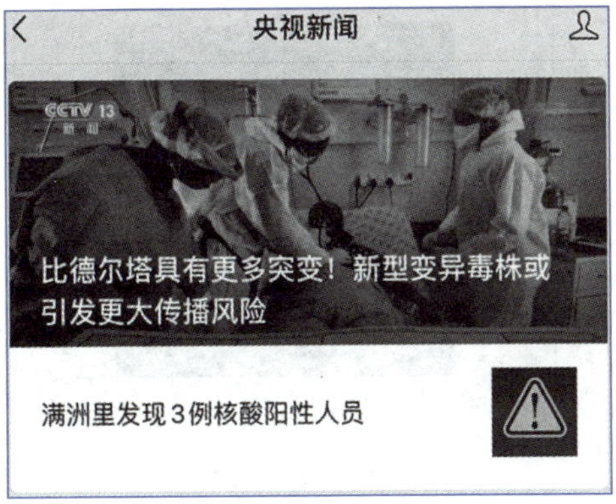

图 1－4－1　央视新闻时效式标题

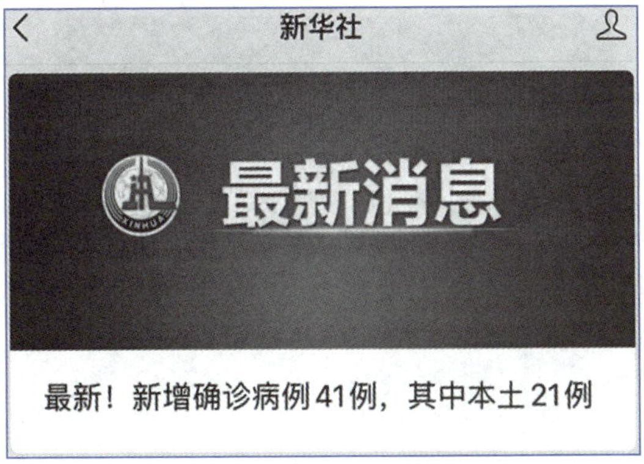

图 1－4－2　新华社时效式标题

（二）列出疑问点、新奇点，激发好奇心

人们在面对未知、新鲜、奇特的事物时，往往会去寻找答案，这就是好奇心。这类

① 肖凭. 新媒体运营［M］. 北京：中国人民大学出版社，2020：99－102.

标题会设定反问、疑问句型，采用对比、反差等技巧，激发用户的好奇心。

例如，新华社新闻标题《被救助的天鹅，几天不吃不喝，咋回事？》等。

（三）描述故事，展现画面感、戏剧感

好的标题要会讲故事，故事更能打动用户，能拉近事件与用户之间的距离。标题采用故事的形式，描绘人物、画面、场景，营造戏剧冲突。用极具感染力的表达方式，引发共鸣，从而唤起用户心理的价值认同感。

例如《人民日报》的新闻标题：《“妈妈，味儿不对！”高三女生这个发现救了全楼人》《华西的学生吃火锅留下一张字条，老板非常重视！》《这很兰州！多家牛肉面馆免费为防疫人员供应牛肉面》等。

（四）加入数字，增强说服力

结合新闻内容，在纯文字的标题中加入阿拉伯数字，能够突出重点，让人眼前一亮。而且数字能告诉用户具体信息，将模糊的内容具体化，从而增强说服力。

例如，央视新闻《“比超算快亿亿亿倍！”》（如图 1－4－3 所示），《50 年前的今天，联合国大会现场沸腾了！》（如图 1－4－4 所示），《人民日报》新闻《400 万字的手写教案，有点震撼！》，等等。

“比超算快亿亿亿倍！”

央视新闻 今天

点蓝色字关注“央视新闻”

近日，中科院量子信息与量子科技创新研究院科研团队在超导量子和光量子两种系统的量子计算方面取得重要进展，使我国成为目前世界上唯一在两种物理体系达到“量子计算优越性”里程碑的国家。

图 1－4－3

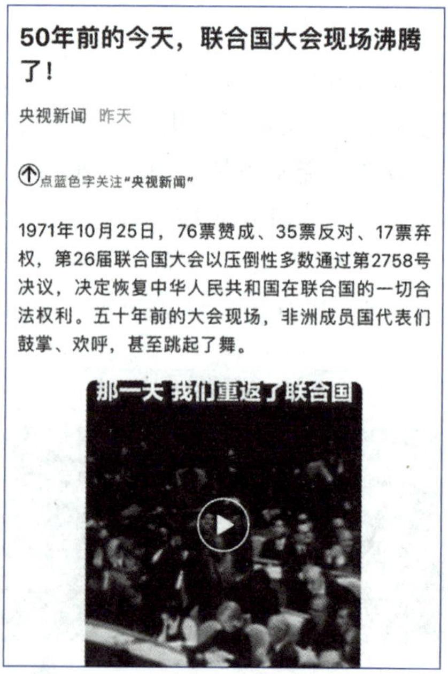

50年前的今天，联合国大会现场沸腾了！

央视新闻 昨天

点蓝色字关注“央视新闻”

1971年10月25日，76票赞成、35票反对、17票弃权，第26届联合国大会以压倒性多数通过第2758号决议，决定恢复中华人民共和国在联合国的一切合法权利。五十年前的大会现场，非洲成员国代表们鼓掌、欢呼，甚至跳起了舞。

图 1－4－4

（五）巧用符号，营造冲击力

新媒体文案的标题通常会运用各种符号，再结合相关的文字、词汇，可以让标题形成强烈的冲击力，刺激情绪，从而吸引用户点击观看。

常用的符号有：感叹号“！”，表示强调；问号“？”，能引发疑问、设计反问；省略号“……”，可以制造悬念；冒号“：”，进行解释补充，丰富标题内容。稍特殊

的符号有：箭头“→”，表示引导、指向、代指等；短数线“|”，是常用的标题关键词分隔符，可以分隔栏目名称和主题内容。其他符号有：连字符“–”，方括号“[ ]”，实心方头括号“【 】”，双引号“”，特殊网络符号“@”等都能用在标题中，丰富文字形式。但是符号的使用需要恰当，不要过多，不要连续出现，表意要明确。

比如，央视新闻的标题《主播说联播 | 总书记致贺信！看奥运，CCTV-16 安排》，《冷冷冷！南方多地开启“湿冷模式”》（如图 1－4－5 所示），《珠海石景山隧道重大透水事故调查报告公布：27 人被问责》，《主播说联播 |@ 全体家长，带娃有了法律依据》（如图 1－4－6 所示）。

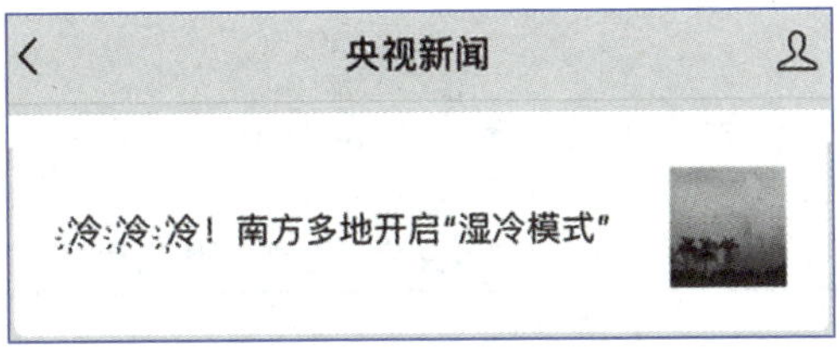

图 1－4－5

图 1－4－6

二、新闻短视频标题写作的注意要点

新闻标题切记要符合新闻报道事实，不要做“标题党”。不能以吸引人关注和点击为目的，不择手段，文不对题。

新闻标题可以使用夸张等修辞手法，但是不能过度夸张，过分渲染，不能违背新闻报道准确性的原则。

标题一般语言精练、明确、简洁，慎用简称，防止产生歧义。

项目任务 1.4.2

新闻短视频文字稿主体写作

项目任务书

新闻短视频文字稿主体写作项目任务书如表 1－4－2 所示。

表 1－4－2 新闻短视频文字稿主体写作项目任务书

组号		指导老师		日期	
组长		学号		任务活动时间	6 学时
任务导入	1. 请先仔细阅读导语写作知识点，总结概括相关概念。 2. 梳理本组拍摄的素材，及采访的问题，根据小组选定的标题，撰写导语。 3. 在小组内讨论交流，可进行一定的修改调整。每组选出最符合要求的 1 条导语。 4. 梳理本组拍摄的素材、采访的问题，整理同期声，根据主题撰写新闻正文及结尾。 5. 在小组内讨论交流，可进行一定的修改调整，在组内确定新闻正文、结尾。 6. 将新闻文字稿标题、导语、正文、结尾汇总成完整的稿件。 7. 在全班范围内投票选出“最吸引人”的新闻短视频文字稿，3 个主题分别选 1 个。				
总结 / 完成情况					

获取资讯

- 引导问题 1：新闻短视频导语的作用是什么？
- 引导问题 2：一些常见的导语写法有哪些？
- 引导问题 3：梳理本组拍摄的素材，及采访的问题，根据小组选定的标题，撰写导语。
- 引导问题 4：新闻稿正文的作用是什么？
- 引导问题 5：新闻正文的写作要点有哪些？
- 引导问题 6：新闻主体的写作方法有哪些？
- 引导问题 7：新闻结尾的形式大致可以分为哪几种？
- 引导问题 8：结尾的写作方法分别是什么？
- 引导问题 9：梳理本组拍摄的素材、采访的问题，整理同期声，根据主题撰写新闻正文及结尾。

工作实施

教师带领学生自主学习，完成引导问题填写，保证工作实施，总结分享，并且控制每个活动环节的时长。

学生首先学习资料，填写引导问题，梳理采访素材，撰写导语，各小组汇总出一条导语，学生进行互评。梳理本组拍摄的素材、采访的问题，整理同期声，根据主题撰写新闻正文及结尾。教师引导学生进行展示交流，学生之间相互点评，在组内确定新闻正文、结尾。最后将标题、导语、正文、结尾汇总成完整的文字稿件。在小组内进行展示交流、相互讨论。

评价反馈

学生根据新闻短视频文字稿的交流展示情况，相互点评，并完成“项目任务评价表”。

知识加油站

新闻短视频文字稿主体写作

微课视频同步看

新闻短视频的文字稿相比电视新闻稿更加简洁，文字稿主体一般包括导语、正文和结尾。

一、导语写作

导语一般是开头的一两句或一段话，使用精练的文字，简明扼要地对新闻的主要内容进行提示和评点。新闻短视频的导语受视频时长影响，一般在视频中较少出现，多用在视频传播的简介中，突出新闻核心，引导用户观看。导语写作有以下方法。

（一）制造对比冲突，设计问题，营造悬念

导语在写作时，可以先将正文中的内容以问题的形式提出，或者将事件的不同方面进行比较，制造冲突，营造悬念，从而吸引观众。

例如，央视网新闻短视频节目《抗风抗雪　制造一根奥运火炬需要加入哪些“魔法”》，引导语为：“冬奥会的脚步越来越近，什么样的火炬拿着最稳？火炬里藏着怎样的魔法技能才能抗住冰雪狂风？为什么有的奥运火炬灭了又灭？”如图 1－4－7 所示。

（二）概括情况，放大细节

概括叙述整体情况，让观众及时了解新闻信息、事实细节，增加感染力，给观众留下深刻印象。

例如，央视网新闻短视频节目《航天员开饭啦！翟志刚有东北炖菜　叶光富吃上川菜　王亚平有海鲜》，引导语为：“10 月 17 日中午 12 点，神舟十三号的航天员们开始吃午饭，三名航天员分别来自黑龙江、山东、四川，对食物偏好也不同。这次去空间站‘出差’，科研人员也为他们准备了专属食谱。”

图 1－4－7

（三）表述观点、评论

通过肯定或否定、批评或赞扬的语言表明记者态度、立场、观点。

例如，央视网新闻短视频节目《英雄回家丨永远不会忘记》，引导语为：“曹家麟是中国人民志愿军的老战士，2000 年以来，曾先后 9 次去朝鲜缅怀牺牲战友，一直为志愿军烈士寻亲而努力。2019 年，曹家麟登上松骨峰，为英烈的后代和亲人带回来 20 斤融入鲜血的泥土，特别策划《永远不会忘记》致敬最可爱的人！”

二、正文写作

（一）新闻短视频节目类型

常见的新闻短视频节目的类型有以下几种：

（1）资讯类，将已有的视频作为素材进行二次创作，一般没有或有少量同期声，正文以文字的形式出现在视频中，如央视网新闻节目《第一时间》(如图 1－4－8 所示)。

（2）记者 Vlog 采访类，采用记者出镜的形式，正文主要是现场的同期声，包括采访提问和回答的内容。

（3）动画类，一般根据实时热点，对热点的背景信息、专业知识进行一些科普，或者用来展示还原无法拍摄到的新闻现场，如央视网新闻节目《新闻超链接》(如图 1－4－9 所示)。

（4）有新闻主持人播报的新闻视频节目，包括现场拍摄的同期声和主持人解说。如央视网新闻节目《新闻 1+1》。

（二）正文写作的要点与方法

在此主要说明第四类，即有主持人解说的节目正文写作有哪些要点和方法。

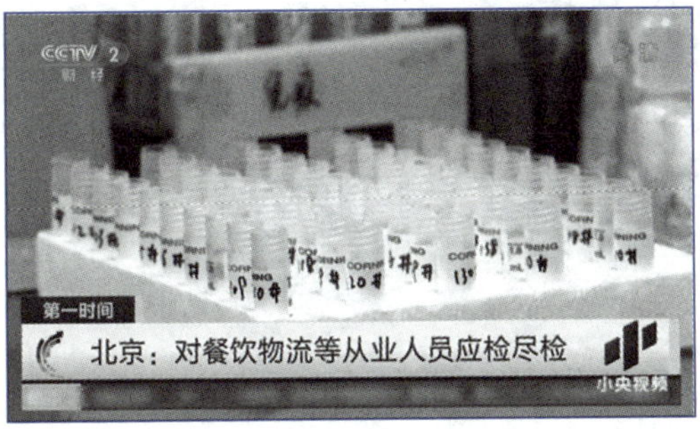

图 1-4-8

图 1-4-9

1. 文字稿正文的要点

提供详细的新闻事实，事件的起因、过程、结果、后续，新闻当事人的采访、对话等内容。正文表述层次要分明，可以按照时间顺序或逻辑顺序安排材料。要提供丰富的材料，使新闻内容充实。在写作手法上，可以大胆尝试新的方法技巧和表达形式。

2. 正文的写作方法

顺序法，按照事件发展的先后顺序来写，主体内容前后相互联系。这种结构着重于反映事件的过程，条理清晰，准确生动，让观众了解前因后果。

倒叙法，按照内容重要性递减原则，从强到弱、由主到次来写作。越到后面，报道的内容越不重要，甚至可有可无。

三、结尾写作

新媒体的交互性决定了新媒体新闻短视频的结尾，不仅要让观众看完视频，还要能激发观众互动的行为，比如点赞、评论、转发、收藏等。结尾有如下几种形式。

（一）总结提炼，概况核心内容

这是较常见的结尾，梳理出新闻的观点，有效加深用户印象，概括出新闻的核心思想。在结尾可以呼应标题、导语，使视频结构完整。

（二）设置悬念，引导关注、点赞、收藏

对于未播报完，或者正在发生的新闻事件，可以在新闻结尾设置悬念，引导用户关注平台，并期待收看后续的内容。点赞和收藏行为也可帮助用户找到下期内容。

（三）制造话题，引发共鸣、讨论

在社交媒体，一般通过话题来制造热点，从而集中吸引更多的流量。在新闻短视频的结尾，也可以总结新闻事件的相关看点，形成话题，激发用户参与讨论，展开评论，从而给节目带来更多的关注度。

新闻短视频节目的形式多变，文稿的写作也随着新媒体传播渠道及用户习惯的变化不断创新突破。标题、导语、正文、结尾的写作要符合创作的基本规律，结合创新的技巧，让短视频更好地传播，触达到更多的用户。

学习情境 1.5

新闻短视频的剪辑与包装

学习情境背景

文字稿完成后，经过配音（不含同期声）环节，得到了新闻片完整的声音材料，加上前期拍摄的视频材料，为后期的画面编辑与声音编辑做好了充分的准备。新闻片后期编辑就是对已经获得的声音材料与画面材料进行再加工、再创作的过程。

本学习情境将对新闻短视频后期制作的相关知识进行介绍，包括了解新闻短视频的剪辑、包装等方面。

思维导图

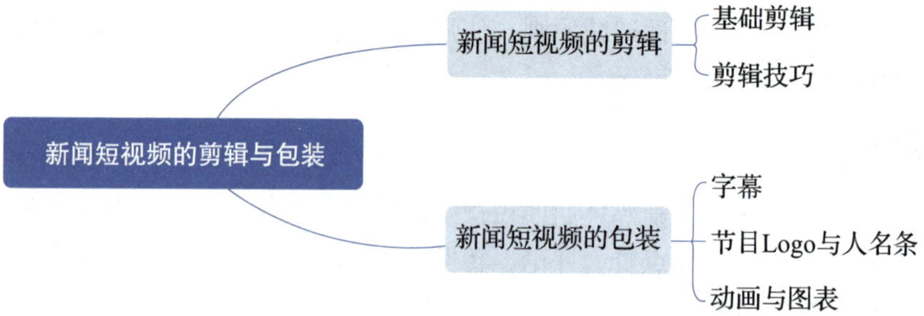

项目任务 1.5.1

新闻短视频的剪辑

项目任务书

新闻短视频剪辑项目任务书如表 1－5－1 所示。

表 1－5－1　新闻短视频剪辑项目任务书

组号		指导老师		日期	
组长		学号		任务活动时间	12 学时
任务导入	1. 请仔细阅读声画关系、后期剪辑等知识点，总结概括相关概念。 2. 分析案例新闻片段的分镜、景别、拍摄、剪辑手法，填写分镜表。 3. 在小组内交流分镜分析情况，相互补充说明。 4. 学习剪辑软件的操作。 5. 根据小组拍摄的素材、文字稿件、解说配音等，粗剪出一条新闻短视频。				
总结 / 完成情况					

获取资讯

- 引导问题 1：什么是剪辑？
- 引导问题 2：基本的剪辑方法有哪些？
- 引导问题 3：剪辑的一般步骤是什么？
- 引导问题 4：新闻短视频剪辑的技巧有什么？
- 引导问题 5：分析案例新闻片段的分镜、景别、拍摄、剪辑手法，填写表 1－5－2。

表 1－5－2　拉片分析表

镜号	时长	画面	景别	技巧	声音	备注
…	…	……	……	……	……	……

工作实施

教师带领学生自主学习，完成引导问题填写，保证工作实施，总结分享，并且控制每个活动环节的时长。

学生首先阅读资料，填写引导问题，分析案例视频，填写分镜表。学习剪辑软件操作，根据拍摄素材粗剪。在小组内进行展示交流、相互讨论，学生进行互评。

评价反馈

学生根据粗剪的交流展示情况相互点评，并完成“项目任务评价表”。

知识加油站

新闻短视频剪辑

微课视频同步看

掌握短视频剪辑，需要先了解什么是剪辑，基本的剪辑方法，以及剪辑的操作流程，然后再熟悉新闻短视频的剪辑技巧。

一、基础剪辑

（一）什么是剪辑

剪辑是指将画面和声音的单个镜头，组合成为一个连贯的故事。[①]

一处剪辑，就是一个剪辑点，是在组合过程中，从一个镜头到另一个镜头的转换位置，也是一个镜头结束，另一个独立镜头的开始。

（二）基本的剪辑方法

剪辑是将一个镜头转换到另一个镜头，通常有四种方法。如表 1－5－3 所示。

表 1－5－3　基本的剪辑方法

剪辑转换	方法操作
切	直接剪切，一个镜头迅速接另一镜头，是影视剪辑用得最多的剪接方法。
叠化	从镜头 A 结尾画面，逐渐转换到镜头 B 的开始画面，两个画面在特殊时间段内模糊叠加。随着镜头 A 结尾“渐隐”，镜头 B 开始“渐显”。
划入划出	简称“划”，指以特定的角度、线条，将镜头、图形等元素穿过屏幕。镜头 A 划出，下一个镜头 B 划入。可以用来表现时间、空间的转换。
淡入淡出	淡入是屏幕由全黑逐渐转为清晰明亮的镜头画面。 淡出是画面由亮转暗，直至全部黑屏。可以用作场景的转换。

（三）剪辑的步骤

后期剪辑需要遵循一定的流程步骤，从获取素材、熟悉素材到最后导出视频成片，

① 罗伊·汤普森，克里斯托弗·J 鲍恩. 剪辑的语法［M］. 梁丽华，罗振宁，译. 北京：北京联合出版公司，2017：4－11.

整个过程的每个环节都十分重要。如图 1－5－1 所示。

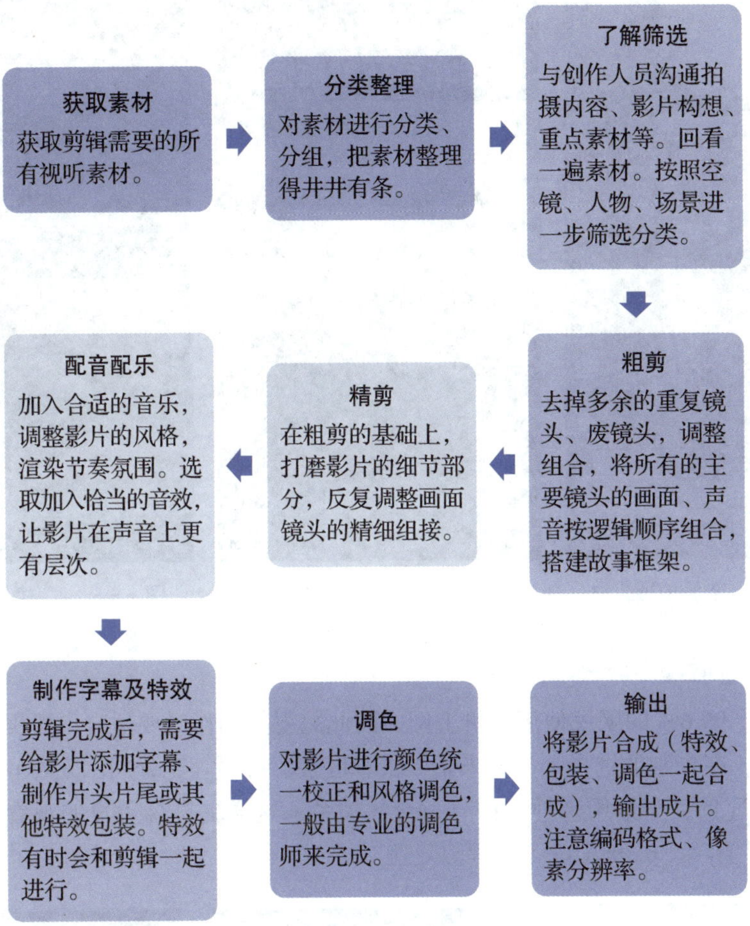

图 1－5－1　后期剪辑的基本步骤

二、剪辑技巧

新闻短视频往往信息密度大、节奏较快，多采用竖屏的格式，在后期剪辑时要注意以下几点。

（一）着重竖屏格式的设置

相关研究显示，手机在 94% 的使用时间内处于竖屏状态，手机端的竖屏视频的完成播放率比横屏提高了 9 倍。[①] 因此，新媒体短视频要重视竖屏的拍摄和格式输出。在后期制作时，对于竖屏拍的素材可以直接使用，充满屏幕（见图 1－5－2）；也可以将竖屏画面三等分或者其他比例的划分，三个画面分别展示标题、视频、文案等内容（见图 1－5－3）；而在采集过程中，对于横屏拍摄的素材，需要将其直接放大，充满竖屏屏幕（图 1－5－4）。

---

① 靳斌. 新媒体视听作品制作与运营［M］. 北京：中国国际广播出版社，2020：13－17.

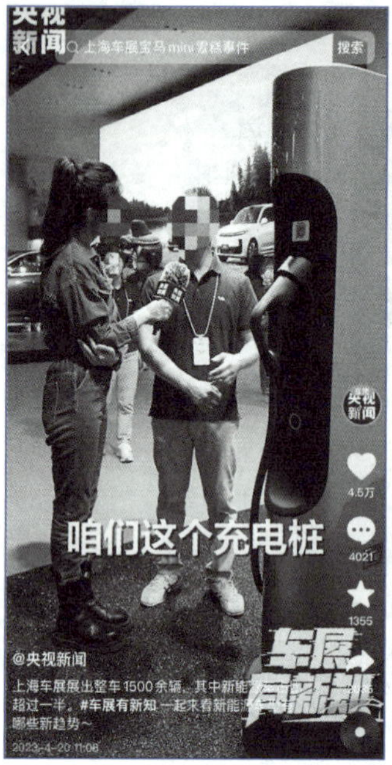

图 1－5－2　竖屏拍摄素材

图 1－5－3　竖屏画面划分

图 1－5－4　横屏素材放大

（二）多用适合小屏幕的景别

据统计，99.6% 的网民使用手机上网，因此短视频制作时要适合手机屏幕。手机屏幕一般较小，在景别的选择上，多采用中景、近景、特写等充分展示人物和细节，中间穿插少量的远景、全景用来补充信息、交代关系，这样更符合用户的观看习惯。如图 1－5－5、图 1－5－6 和图 1－5－7 所示。

图 1－5－5　中景镜头画面

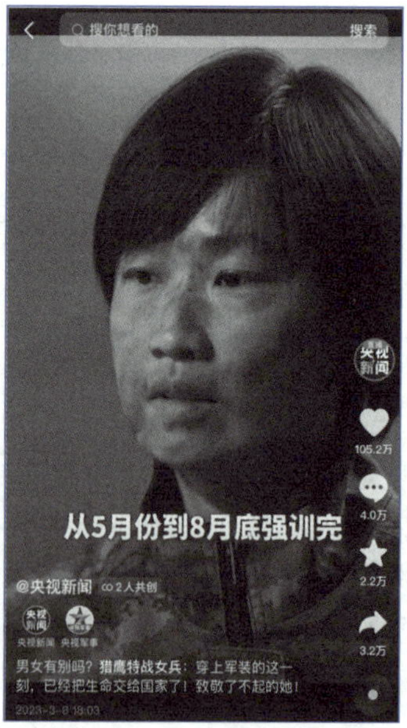

图 1－5－6　近景镜头画面

图 1－5－7　特写镜头画面

（三）剪辑节奏明快，配音配乐有记忆点

短视频的时长一般在 5 分钟以内，却包含大量的信息。在短时间内，让用户获取到视频内的信息内容，就需要短视频更有趣味、节奏明快、看点突出，画面、同期声、音乐相互作用烘托气氛。[①] 并且为了留存更多的用户，形成品牌感、栏目感、辨识度，一般对于同类的资讯视频栏目，采用独特的镜头语言、叙事方式，给用户留下更多的记忆点。

① 张正. 新闻短视频的拍摄和剪辑技巧［J］. 传媒论坛，2020（8）：69－70.

项目任务 1.5.2

新闻短视频的包装

项目任务书

新闻短视频包装项目任务书如表 1－5－4 所示。

表 1－5－4　新闻短视频包装项目任务书

组号		指导老师		日期	
组长		学号		任务活动时间	8 学时
任务导入	1. 请仔细阅读新闻短视频包装等知识点，总结概括相关概念。 2. 分析案例新闻片段的包装元素。 3. 学习包装相关软件的操作（自主学习微课及教师演示）。 4. 每位同学为本小组的新闻设计包装元素。 5. 每位同学为自己剪辑的新闻短视频添加包装，完成精剪，在小组内进行审核、交流。 6. 根据组内同学的意见修改视频、进行调整，最终输出成片。 7. 每位同学输出自己剪辑、包装完成的新闻短视频。在全班范围内播放，学生进行互评。 8. 新闻短视频需要包括标题、分工、片头、片尾、字幕、包装、配乐、人名条等元素。				
总结 / 完成情况					

获取资讯

- 引导问题 1：屏幕文字是指什么？运用屏幕文字时，要注意哪几点？
- 引导问题 2：在新闻节目的后期编辑中，根据内容的需要适当添加动画，可以起到什么作用？
- 引导问题 3：分析案例新闻片段的包装元素。

工作实施

教师带领学生自主学习，完成引导问题填写。教师演示与包装相关的软件操作，保证工作实施，总结分享，并且控制每个活动环节的时长。

学生首先阅读资料，填写引导问题，分析案例视频。学习与包装相关的软件操作，设计新闻短视频包装。根据拍摄素材粗剪，进行包装、精剪。在小组内进行相互审核，教师指导学生操作，调整修改，最后输出完整的可以播出的新闻短视频。在全班范围内播放学生作品，学生进行互评。

教师点评学生的新闻短视频作品，回顾“学习领域 1　新闻短视频制作”的各学习情境，引导学生完成学业评价，并对本学习领域的学习情况进行自我总结和分析。

评价反馈

学生根据新闻短视频的交流展示情况相互点评，并完成“项目任务评价表”。

知识加油站

新闻短视频包装

微课视频同步看

新闻短视频节目的包装一般包括字幕、节目 Logo、人名条，特殊的形式有动画、图表等。

一、字幕

竖屏短视频时长短、镜头切换快，过多的文字信息会让受众无法接受，并产生疲劳感。因此，新闻短视频字幕字体一般较大，常用白色加黑色描边。常规字幕有同期声字幕，用户在移动状态、声音获取不清晰的情况下，也能接受到新闻的内容。另一种为补充字幕，可以辅助性解释新闻内容。还可以设置强调字幕，用较鲜艳的颜色来强调细节信息。

短视频字幕要设计符合节目风格的字色、字号、字体及在画面中的位置。无论是动态还是静态，字幕停留的时间要恰当。字幕要整洁、准确、美观，要精练、易懂，如图 1－5－8、图 1－5－9 和图 1－5－10 所示。

图 1－5－8　常规字幕

图 1－5－9　强调字幕

图 1－5－10　同期声字幕

二、节目 Logo 与人名条

节目 Logo 要根据新闻节目的内容和目标人群来设计。一个好的节目 Logo，能在最短时间内传递出该节目的信息，吸引到目标用户，是节目包装的重要部分。如图 1－5－11 所示。

人名条一般结合节目 Logo 特定的风格模式，利用统一的配色、元素，形成独有的视觉效果，如图 1－5－12 所示。背景包装也可结合节目风格进行统一设计，如图 1－5－13 所示。

图 1－5－11 《时政现场评》Logo

图 1－5－12 人名条

图 1－5－13 背景包装

三、动画与图表

对于无法拍摄到现场画面的新闻，可以适当添加动画，使新闻内容形象直观，增强可视性。选用合适的图表，可以省略大段文字，使叙述简洁易懂。动画、图表的设计要做到色彩搭配和谐，数字醒目简洁，整体美观形象，如图 1－5－14 和图 1－5－15 所示。

图 1－5－14 《冬奥日历》动画

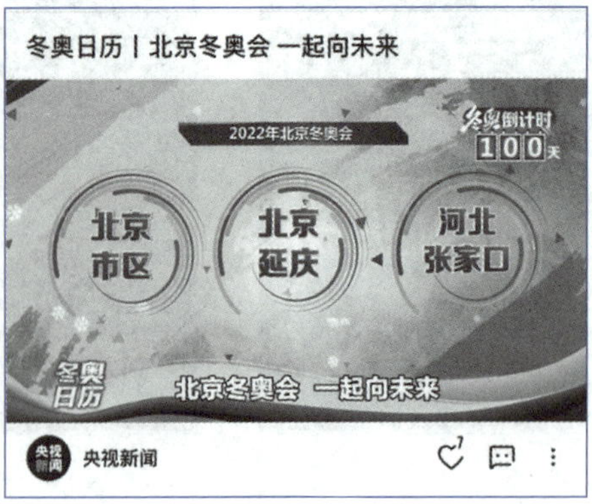

图 1－5－15 《冬奥日历》图表

学习领域 2

微电影制作

学习领域设计

一、学习领域描述

在新媒体迅速发展的今天，互联网已经成为大众特别是年轻受众群体传播和接收信息的首选媒介，并潜移默化地影响着大众的社会生活方式。“微文化”大行其道，在碎片化的生存语境下产生了与之相适应的影视消费新形式，即微电影。

“微电影制作”是一门基于微电影制作过程开发出来的学习领域课程，是数字媒体技术、影视多媒体技术、摄影摄像技术等专业的专业核心课程。

适用专业：数字媒体技术、影视多媒体技术、摄影摄像技术等。

开始时间：第二学期

建议课时：72 学时

二、学习情境及项目任务设计

微电影是继数字技术发展和新媒体传播环境形成后，电影在对自身继承发展基础上产生的一种新的样式。微电影的盛行不仅使过去曲高和寡的单向度艺术回归到了真正具有互动和体验特点的、人人皆可参与的“草根秀时代”，更加贴近普通大众，还被广泛运用在商业宣传等活动中，成为各大网站与企业进行品牌推广与活动营销的新产品。随着微电影的迅速发展，有更多的人参与到微电影的制作和传播过程中来，新一轮的微电影制作与传播热潮已经掀起。

本学习领域从微电影的主要制作流程入手，分为五个学习情境，即认识微电影、微电影制作的前期准备、微电影的现场拍摄、微电影的后期制作、微电影的传播策略。工作学习情境结合案例分析，加以相关实训，使学习者在微电影制作的过程中，全面掌握微电影分析、剧本筛选、脚本制作、现场拍摄、后期编辑、宣传推广等能力，从而提高综合职业素养。

学习情境及项目任务设计如表 2-0-1 所示。

表 2-0-1 “学习领域 2 微电影制作”学习情境及项目任务设计

序号	学习情境	项目任务内容	学时
1	认识微电影	1. 微电影的概念、特点及类型（4 学时） 2. 微电影的制作流程与分工（4 学时）	8
2	微电影制作的前期准备	1. 剧本的概念及创作（6 学时） 2. 分镜头脚本设计（6 学时）	12

续表

序号	学习情境	项目任务内容	学时
3	微电影的现场拍摄	1. 微单相机实操技术（8 学时） 2. 布光技能训练（8 学时） 3. 让镜头运动起来（12 学时）	28
4	微电影的后期制作	1. 微电影的剪辑与蒙太奇（8 学时） 2. 微电影的调色与包装（8 学时） 3. 微电影的配音配乐（4 学时）	20
5	微电影的传播策略	微电影的传播与推广（4 学时）	4

三、课程学习目标

在微电影制作实践中，学生能够运用所学的技巧，通过自我探究、团队合作等方式，制作出原创的微电影作品，并通过自我策划发布成果，得到一定范围内观众的认可。通过学习微电影理论，学生能够全方位、系统了解微电影，并对微电影这一新兴艺术形式产生浓厚的兴趣；在整个课程学习之后，学生的兴趣特长得到一定的巩固和发扬，审美鉴赏能力、动手实践能力得到一定的发展，人文素养和科学素质得到潜移默化的提升。如表 2－0－2 所示。

表 2－0－2　“学习领域 2　微电影制作”学习目标

知识目标	能力目标	素养目标
1. 了解微电影的概念及类型。 2. 熟悉微电影制作的前期准备工作。 3. 掌握微电影现场拍摄、后期编辑、宣传推广的方法及技巧。	1. 能够组织微电影制作的团队。 2. 能够进行微电影剧本、脚本制作。 3. 能够确定和组织一部微电影的角色、道具、拍摄地点与器材，制作日程安排。 4. 能够拍摄录制、剪辑包装、推广微电影。	1. 结合专业知识引导学生深刻理解社会主义核心价值观。 2. 引导学生自觉传承和弘扬中华优秀传统文化，全面提高学生的审美和人文素养，增强文化自信。 3. 引导学生立足时代、扎根人民、深入生活，树立正确的艺术观和创作观。

四、课程思政元素

“微电影”是互联网“微”时代下的产物，与传统的电影有所不同，且有别于传统广告的诉求式、说教式及煽动式的传播方式，微电影创造了全新的传播模式和内容制作模式。“学习领域 2　微电影制作”的课程思政结合要深入挖掘思政教育资源，在微电影创作项目完成过程中内化思想政治教育，实现“润物细无声”的价值观塑造，同时依托作品传播影响大学生等微电影受众群体的价值观，从而实现在教学中培根铸魂、立德树人。“学习领域 2　微电影制作”的思政元素融入如图 2－0－1 所示。

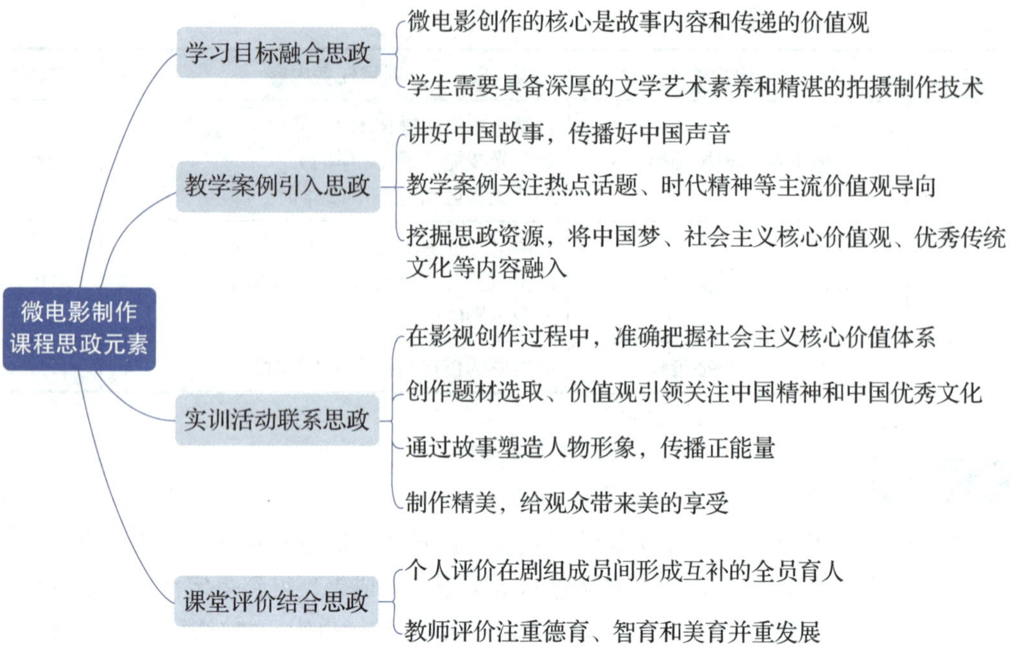

图 2-0-1 “学习领域 2 微电影制作”的思政元素

五、学习形式与方法

强调以学生为主体，重视教师引导者、监督者和评价者的作用，在课前、课中、课后采用学习情境驱动、情景教学、海报法、小组互动、角色扮演、案例分析等教学方法，完成教学重点，突破教学难点。

六、学业评价

学业评价教师对学生每个学习情境完成情况进行评价，学生对自己的各学习情境完成情境进行评价，每个学习学习情境在本课程中的权重不同。课程学业评价如表 2-0-3 所示。

表 2-0-3 “学习领域 2 微电影制作”学业评价

学号	姓名	学习情境 2.1		学习情境 2.2		学习情境 2.3		学习情境 2.4		学习情境 2.5		总评
		分值	比例（10%）	分值	比例（20%）	分值	比例（30%）	分值	比例（30%）	分值	比例（10%）	

七、教学资源

本学习领域提供了丰富的配套资源，包括微课视频、PPT 课件、教学大纲等。读者可扫下列二维码观看微课视频。

微课视频同步看

学习情境 2.1

认识微电影

学习情境背景

进入 21 世纪，世界电影潮流呈现出新的特征，互联网的兴起与新兴娱乐媒体的出现改变了大众的娱乐方式，也对微电影的创作产生了影响。经过几年的发展，微电影在创作形式、创作内容、创作类型上都得到了一定的丰富，理论研究上也得到了一定的发展，但是对于“微电影”的基本概念以及基本问题的研究还没有定论和深入的研究。因此，本学习情境将尝试从微电影的基本概念和基本问题开始展开。

本学习情境将对微电影的相关知识进行介绍，包括了解微电影的概念、特点、类型，以及微电影的制作流程与分工。

思维导图

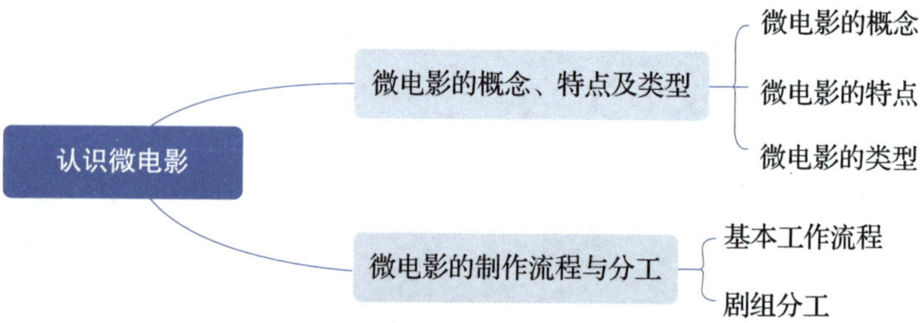

项目任务 2.1.1

微电影的概念、特点及类型

项目任务书

微电影的概念、特点及类型项目任务书如表 2－1－1 所示。

表 2－1－1　微电影的概念、特点及类型项目任务书

组号		指导老师		日期	
组长		学号		任务活动时间	4 学时
任务导入	1. 分成若干小组，每组 2～5 人，选出组长。 2. 每组选择不同类型的电影或微电影，每个组员在组内交流描述这些电影的类型和故事内容，每组尽可能地分析多种类型的电影或微电影。 3. 组长记录每个同学的分享情况。 4. 每个小组选取一名同学分享交流不同类型电影或微电影的分析情况。 5. 投票选出分析表述清晰、电影类型较多的小组。				
总结 / 完成情况					

获取资讯

◇ 引导问题 1：微电影的概念是什么？

◇ 引导问题 2：微电影的特点有哪些？

◇ 引导问题 3：微电影的分类方法及类型都有哪些？

◇ 引导问题 4：尽可能多地列出不同类型的电影，标明片名及类型。

工作实施

教师带领同学学习资料、收集信息，引导小组讨论、组间交流分享，控制每个活动环节的时长。

学生首先学习资料、收集信息，完成引导问题填写，参与小组讨论，选出代表进行交流分享，组员之间、小组之间相互评价，记录学习情境完成情况。

评价反馈

各组代表分享本组收集的电影及类型，介绍小组讨论情况，并完成“项目任务评价表”。

知识加油站

微电影的概念、特点及类型

微课视频同步看

一、微电影的概念

随着科技发展日新月异，新兴娱乐媒体的出现改变了大众的娱乐方式，也对短片创作产生影响。移动终端等数字技术手段不断更新普及，移动设备的便携性、互动性为用户提供了便利，用户可以随时随地拍摄上传或是下载观看。图 2－1－1 为微电影拍摄现场。

图 2－1－1　微电影拍摄现场

当下关于微电影的概念众说纷纭，在新媒体背景下，微电影是指时长少于 60 分钟，用数码设备摄制，主要在各种新媒体网络平台及移动设备上播放，具有电影的故事属性的视频短片。[①]

二、微电影的特点

相对于传统电影来说，微电影主要通过互联网进行传播，制作门槛较低。微电影具有微时长、微制作、大众化、交互传播、时效性等特点。

（一）微时长

微电影通常时长较短，短则 1 分钟，长则 60 分钟，都可讲述一个故事。结构相对紧凑，采取单线或者简单多线叙事方式，场景、内容情节都比较集中。

（二）微制作

微电影的制作团队相比传统电影往往人数较少，甚至不少是个人独立创作，在制作资金投入上相对较少，制作设备、条件上相对精简，实行低成本运作。[②]

① 杨晓林. 微电影的定义之辩［J］. 民族艺术研究，2019（3）：123－129.

② 周建青. 新媒体视听节目制作［M］. 北京：北京大学出版社，2019：4－7.

（三）大众化

微电影的受众群体不分阶层、年龄和职业，在各个领域之间的界限比较模糊。[①] 无论什么年龄层都能接受以微电影的形式讲述故事，也都能拍摄制作微电影。从制作和观看来说，专业性与草根性并存，都具有大众化的特点。

（四）交互传播

微电影的上线播放平台一般为网络、移动设备等新媒体平台，用户可以在平台上实时发布、随时观看、交互评论。微电影改变了传统电影单向传播模式，与微博、微信等社交媒体结合，与受众保持高度互动，具有交互传播的特点。图 2-1-2 为不同的短视频及社交媒体平台。

图 2-1-2　短视频及社交媒体平台

（五）时效性

微电影由于主要在新媒体平台上播出，传播速度比传统电影更快，加上制作周期短，具有时效性的特点。有些微电影会以近期内社会关注的热点为拍摄题材，受众的关注度集中，一经播出，容易形成较大的冲击力和震撼力。

三、微电影的类型

微电影的内容包罗万象，制作方式也多种多样，可以从以下几个方面来对微电影的类型进行划分。[②]

（一）按时间长度划分

超短时长的有 30～300 秒，首部公映的微电影《一触即发》时长为 90 秒。《一触即发》是一部动作悬疑微电影广告，在优酷视频平台播出。较短时长的有 1～5 分钟，一般在短视频平台播出，剧情紧凑，出演人物较少，亮点突出。中时长的微电影有 5～20 分钟，多在视频平台如哔哩哔哩、腾讯视频、优酷视频等平台上线。20～60 分钟的微电影，又常被称为网络大电影，通常由平台或影视公司自制，剧情较丰富，投入成本和制作水平相对较高。

（二）按拍摄设备划分

微电影的拍摄设备不受限制，既能选择专业的电影摄像设备，也能选择 DV、手机等便携设备。微电影可以采用专业的数字摄像机来进行拍摄，如 8K 超高清摄像机 RED Weapon 和 ARRI Alexa，支持宽银幕放映。也可以采用 4K 设备 SONY FS7 和 ALEXA SXT。采用单反相机、微单相机、DV 摄像机等，能降低微电影的制作成本。手机高清拍摄的功能日渐成熟，也为微电影拍摄提供了便捷的设备，例如导演陈可辛的微电影《三分钟》，全片共 7 分钟，都是使用 iPhone X 拍摄，如图 2-1-3 和图 2-1-4 所示

---

① 杨宁. 微电影的艺术特点及传播机制探析［J］. 山西财经大学学报，2015（S1）：133-142.

② 杨晓林. 微电影的特征、分类及传播［J］. 民族艺术研究，2015（2）：18-27.

为拍摄现场及相关设备。

图 2－1－3　微电影《三分钟》拍摄现场

图 2－1－4　iPhone X 及镜头

（三）按创作目的划分

由微电影爱好者、影视导演或影视团队等根据自己的兴趣爱好创作的，属于自发原创的微电影，在创作的内容形式上往往不受限制，占微电影创作的很大比例。[①]

商业广告类微电影，主要由企业、视频平台等出资和策划，通常在微电影中植入品牌的营销理念、产品形象、功能介绍等，让用户在娱乐中自觉接受品牌、认可品牌。

宣传类微电影也比较常见，如城市、企业宣传微电影和公益宣传微电影等。与传统宣传片有所区别，更注重用故事情节来吸引观众，引起观众情感共鸣、价值认同，而达到宣传的目的。

（四）按题材划分

题材是文艺作品内容的主要材料，电影题材指电影创作者用来表现作品主题思想的素材、生活事件或生活现象。按题材划分微电影类型，与传统电影分类方式相似，包括动作片、探险片、喜剧片、剧情片、幻想片、恐怖片、推理片、爱情片、惊悚片等。

（五）按场景划分

按场景划分，微电影有历史片、科幻片、体育片、战争片、地域片、黑色电影等类型。

（六）按形式划分

微电影是电影的一种形式，根据表现形式的不同，微电影可以分为动画片、传记片、纪录片、音乐片等。

① 徐雄庆，聂俊，陈旺. 微电影创意与制作［M］. 长春：吉林文史出版社，2017：3－4.

项目任务 2.1.2

微电影的制作流程与分工

项目任务书

微电影的制作流程与分工项目任务书如表 2－1－2 所示。

表 2－1－2 微电影的制作流程与分工项目任务书

组号		指导老师		日期	
组长		学号		任务活动时间	4 学时
任务导入	1. 分小组进行，选出组长。 2. 分小组将电影制作流程绘制成学习海报，完成后每小组选出一位同学对海报进行分享讲解。 4. 分小组进行活动，选出组长。 5. 小组成员分别扮演电影剧组中制片、导演、摄像、灯光、录音、场记、舞美等工种，进行模拟拍摄。 6. 在合理的设计下，一名同学可兼任多个工作，比如制片可兼场记。				
总结 / 完成情况					

获取资讯

- 引导问题 1：微电影的基本工作流程是什么？
- 引导问题 2：微电影的预算计划包括什么内容？
- 引导问题 3：通常情况下微电影的拍摄器材需要准备哪些？
- 引导问题 4：微电影的剧组一般包括哪些人员？
- 引导问题 5：微电影的制片通常负责什么工作？
- 引导问题 6：微电影的道具师、服装师的工作内容分别是什么？

工作实施

教师带领学生学习资料，分发海报纸和彩笔，组织学生绘制海报。引导小组讨论、组间交流分享，控制每个活动环节的时长。

学生首先学习资料、收集信息，完成引导问题填写，进行分组，用彩笔绘制微电影制作流程海报。进行分组，角色扮演剧组不同成员，分工模拟拍摄。组员之间、小组之间相互评价，记录任务完成情况。

小提示

学习海报法

“学习海报法”就是让学生在规定的时间内，将某一部分或某一章节内容呈现在纸上，可以最大限度地发挥学生的创造力，学习海报要简洁、美观，而且能突出重点，让读者很明确地看出要表达的内容。可参考的学习海报样式如图 2-1-5 和图 2-1-6 所示，可以用软件制作，也可以手绘。

图 2-1-5 学习海报样式一

图 2-1-6 学习海报样式二

小提示

角色扮演法

“角色扮演法”的定义为创设某种情境，由学生担任角色并进行表演，其余学生观看，认真注意与活动目标有关的具体行为，继而讨论在表演中的体验和展现出的行为。角色扮演法常用换位模式，表演者暂时放弃自我行为，扮演他人角色。学生角色扮演剧组分工可参考图 2-1-7 和图 2-1-8 的情况，准备不同设备，进行分工、模拟拍摄。

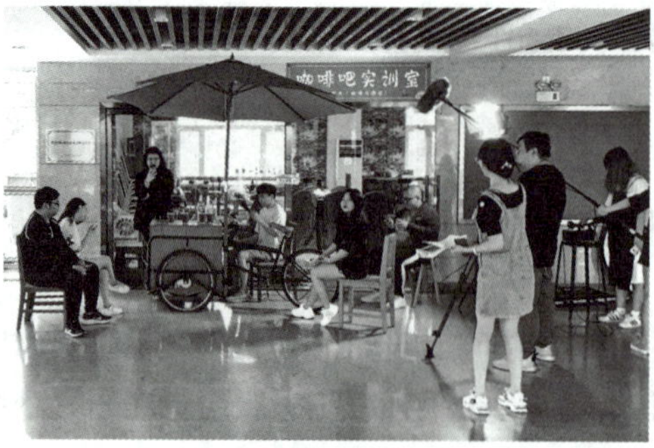

图 2-1-7 剧组分工角色扮演一

图 2-1-8 剧组分工角色扮演二

评价反馈

根据绘制的微电影制作流程海报，以及剧组角色扮演模拟拍摄情况，交流分享，并完成“项目任务评价表”。

知识加油站

微电影的制作流程及分工

微课视频同步看

一、基本工作流程

微电影拍摄的流程因人而异，每个微电影剧组的工作流程也不尽相同，可以在每一次创作拍摄的过程中随时调整和完善，不断提高工作效率，以最终保证微电影作品质量，并按期完成。[①] 明确工作流程在微电影开拍前十分必要，通常微电影制作流程基本分为如图 2－1－9 所示的几步。每个剧组可以根据自身情况，安排适合的拍片流程。

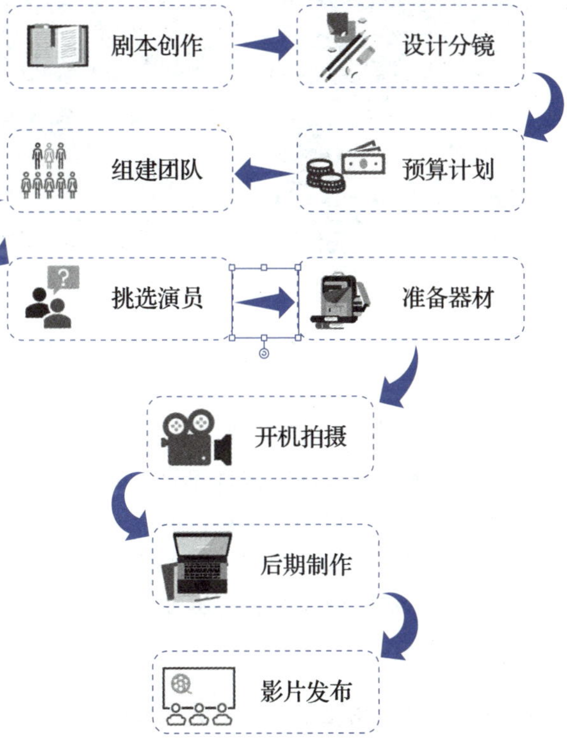

图 2－1－9　微电影制作流程

（一）剧本创作

微电影的剧本可以是自发创作，由导演或者编剧原创；也可以以文学作品、漫画作品等为原型进行改版；还可以根据商业公司的品牌营销、产品定位进行策划。

① 黎力. 微电影理论与创作［M］. 上海：上海三联书店，2018：35－41.

（二）设计分镜

分镜头脚本是微电影创作必不可少的前期准备，后期制作的依据，也可以作为微电影长度和经费预算的参考。一般由导演、编剧或者分镜师将剧本改编，有文字分镜头脚本，也有手绘、电脑绘图、三维动画的分镜头脚本。如图 2－1－10 所示为手绘分镜头脚本。

图 2－1－10　手绘分镜头脚本

（三）预算计划

拍摄经费在很大程度上影响着影片的呈现，一般微电影创作的预算十分有限，创作者需要做一个预期的经费标准。预算通常包含导演、编剧、执行制片、摄像、演员等剧组人员的薪资，使用设备的成本，再加上服装、道具、布景、化妆、交通、餐食等开销，以及后期制作的费用等。影片的制作周期，也需要在前期进行详细的规划，如导演策划会、拍摄日期、地点通告、后期完成时间，等等。

（四）组建团队

微电影制作的规模与传统电影相比较小，团队人员也会相对精简，组长或制片可以根据成员的特长进行分工。剧组的角色分工有制片、导演、编剧、执行制片、摄像师、灯光师、录音师、场记、道具师、剪辑师、特效包装师、音效师等。团队成员在整个制作过程中要各司其职，合作沟通流畅，确保影片按时保质完成。

（五）挑选演员

演员对于影视作品的最终呈现效果影响重大。在挑选演员时，首先要仔细分析剧本中各个人物的性格、习惯、爱好。通过试镜、现场表演等方式，将演员融入剧情中，更加真实地感受演员是否适合角色，同时进行评估，从而挑选出更合适的演员。

（六）准备器材

微电影在器材上没有严格的要求，一个单反相机甚至手机就可以拍摄。但是器材在一定程度上影响影片质量，所以在选择器材设备时，要考虑到实用、有效控制成本等方面。根据剧情设定，一般需要准备的器材有摄像机、单反、微单、三脚架、挑杆麦克风、录音笔、小滑轨、灯光、柔光板等。如图 2－1－11 所示为不同的摄像设备。

图 2－1－11　单反、微单及配套镜头

（七）开机拍摄

微电影拍摄通常根据剧本、分镜头脚本，将镜头按场景分类，在同一场景下，按剧情或者难易程度排序，制定拍摄顺序。拍完一个镜头，场记都进行记录。导演需要熟悉剧本，按照拍摄计划，确保人员、道具、场景都准备好，即可开始拍摄。拍完一个镜头，应该在监视器重放一遍，检查演出效果、细节，确认有无穿帮等问题。

（八）后期制作

后期制作一般包括剪辑、特效包装、配音、配乐、混音、合成、输出等工作。剪辑一般包括粗剪、精剪、审核、修改等步骤，剪辑师按照前期的剧本、分镜头脚本，将拍摄的视频、录制的音频等素材进行编辑，根据一定的镜头语言逻辑，用画面和声音讲故事，把握影片整体的结构和节奏。

精剪完成后，可以进行特效包装工作。特效包装的制作成本一般较高，因此微电影的特效部分往往比较简单。

接着通过配音、配乐、混音合成等制作，再加上片头、动画、字幕等效果。最终根据发布平台的格式要求，输出完整的影片。

（九）影片发布

微电影完成以后，可以进行营销推广和播出。微电影因具有成本低、定位准确、播出时间档期不受限制等特点而在国内兴起，互联网视频平台上微电影作品数以百万计。因此，影片的宣传、发布、推广工作也十分重要，所谓“三分在制作，七分靠宣发”。要给微电影设置定位、安排话题、营造口碑，从而吸引观众观看，将微电影快速传播出去。

二、剧组分工

微电影剧组搭建，要根据自身的拍摄题材和所选的拍摄环境进行安排。常见的剧组分工如图 2－1－12 所示。

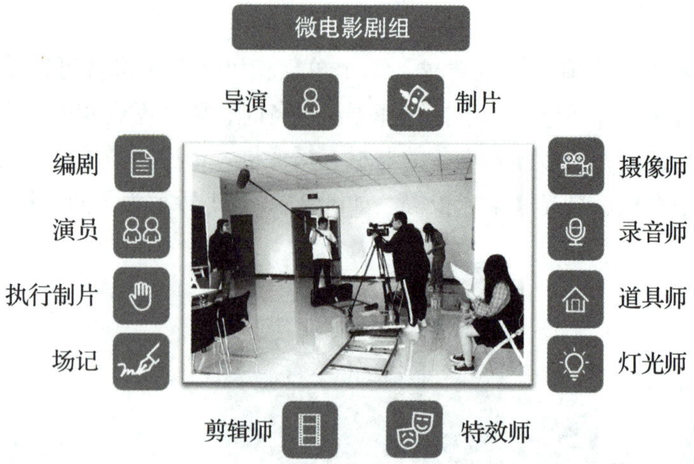

图 2-1-12 微电影剧组分工

导演，与主要创作人员研究和分析剧本，与制片人挑选演员角色，根据剧本和拍摄要求选择场景，指导现场拍摄工作，参与电影宣传发布。

制片，负责剧本统筹、前期筹备，组建摄制组，挑选演员，确定拍摄器材，控制预算成本，参与拍摄、后期制作，协助发布宣传。

编剧，可以原创故事，也可对已有的小说、漫画等文学作品进行改编。一般剧本要经过导演审核，或与导演一起创作。

演员，负责扮演某个角色。

执行制片，负责协助各部门沟通，跟进剧组进度等工作。

场记，负责记录拍摄现场每个镜头的详细情况，包括场次、镜头号、拍摄方法、镜头是否可用等信息。

摄像师，根据分镜头脚本，确定剧情所用的景别、拍摄方法、景深、色调、光效、角度，目标要达到最佳效果。

灯光师，运用各种专业灯具，根据不同艺术风格、画面色调的需要，创作出各种光影效果。

道具师，根据导演要求，对场景、道具进行整体造型设计，安排道具摆设。

服装师，设计、加工、挑选角色服装，特殊服装或服装特殊形态要特别对待；在影片拍摄期间，负责收集与保管服装。

化妆师，根据剧本中角色的设定，将演员设计成符合剧情特点的形象。

录音师，进行现场录音，后期录音、混音等工作。

剪辑师，根据剧本、分镜头脚本，进行剪辑制作、加字幕、配音等。

调色师，对影片中的色调进行色彩校正，使最终画面符合影片的整体基调、风格。

特效师，进行 2D、3D 动画制作，片头、片尾等特效包装制作。

配音演员，给角色配上对话、音效等。

学习情境 2.2

微电影制作的前期准备

学习情境背景

拍摄一部微电影，需要做好充分的前期准备工作，包括剧本创作、设计分镜、预算计划、组建团队、挑选演员、准备器材等工作。本学习情境将对微电影的前期筹备相关知识进行学习，包括剧本的概念及创作、分镜头脚本设计。

思维导图

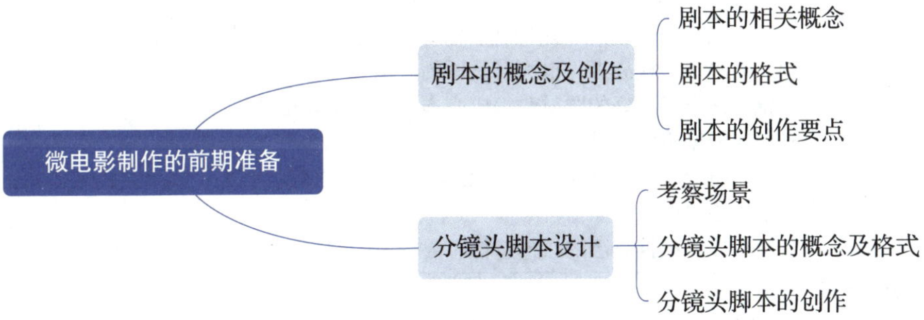

项目任务 2.2.1

剧本的概念及创作

项目任务书

剧本的概念及创作项目任务书如表 2－2－1 所示。

表 2－2－1　剧本的概念及创作项目任务书

组号		指导老师		日期	
组长		学号		任务活动时间	6 学时
任务导入	1. 每个同学选取一部电影的片段，根据片段的内容，按照剧本格式列出对应的剧本，再将该电影片段进行翻拍。 2. 播放展示每个同学编写的剧本和翻拍的电影片段，进行分享交流。 3. 每个同学查找信息，找到适合改编、拍摄的小说 / 漫画等文学作品，电影 / 电视剧、动画等影视故事，也可以是原创故事。 4. 每个同学将选好的题材改编成剧本。要求格式正确。 5. 创作的剧本必须是完整的，微电影时长要求 5 ～ 15 分钟。 6. 学生分享展示，为剧本进行投票打分，选出较吸引人、故事结构较丰富、适合微电影拍摄的剧本。 7. 每个同学根据自己的兴趣选择想要拍摄的剧本，确定选题和分组。				
总结 / 完成情况					

获取资讯

- 引导问题 1：剧本是什么？
- 引导问题 1：剧本的格式包括哪些？
- 引导问题 2：剧本的创作要点是什么？

工作实施

教师带领学生学习资料、收集信息，引导小组讨论、组间交流分享，控制每个活动环节的时长。

学生首先学习资料、收集信息，完成引导问题填写。学生分享展示，为剧本进行投票打分，选出较吸引人、故事结构较丰富、适合微电影拍摄的剧本。组建微电影剧组，确定分工。组员之间、小组之间相互评价，记录任务完成情况。

评价反馈

根据每个同学翻拍的电影片段，及各小组微电影剧本的完成情况，交流分享，相互评价，并完成“项目任务评价表”。

知识加油站

剧本的概念及创作

微课视频同步看

微电影剧本体现导演和编剧的创意和选材，精彩的选材和独特的创意能吸引观众的注意。好的剧本能通过小的切入点去折射人生百态，揭示新鲜深刻的思想内涵。[1]

一、剧本的相关概念

剧本属于戏剧作品，由人物对话、唱词、舞台、场景等指示组成。包括对剧情发生的时间、地点的交代，对剧中人物的形象特征、形体动作及内心活动的描述，对场景、气氛的说明，以及对布景、灯光、音响效果等方面的要求。

根据剧本创作的题材来分，常见的类型有话剧剧本、电影剧本、电视剧剧本、动画剧本、微电影剧本、微动漫剧本等，以及小说剧本、相声剧本和小品剧本。

根据剧本的形式来分，主要有文学剧本和摄影剧本。文学剧本突出文学性，包含话剧、小说、小品、相声剧本等。摄影剧本突出画面拍摄感，包含电影、电视剧、微电影、动画等。

二、剧本的格式

剧本一般采用以下格式，如图 2－2－1 所示。

《李丽的试镜》剧本

1.　**内景　昏暗的室内**

李丽正坐在摄像机前，手里拿着一张纸。
李丽用手拨弄几下头发，环顾一圈四周。

导演（画外音）
等一下，呃……好了。

李丽目光看向导演方向。

导演（画外音）
可以先介绍一下自己吗?

李丽低头看一眼手中的纸，整理坐姿。
李丽看向摄像机。

① 肖澎. 微电影实战技巧［M］. 北京：中国轻工业出版社，2018：26－43.

李丽

当然可以。

李丽深吸一口气。

李丽

嗨，我叫李丽，我将表演罗佳这个角色。

李丽向导演微笑。

图 2-2-1　剧本格式

资料来源：徐燕. 剧本写作教程［M］. 北京：中国传媒大学出版社，2017：18-32.

(一) 开头

开头一遍说明场次、幕及时间、地点、人物等内容。微电影剧本也可以将一场分若干个小场，可采用的格式如下。

第一场，操场边，上午，陈瑞、赵慧

19-2，外，西山顶，傍晚

(二) 场景

场景描述，人物所处位置，可以根据剧情需求来设置，简要描述画面情况。可参考的格式如下。

王佳乐躺在草地上伸懒腰。

孟小江坐在客厅椅子上扭头张望一下，掏出手机。

(三) 动作

动作说明，可以标明在人物对白前面，也可以用括号在对白后说明。参考格式如下。

王佳乐打了一个哈欠，突然惊醒，发现旁边有小孩，不敢相信地说道：你是谁呀？

这椅子太不得劲儿，多少钱买的啊？我上屋里坐会儿了。(孟小江起身往里屋走去)

(四) 对白

对白主要有间断性对白与连续性对白。人物的表情、视角等提示可用括号表示。可采用格式如下。

冯遥：小江，我今天发了个朋友圈，你看见了吗？

孟小江：啥朋友圈啊？

冯遥：凑够 30 个赞，送杯咖啡，手机拿来给我点个赞。

孟小江：等会儿吧，等会儿我给你点。

冯遥：等会儿就忘啦，就截止到今天。

三、剧本的创作要点

(一) 剧本的主题与选材

剧本的选材立意、思想内容要有一定的新意、深度，反映现实社会、生活哲理。主题确立一般借助影片的关键事件，人物重大转变，矛盾、冲突、对抗，或者情节、细节。

主题对于剧本而言是十分重要的，一个好的主题可以将碎片化的素材串联完整，反之，一个模糊不清的主题将呈现出杂乱无章的现象。

（二）剧本的人物塑造

人物是微电影剧本的基础，成功塑造的人物能让观众产生深深的共鸣。剧本运用人物的对话、动作等来连接故事情节。因此人物的塑造要有发展，有性格的转变以及发展变化过程；要有细节，细节描写要真实、生动；要有戏剧性，撰写人物小传，梳理人物的成长脉络；从不同的角度塑造人物性格。

（三）剧本的情节结构

情节用来表现故事的脉络，微电影情节必须完整，有开始、发展、高潮、结尾，交代整个故事的梗概。由于微电影时长和拍摄条件的限制，场景使用有限制，因此要简化故事结构，并安排好情节的节奏。

项目任务 2.2.2

分镜头脚本设计

项目任务书

分镜头脚本设计项目任务书如表 2－2－2 所示。

表 2－2－2　分镜头脚本设计项目任务书

组号		指导老师		日期	
组长		学号		任务活动时间	6 学时
任务导入	1. 临摹一组《千与千寻》动画分镜，10～20 个镜头，注明台词、音效、时长。 2. 分镜头绘制拍摄练习。将以下四组场景绘制成分镜头脚本。根据画的分镜头脚本，拍出相应的影视片段。先分别展示每个同学绘制的分镜头脚本，再播放对应拍摄的短片。第一组镜头分享交流完成后，再绘制拍摄第二组镜头，第三组、第四组同上。 （1）在人群中有个声音在你背后响起，你回身看究竟是谁。 （2）你正在写东西，脚步声靠近，你抬起头来看着门，期待有人会进来。是个无聊的人，因此你转回身继续写作。 （3）你的视线被一棵树遮挡，因此你移向路的一边以便避开它。 （4）在一个滑雪小屋中，你开门发现自己正面对着山脚，你转头去看山顶。 3. 四组分镜头绘制及镜头拍摄练习之后，每个同学将本组选定故事改编的剧本，再绘制成分镜头脚本。				
总结 / 完成情况					

获取资讯

- 引导问题 1：分镜头脚本是什么？
- 引导问题 2：分镜头创作的工具材料分别有哪些？
- 引导问题 3：根据分镜表（见表 2－2－3），进行分镜头绘制。

表 2－2－3　分镜表

No:　　　　　　　Part:　　　　　　　Scene:

镜号	画面	动作	对话	秒
…	……	……	……	…

工作实施

教师带领学生学习资料、收集信息，引导小组讨论、组间交流分享，控制每个活动环节的时长。

学生首先学习资料、收集信息，完成引导问题填写，临摹动画分镜，进行分镜头绘制拍摄练习，再绘制本小组分镜。汇总整理后在全班范围内展示。组员之间、小组之间相互评价，记录任务完成情况。

评价反馈

根据临摹的动画分镜，分镜头绘制拍摄练习的情况，以及每小组的分镜头脚本，交流分享，相互评价，并完成“项目任务评价表”。

知识加油站

分镜头脚本设计

微课视频同步看

分镜头脚本可以通过对画面的详细描述，或者草图绘制等形式，将导演自己的思想、观点、风格和要求传递给团队成员，在现场拍摄以及后期制作过程中都起着重要的作用。

一、考察场景

制片和导演需要提前考察场景，根据场景、分镜头脚本制订详细的预算和拍摄计划，目的是节省时间、资金。考察场景要确定镜头的机位、布景、灯光、道具等。

在考察场景时，绘制场景图、机位图（图 2－2－3 为图 2－2－2 的机位图）显得尤为必要。标有摄影机位置的场景平面图，能够更清晰明确地指导拍摄。

图 2－2－2 电影画面

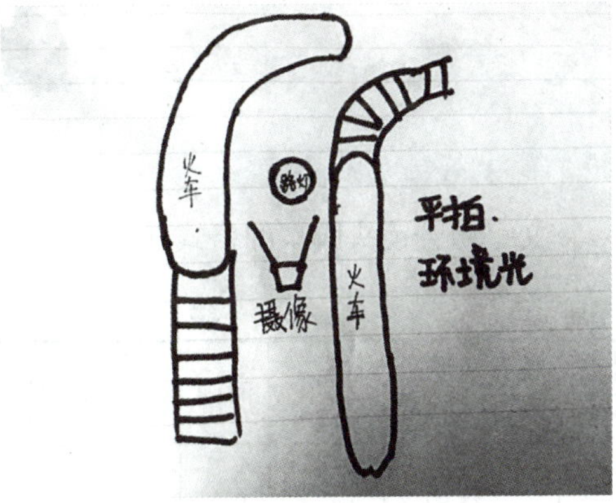

图 2－2－3 机位图示例

二、分镜头脚本的概念及格式

（一）分镜头脚本是什么

分镜头脚本是指将剧本、故事提纲，运用文字或图像，描述分解成可供拍摄的单个镜头的脚本样式。分镜头脚本要按顺序列出镜头的镜号；确定镜头景别；排列组成镜头组，并说明组接方式；用文字、图像、符号等表现画面内容；标明人物对白、画外音、解说词，以及音乐、音响效果。动画分镜头脚本案例如图 2-2-4 所示。

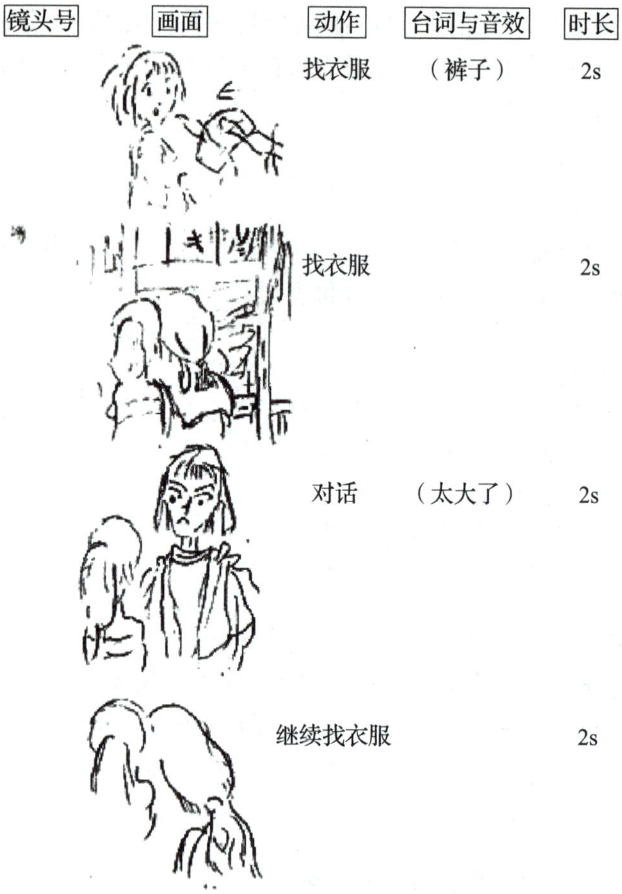

图 2-2-4　动画分镜头脚本案例

（二）分镜头的格式

文字版分镜头脚本的格式如表 2-2-4 所示。

表 2-2-4 《操场上的兔子》分镜头脚本

镜号	镜头角度及运动	镜头景别	时间	画面	配音（同期声）	字幕及效果	备注
1	平移镜头	大全景	6″	学校广场人来人往，花草茂盛，阳光明媚	嘈杂的声音	片头淡入	
2	拉镜头跟拍	中景	5″	小志在广场上慢跑	嘈杂的路人声音		
3	跟镜头	近景	3″	小志停下脚步张望	嘈杂的路人声音		
4	固定	全景	6″	小志走到草坪上，在情侣小美、小强旁蹲下	小志：哇，有一只兔子		小志表情欣喜

续表

镜号	镜头角度及运动	镜头景别	时间	画面	配音（同期声）	字幕及效果	备注
5	推镜头	近景	6″	镜头慢慢推向小美	小美看了一眼小志：这兔子是奶奶家生的一窝小崽其中的一个		
6	固定镜头	近景	5″	镜头对向正在吃草的兔子	小强：可难养了，当初领回来的时候什么都不吃，把她急坏了		

图像的分镜头脚本可以手绘，也可以运用分镜头的软件在电脑上绘制。如图 2－2－5 所示。

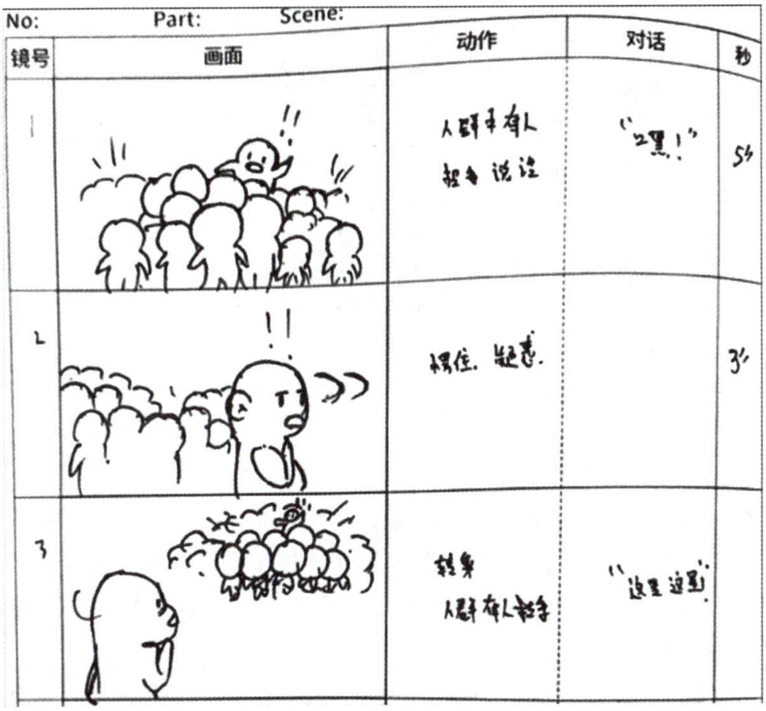

图 2－2－5　分镜头脚本示例

三、分镜头脚本的创作

（一）制作草图

分镜头草图设计包含个别镜头的构图、动作的调度镜头的选择和完成影片里镜头的次序。可以把创意思想转达给分镜师，分镜师再将其绘制成分镜头稿。需要先确定人物形象、场景、服饰等的图像设计。常见的动画人物形象、服饰、造型设定图如图 2－2－6 和图 2－2－7 所示。

图 2-2-6 动画人物形象设定

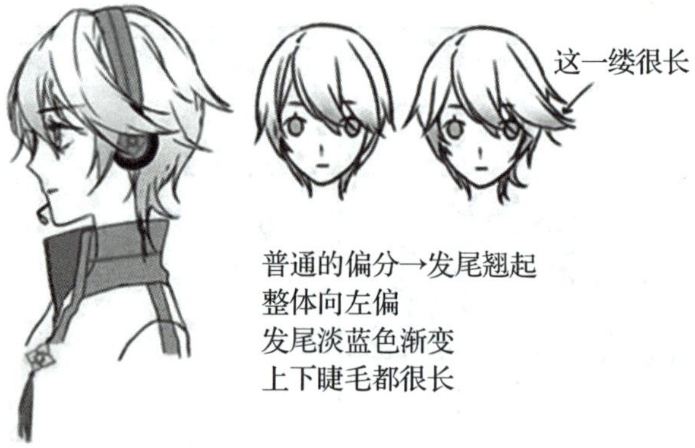

图 2-2-7 动画人物造型设定

（二）分镜头设计的细节

分镜工作包括以速写草图设计画面，设计运镜方式，并编上场次的镜头代号。以下分别说明这些设计的细节。场次是指场景与镜头在屏幕上画面次序的先后，直接以数字 1、2、3、4……编号，第一场景拍摄的第一个镜头可编为 1-01 号，第二场景拍摄的第三个镜头可编为 2-03 号。

设计画面。因为观众得到的讯息局限在长宽比例为 4∶3 的屏幕上，而不像在拍摄现场那么具有立体临场感。因此，画面的设计要特别注意镜头的组织、连贯与角度，以弥补观众感觉所受的限制。

旁白 / 配音。将画面所要传达的讯息，以旁白、对话、音乐、音效加以强化，并能提升气氛。

（三）分镜头脚本所需工具

马克笔、铅笔、彩笔等都是比较方便的绘制工具。水彩、水粉都是较传统的绘画颜料，作画时一般由浅到深，逐层深入，不能重复修改。其他还有电脑绘制，可以运用 Storyboarder、Photoshop 等软件进行绘制。

学习情境 2.3

微电影的现场拍摄

学习情境背景

在掌握了微电影的基本概念、微电影剧组与分工，学习了微电影制作前期准备相关知识之后，下面将进入实际拍摄的环节。在本学习情境中，每个小组将完成本组微电影的素材拍摄工作，完成本任务前，小组已进行了如下步骤：前期策划、摄制组制定拍摄方案、勘景。本任务将进入拍摄环节：镜头组拍摄、空镜拍摄、现场声音的收录、素材检查等。

思维导图

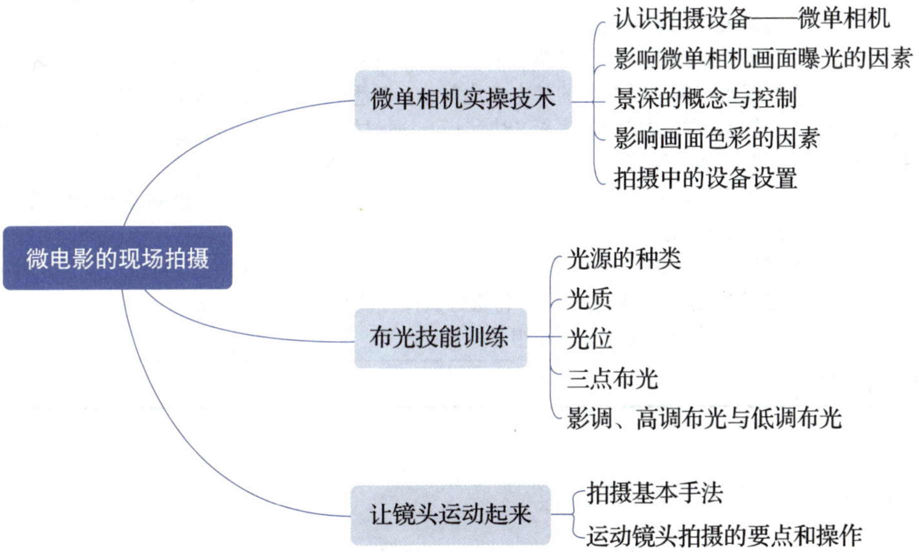

项目任务 2.3.1

微单相机实操技术

项目任务书

微单相机实操技术项目任务书如表 2-3-1 所示。

表 2-3-1 微单相机实操技术项目任务书

组号		指导老师		日期	
组长		学号		任务活动时间	8 学时
任务导入	1. 学会手持微单相机进行拍摄。 2. 微单相机控制画面曝光。 3. 拍摄不同景深的画面。 4. 学会手动设置微单设备的白平衡。				
任务实施步骤和主要工作内容	1. 2 ～ 5 个同学组成一个任务小组，选出组长。根据班级人数分配组员数量，保证每组人数基本一致。 2. 为微单相机制作一份简易说明书，图文并茂，介绍相机的组成部分。 3. 了解三脚架及配件的基本组成部分，熟悉云台的安装，确认脚架水平。 4. 快速拆卸式摄影机底板（快装板）：通过螺栓把相机底部拴住，快速与云台契合。注意设备使用规范，不要将衣服等误卡入设备，以免造成危险。 5. 要求小组中的每个同学拍摄一组画面清晰、曝光准确、色彩还原良好的固定画面。成果形式： 子任务 1：每组拍摄 5 段画面素材，要包含大、小景深画面（每段不少于 5 秒）。 子任务 2：结合操作实际，将摄像机操作流程进行小组展示。 6. 投票选出成果优秀的小组。				
总结 / 完成情况					

获取资讯

- 引导问题 1：微单相机控制画面曝光的因素有哪些？
- 引导问题 2：试着写出从 f2.8 到 f22 间的整档光圈。
- 引导问题 3：光圈选择都有什么技巧？
- 引导问题 4：简单描述采用不同焦段拍摄时的画面效果。

工作实施

教师发放学习资料，引导小组讨论、组间交流分享，控制每个活动环节的时长。

学生首先学习资料、收集信息，完成引导问题填写，参与小组任务，选出代表进行交流分享，组员之间、小组之间相互评价，记录学习情境完成情况。

评价反馈

根据制作的微单相机简易说明书，交流分享，相互评价，并完成“项目任务评价表”。

知识加油站

微单相机实操技术

微课视频同步看

现如今，由于技术的不断迭代升级，一台数码相机同样可以拍出质量上乘的视频素材，摄影和摄像的界限开始模糊。有“电影般”浅景深画面效果的专业数码相机因其成像质量好、景深效果优，受到了广大专业摄影人士的喜爱。

数码相机现在也拥有庞大的镜头阵列，可更换镜头的属性使其更加易用。和专业的电影级摄像机相比较而言，数码相机成本较低，已被小型微电影摄影团队大量应用并作为项目首选，为微电影的普及做出了很大的贡献。

一、认识拍摄设备——微单相机

摄像设备是拍摄微电影最基本的工具之一，电影摄影机、微单相机（无反相机）、单反相机都可以用来进行微电影的拍摄。在微电影拍摄的环节，我们着重来讲一下微单相机的使用。微单相机如图 2－3－1 所示，单反相机如图 2－3－2 所示。

图 2－3－1 微单相机

图 2－3－2 单反相机

微单相机的优点有：可更换镜头；感光元器件面积大，成像质量比较高；小巧，携带方便；取消了反光镜，连拍速度更快。微单相机的缺点（相比单反相机而言）有：镜头等配件价格相对较高，机器自身耗电量大。

下面对微单相机的关键部件进行介绍。

（一）学会解读镜头的型号

摄影镜头是数码相机最主要的部件之一，和单反相机一样，微单相机也有大量可供更换的镜头系列，我们使用不同的镜头可以拍摄出不同主题的画面。

镜头可以控制光线量的多少、被拍摄对象的放大倍率、视角范围、景深效果等。镜头的基本部件如图 2－3－3 所示。

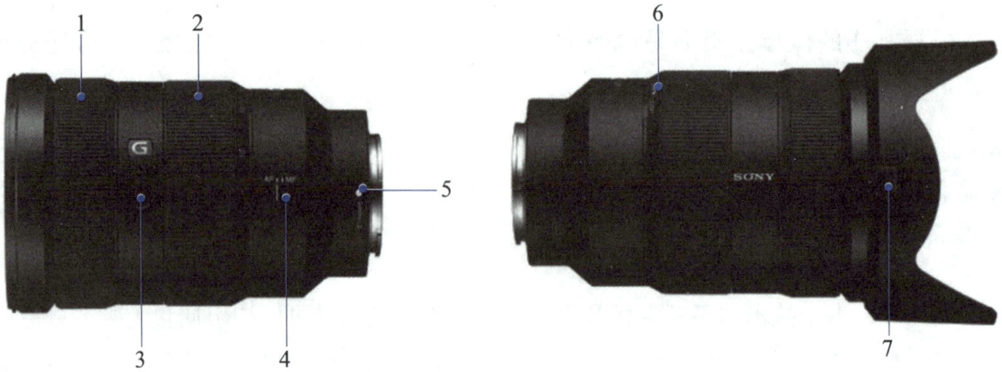

1—对焦环　2—变焦环　3—对焦锁定按钮　4—AF（自动对焦）与MF（手动对焦）切换
5—镜头安装标记　6—变焦环锁定　7—遮光罩释放

图 2－3－3　镜头的基本部件

镜头型号的命名是按照命名规则定出的，比如我们从网络上查到某一款镜头的信息，是用一串代码表示的，各部分的指代含义如图 2－3－4 所示。

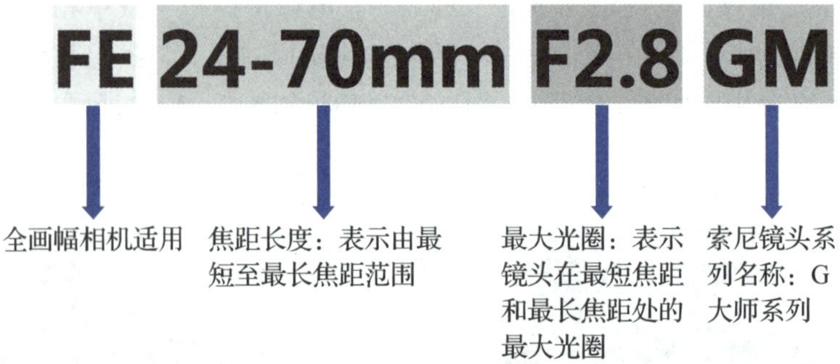

图 2－3－4　镜头信息代码各部分的指代含义

（二）认识镜头的关键数据：光圈和焦距

1. 光圈

光圈是镜头内的一个用来控制特定时间内所能传递光量多少的装置，它是由一系列叶片组成的，这些叶片经过旋转排列，中间会形成一个圆形的孔洞，调节叶片的开合就能调节开孔的大小（见图 2－3－5）。当需要比较多的光线来进行曝光时，就将光圈调大；当只需要较少的光线进行曝光时，就将光圈调小。

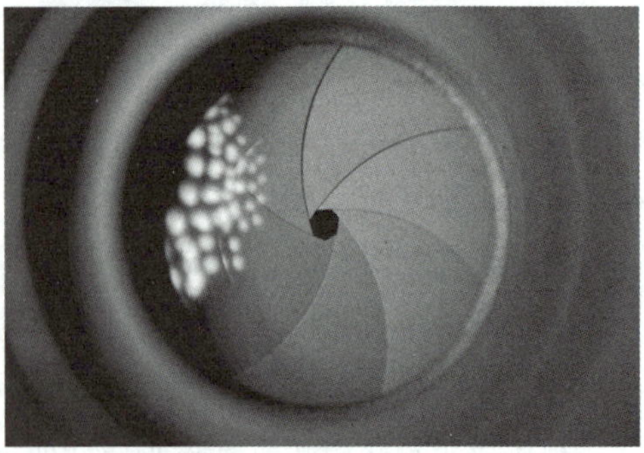

图 2－3－5　相机光圈

在摄影中，用 f 值来指代光圈的大小，你会看到镜头上都标注了这个信息，如果你看到某只镜头上标了 $f/1.4$，那么这只镜头所能开到最大的孔径就是 $f/1.4$，我们称这只镜头为“$f/1.4$ 镜头”。f 值越小，代表光孔开得越大。

f 值与所指示的光孔由大到小排列如下：$f/1.4 \rightarrow f/2 \rightarrow f/2.8 \rightarrow f/4 \rightarrow f/5.6 \rightarrow f/8 \rightarrow f/11 \rightarrow f/16 \rightarrow f/22 \rightarrow f/32$。其中，这些特定 f 值的光圈具有特殊意义，比如从 $f/1.4$ 到 $f/2$，我们称为缩小了一档光圈，进光量减半。也就是说，以上这些特定的 f 值指代的光圈大小是呈现刚好加倍的关系，我们将这些特定光圈称为整档光圈。如图 2－3－6 所示。

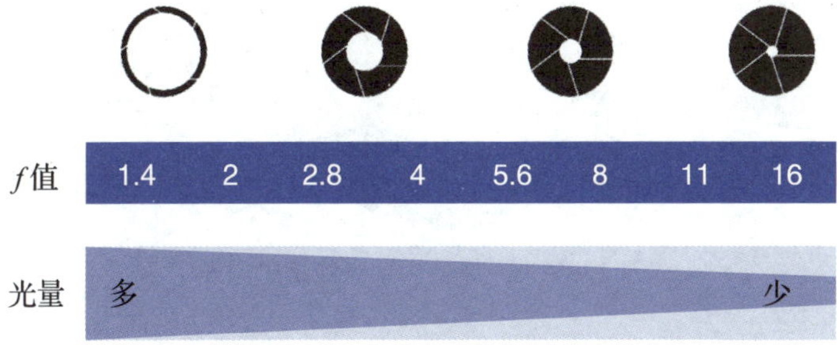

图 2－3－6　f 值、光圈大小、光量的关系图

2. 焦距

在镜头上，我们除了可以看到其最大光圈，还可以看到一个 mm 结尾的数字，这指代了这只镜头的焦距。镜头在专业上来讲，也主要是按焦距进行分类。比如，我们在某镜头的镜圈上可看到这样一组数据 24-240mm，这就指代了这只镜头的焦距范围。

那么，什么是焦距呢？

试着回忆小时候的经历，在一个阳光明媚的白天，只要用一个放大镜（凸透镜），调整到一个合适的角度和距离，将阳光汇聚到一张白纸上的一点，稍等一会，纸上的这一点就会烧焦。在光学上，这一点叫焦点。从焦点到透镜中心的距离，在光学上称为焦距。

镜头内部不单只有一枚透镜，而是由一组透镜组成的，所以焦距不是从镜头透镜中心点到焦点成像（聚焦）平面的距离，而是位于这一组透镜之间的某一个位置。镜头内部透镜图如图 2－3－7 所示。

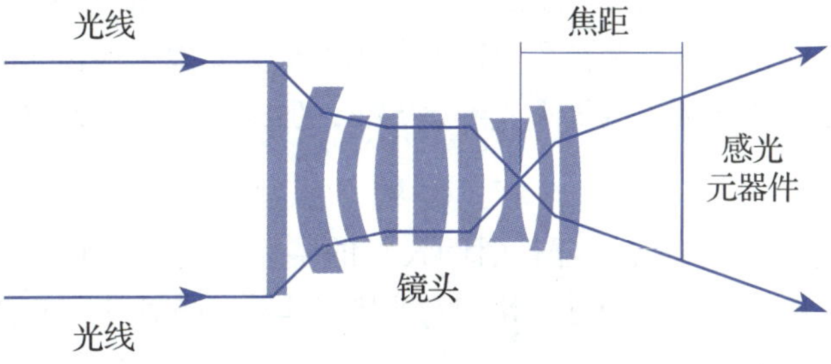

图 2－3－7　镜头内部透镜图

焦距越长为什么就能看得越远呢？这是由相机的感光元器件尺寸决定的，传感器

有全画幅、半画幅等，那么在传感器尺寸一定的情况下，我们改变镜片和传感器之间的距离，焦距越长，视野就会越窄，焦距越短，视野就越广，这就是长焦广角等镜头所带来视野变化的原因。另外，相机的传感器越小，视野也越窄。因此，APS-C 画幅的相机相较于全画幅相机来说，画面就会被裁切掉一部分。镜头内部的光线折射原理如图 2－3－8 所示。

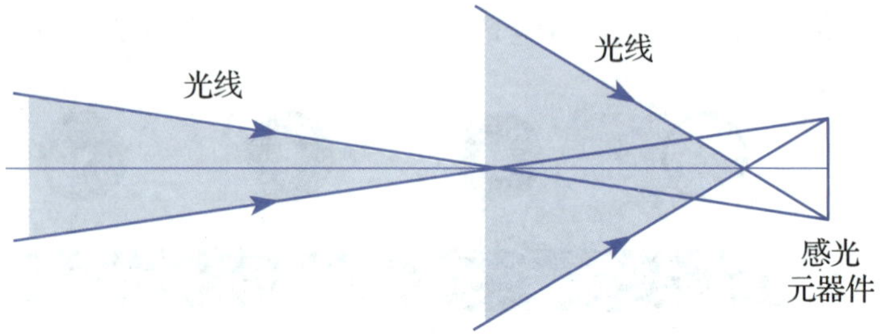

图 2－3－8 镜头内部光线折射原理

每个镜头会有自己的焦距范围，焦距的不同决定了被拍摄对象成像时所占画面区域的大小。焦距越长，就所拍摄的对象而言，其成像大小越大，取景范围越小。

二、影响微单相机画面曝光的因素

在拍摄中，我们首先将拍摄档位旋转到视频拍摄档位，在菜单（Menu）中，将视频拍摄的曝光模式改为“手动曝光”。接下来，我们就可以进行画面的拍摄了。那么我们要如何确定适当的曝光量呢？对于单反和微单相机来说，控制画面曝光的因素有以下三个。

（一）光圈

光圈是控制曝光的重要装置，光圈开口大小影响着镜头的进光量。在前面的知识中，我们学习了如何调节光圈及光圈的表示方法。在实拍中，我们需要按照策划和脚本来对现场的光环境进行布置，然后按照分镜头脚本来拍摄相应的镜头。但是光圈可调节的范围比较大，如何选取合适的光圈呢？

我们遵循以下的原则：当现场光线照明条件充分可控，优先选择“最佳光圈”，目的是使画质最好；当现场光线照明条件不充分，优先选择“最大光圈”，目的是保证画面曝光。最大光圈即镜头在当前焦段可以调节到的最大光圈。最佳光圈一般在镜头最大光圈收两档的位置，比如镜头的最大光圈是 $f2.8$，那么最佳光圈大约在 $f5.6$ 的位置。

（二）快门

快门是控制光线照射感光元器件时间长短的装置，主要功能是控制相机的曝光时间，而曝光时间又取决于快门速度。快门与光圈结合在一起决定了进光量，也就是画面整体的亮暗。

确保准确曝光的前提下，在拍摄视频时，快门速度的设定，还必须考虑两个方面，一是确保画面内被摄主体运动的视觉流畅感，二是避免出现某种光源如日光灯下的频闪。

在拍摄照片时，快门速度越快，越能捕捉到拍摄对象的动作。在视频拍摄时，快门速度如果设置得过慢，会导致掉帧的感觉，导致运动物体的拖影，运动不流畅，如果设置得过快，会导致运动物体的某种抖动，这两种情况都会导致视频中的运动变得不顺畅。快门速度设置得过快或者过慢，一般都是不可取的。但是，如果想要达到意想不到的、独特的效果，可以对快门的设置进行探索和尝试。慢快门速度拍摄效果如图 2－3－9 所示。

图 2－3－9　慢快门速度拍摄效果

所以，关于快门设置的一般建议是，将快门速度设定为帧速率的倍数，以 2 倍为最佳选择。也就是说，如果你的帧速率设定在 24 帧 / 秒或 25 帧 / 秒，就把快门设定在 1/50 秒或 1/100 秒；如果你的帧速率是 30 帧 / 秒，就把快门设定为 1/60 秒或 1/120 秒；如果帧速率是 50 帧 / 秒，就把快门设定为 1/100 秒或 1/200 秒；如果帧速率是 60 帧 / 秒，就把快门设定为 1/125 秒或 1/250 秒。

当然，如果画面中没有明显运动的被摄主体，快门速度的设置可以不受上述方法的限定，但快门速度的数值至少不能低于拍摄时的帧速率。例如，当帧速率设定在 50 帧每秒时，快门速度要快于 1/50 秒。

小提示

当我们拍摄显示器屏幕或者场景中有荧光灯管时，会感觉到明显的频闪现象。通过调节快门速度避免频闪的办法是：将快门速度设定为当地供电频率的倍数。比如，中国区域供电频率大多是 50Hz，将快门速度设定为 1/50 或 1/100 即可解决这个问题。

（三）感光度（ISO）

感光度代表的是数码相机中图像传感器对光线的灵敏程度，用 ISO 值表示，常用的感光度数值有 ISO 50、100、200、400、800、1 000、1 600、3 200 等，当前高端微单相机的 ISO 能达到几万以上，数值越大代表相机对光越敏感。但是实际拍摄中并非 ISO 数值设置得越大越好，ISO 值越大，就越会加重照片的噪点，图像色彩细节丢失越多，整体的图像质量也会下降。所以在大多数的拍摄中，应将 ISO 设置为较低数值。

三、景深的概念与控制

景深是指相机完成对焦后，在焦平面前后仍然能够清晰成像的距离范围。在拍摄中，可以通过控制景深拍出摄影者想要的效果，例如拍摄人像或花草时，可以使主体清晰而将背景模糊，以实现精简画面、突出主体的目的，再比如拍摄风景或集体合影时，可以使主体和背景都一样清晰，实现面面俱到的效果，避免顾此失彼。大景深画面如图 2－3－10 所示，浅景深画面如图 2－3－11 所示。

图 2－3－10　大景深画面

图 2－3－11　浅景深画面

许多摄影初学者往往被背景虚化、具有电影质感的浅景深画面所吸引，在小制作的影片中，小景深的画面也被频繁运用。

不同景深画面的拍摄和所使用镜头的焦距、光圈大小以及拍摄距离（相机到被摄主体的距离）有着密切关系，如图 2－3－12 所示。

影响景深的因素

- 光圈
  光圈越小，景深就越大；光圈越大，景深越小。
- 焦距
  镜头焦距越长，景深越小；镜头焦距越短，景深越大。
- 物距（拍摄距离）
  拍摄距离越近，景深越小；距离越远，景深越大。

图 2－3－12　不同景深和镜头焦距、光圈大小以及拍摄距离的关系

以光圈为例，景深的大小与光圈大小的关系如图 2－3－13 所示。

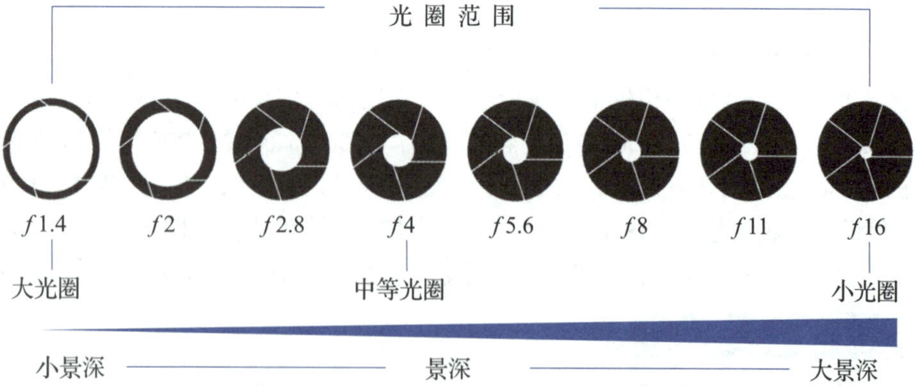

图 2－3－13　景深的大小与光圈大小的关系

当我们组建小型团队摄制微电影时，如果想要得到干净的画面，小景深画面是不错

的选择。选取技术参数时，我们优先选用大的光圈、长的焦距。

如果在明媚的室外进行拍摄，光照非常强烈的情况下，大光圈会导致画面曝光过度，那么我们务必要减小光圈，使用长焦距拍摄，或者在镜头前遮挡一枚中灰镜，再开大光圈。

如果受限于拍摄场地，焦距无法更长，则优先调整光圈为大光圈，这样容易产生虚化效果。另外，被拍摄者和相机的位置关系，也会影响景深的大小。被拍摄者和相机距离越近，虚化效果就越明显；被拍摄者和相机距离越远，前后的景物就越清晰。

因此，若想得到小景深的画面，就应该选择比较近的拍摄距离、比较大的光圈、比较长的焦距。在微电影的拍摄中，往往受限于现场的光环境，比如在室内拍摄时，如果照明设备不足或功率较小，光照往往是不足的，光圈必然要开得很大，以保证画面曝光正常。如果照明设备比较充足，预算较高，可以根据画面的景深需要来优先设定光圈大小。所以在掌握更长、更近、更大的这一小景深的基本原则的同时，还需要与实际拍摄相联系。

四、影响画面色彩的因素

（一）色温

我们日常中看到的光线有很多种颜色，对于光线颜色成分的描述有一个专门的名词，叫做色温。色温是用来表示光线颜色成分的计量单位。红、黄色的“暖光”，我们称为“低色温”；青、蓝色的“冷光”，我们称为高色温。色温单位用 K（开尔文）表示。一些常用光源的色温为：钨丝灯 2 760 ～ 2 900K；荧光灯 3 000K；中午阳光 5 500K；电子闪光灯 6 000K；蓝天 12 000 ～ 18 000K。色温值越低，光源颜色越橙红；色温值越高，光源颜色越偏蓝。

（二）白平衡

白平衡是指不论在任何光源下，都能将白色的物体还原为白色。由于所有光色叠加的结果是白色，因此白色光被还原，那么整体的颜色就会被还原。对在特定光源下拍摄时出现的偏色现象，通过加强补色来进行补偿。

在不同的光环境中，我们的眼睛可以准确分辨出一张白纸，但是相机需要对其进行设置后，才可以还原物体本身的颜色。拍摄前，如果想要还原被拍摄对象的固有色，需要根据所在环境的光源属性，在相机的白平衡设置中选择对应的光源类型进行设置，从而获得真实而自然的色彩。所以，设置白平衡就是根据拍摄环境的光源属性，对相机进行相应设置。

五、拍摄中的设备设置

（一）微单拍摄模式的调节

使用手动模式。专业的摄影师和业余拍摄爱好者之间主要的区别就是专业人员知道怎么手动控制摄像机、手动控制画面效果，而业余人员是让机器决定怎么拍摄，也就是主要依靠机器本身的自动控制功能。表 2－3－2 为自动模式拍摄时应注意的问题。

表 2-3-2 自动模式拍摄时应注意的问题

自动功能	常出现的问题	适用的情况
自动对焦（AF）	1. 被摄主体前有其他物体（人、车等） 2. 光线暗 3. 前景有东西（树叶、人群等）	1. 拍摄者摄影经验不足 2. 看不见取景器 3. 眼睛功能障碍
自动光圈（Auto Iris）	1. 画面中有过亮的物体 2. 场景有背光 3. 有雪的场景	1. 紧要关头 2. 光线常常不规则变化
声音的自动增益控制（AGC）	1. 有人突然发出大的声响（如鼓掌、大笑） 2. 场景中有尖锐的声音（如地铁进站、尖叫） 3. 声音之间有小间隙	1. 声音起伏变化不大 2. 紧要关头 3. 没有耳机，没法监听

小提示

要想获得专业的效果，就要使用手动模式。摄像机的自动模式常常是不可靠的。

（二）对焦方式的选择

在拍摄时，我们可以根据被摄主体的移动状况选择对焦方式。对焦也叫聚焦，也就是使画面中的被拍摄对象成像清晰的过程。

1. 自动对焦（AF）

数码相机的对焦系统中有很多自动对焦的检测点。自动对焦有很多种方式，比如相位检测、对比度检测等运算方式。越高端的相机，其对焦感应器上的对焦检测点数量也越多，对焦也就越精确。

但自动对焦可能在以下情况中失效：

- 反差非常小的主体（例如，单一颜色的墙面）；
- 处于很暗环境中的主体；
- 强烈逆光或者反光的主体（例如，车身反光强烈的汽车等）；
- 主体前有覆盖物（例如，鸟笼中的鸟）；
- 重复的图案（例如，高楼外立面的窗户）等。

2. 手动对焦（MF）

手动对焦是摄影师手动调节使拍摄对象成像清晰的过程，通过转动镜头上的对焦环，来实现特定对象的合焦。

这种方式非常考验摄影师的眼力和经验，很大程度上依赖拍摄者对取景器或显示屏上图像清晰与否进行判断。至于想要对焦（着重表现）画面中的某一主体，不管拍摄主体处于画面的什么位置，手动对焦都可以帮助摄影师来实现。

在视频拍摄中，很多情况下我们会选择手动对焦模式。

(三)自定义白平衡

补偿拍摄环境中光色的影响,“白平衡”能将白色物体拍摄(还原)为白色。当拍摄的光环境处于与预设相类似的光环境时,我们可以直接调节为相应的白平衡模式来进行拍摄,此时可以还原物体的固有色。当拍摄出来的画面不足以表达我们的情感时,或者我们想要将画面改变为某种色调,“白平衡”也可以做到。

数码相机会预设很多的白平衡模式,比如 AWB(自动白平衡)、日光、白炽灯、荧光灯、阴天、阴影、闪光灯等,如图 2-3-14 所示。如果选择照射被摄主体的光源类型,就会调整为适合所选光源的色调(预设白平衡)。选择 AWB(自动白平衡)时,相机会自动辨别光源类型,将画面调整为合适的色调。

图 2-3-14 数码相机预设的白平衡模式

另外,还有色温 / 滤光片这个白平衡模式,需要我们手动输入色温值,根据设定的色温和光源色温的关系,表达画面色调。同时还可获得与彩色滤光片同等的效果。

值得注意的是用户自定义 / 手动白平衡模式,也就是在拍摄光源下获取基准白色,并可以存储至自定义设置中。

实际拍摄中,光源类型往往比较复杂,超出了各种预设的白平衡调节范围,这时候就需要通过手动调整白平衡才能正确地还原现场色彩。这里我们主要介绍如何来手动调节白平衡。

1. 相机设置

在手动调节白平衡前,要按照一定的步骤对相机进行设置,如图 2-3-15 所示,相机设置按钮如图 2-3-16 所示,相机白平衡设置界面如图 2-3-17 所示。

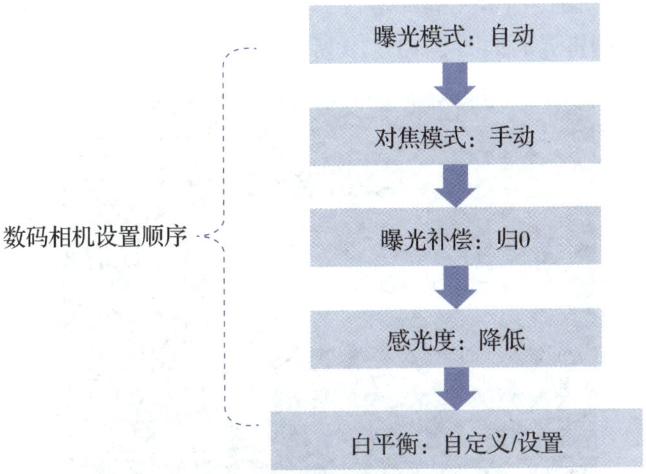

图 2-3-15 数码相机自定义白平衡调节设置步骤

图 2-3-16　数码相机白平衡调节设置按钮

图 2-3-17　数码相机白平衡调节设置界面

2. 器材准备

在自定义白平衡以前，我们需要准备一个专业的白平衡卡，这个卡可以使用白卡，也可以使用 18% 的灰卡，如图 2-3-18 所示。

白卡

灰卡

图 2-3-18　白平衡卡

3. 相机对焦

拉长镜头焦距，使得白卡充满屏幕，手动对焦。按下转轮中间的 ok 按钮，会听到快门拍摄的声音。相机界面如图 2-3-19 所示。

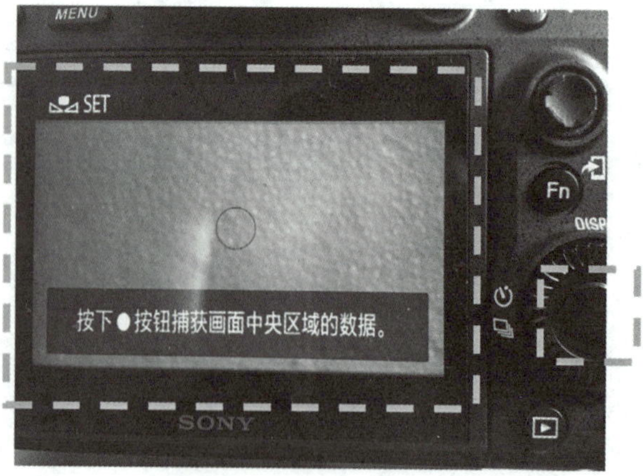

图 2-3-19　对焦相机界面

4. 进行拍摄

根据画面提示，显示此时环境色温为 6 600k，如图 2－3－20 所示。将此色温值保存至自定义 1 中，即可完成该环境的白平衡设置。之后选好构图，对焦准确。进行拍摄。此时拍摄的画面，可以完美还原真实的色彩。

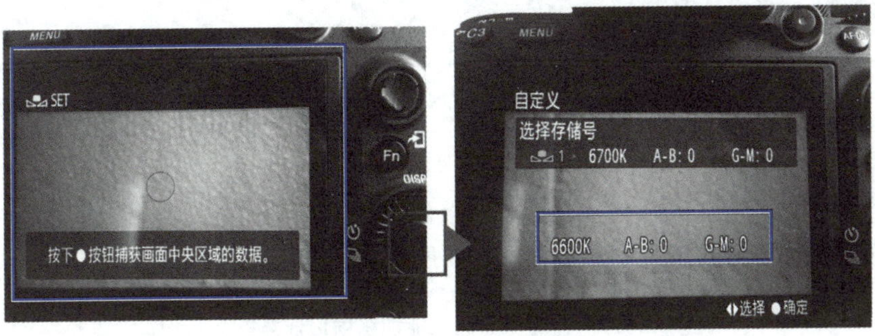

图 2－3－20 环境色温 6 600K 设置

项目任务 2.3.2

布光技能训练

项目任务书

布光技能训练项目任务书如表 2-3-3 所示。

表 2-3-3 布光技能训练项目任务书

组号		指导老师		日期	
组长		学号		任务活动时间	8 学时
任务导入	1. 了解光源的属性。 2. 学会使用微单相机控制画面曝光。 3. 使用微单相机拍摄不同景深的画面。 4. 对拍摄场景进行布光拍摄。				
任务实施步骤和主要工作内容	1. 2～5 个同学组成一个任务小组，选出组长。根据班级人数分配组员数量，保证每组人数基本一致。 2. 为微单相机制作一份简易说明书，图文并茂，介绍相机的组成部分。 3. 了解三脚架及配件的基本组成部分，熟悉云台的安装，确认脚架水平。 4. 快速拆卸式摄影机底板（快装板）：通过螺栓把相机底部拴住，快速与云台契合。注意设备使用规范，不要将衣服等误卡入设备，以免造成危险。 5. 要求小组中的每个同学拍摄一组画面清晰、曝光准确的固定画面。成果形式： 子任务 1：每组拍摄 5 段画面素材，要包含大、小景深画面（每段不少于 5 秒）。 子任务 2：结合操作实际，将摄像机操作流程进行小组展示。 6. 投票选出成果优秀的小组。				
总结 / 完成情况					

获取资讯

- 引导问题 1：直射光和散射光分别是什么？
- 引导问题 2：在水平方向的 5 种光位是什么？
- 引导问题 3：高调布光和低调布光是什么？
- 引导问题 4：简单描述三点布光的方法。

工作实施

教师发放学习资料，引导小组讨论、组间交流分享，控制每个活动环节的时长。

学生首先学习资料、收集信息，完成引导问题填写，参与小组任务，选出代表进行交流分享，组员之间、小组之间相互评价，记录学习情境完成情况。

评价反馈

根据制作的微单相机简易说明书，及拍摄的固定镜头画面，交流分享，相互评价，并完成“项目任务评价表”。

知识加油站

布光技能训练

微课视频同步看

一、光源的种类

我们日常的光源种类大致分为两种，自然光源和人工光源。摄影用光包括混合光、自然光和人工光，如图 2－3－21 所示。

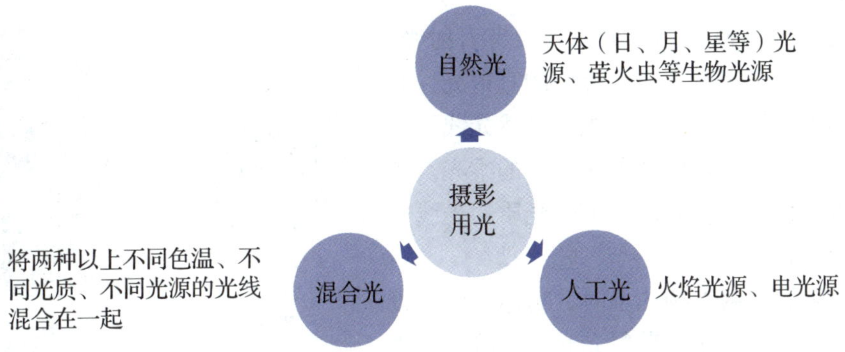

图 2－3－21 摄影用光

（一）自然光源

自然光源是指大自然中存在的非人工制造的光源，诸如太阳、月亮等天体光源，还有可以发光的生物（比如萤火虫）等生物光源。室外拍摄主要依靠自然光源，对自然光源我们只能合理地使用，不能控制。

（二）人工光源

人工光源又可分为火焰光源（柴火、烛火等）和电光源两类。室外拍摄虽然主要采用天体光源照明，但有时也需要一些人工光源做补充；室内拍摄在很多情况下都要依靠电光源进行照明，一方面是为了保证画面光照一致，另一方面是为了保证色调可控。

电光源给影像拍摄带来了无限可能。不断发展、日趋完备的多种照明灯具和装置，能够根据微电影创作人员的创作意图和现实条件的客观情况，提供不同强度、多种色温的人工照明光线。表 2－3－4 为不同光源环境下相机的色温设置。

表 2－3－4　不同光源环境对应的色温值

不同光源环境	色温
北方晴空	8 000 ～ 8 500k
阴天	6 500 ～ 7 500k
夏日正午阳光	5 500k
金属卤化物灯	4 000 ～ 4 600k
下午日光	4 000k
冷色荧光灯	4 000 ～ 5 000k
高压汞灯	3 450 ～ 3 750k
暖色荧光灯	2 500 ～ 3 000k
卤素灯	3 000k
钨丝灯	2 700k
高压钠灯	1 950 ～ 2 250k
蜡烛光	2 000k

二、光质

从光线的性质特点来分，光线有直射光、散射光和反射光三种。自然界中的直射光，对应着摄影棚里照明光线的硬光；自然光线下的散射光，对应着摄影棚里照明光线的柔光。有一个专有名词，叫做光质。不同光质的光线有不同的特点。

当散射光照射在物体上时，物体表面的投影边缘非常柔和，这是散射光光质的特点。当使用反射光照射物体时，并非是光源直接照射到被摄主体上，而是利用经过特殊工艺处理的反光板对光线进行反射，然后再照到物体身上，反射光的强度比直射光要弱，但比散射光强。不同光质的光线产生的效果如图 2－3－22 所示。

图 2－3－22　不同光质的光线产生的效果

三、光位

根据相机、被摄主体、光源的位置关系，被摄主体可以被打亮任何一个面，光的位置变化，也会对物体表面产生更为戏剧性的变化，这种光源与摄影光轴的位置关系，我们叫做光位。

光位可分为 4 种基本类型：正面光、45 度侧光、90 度侧光、逆光。其中，我们一般将正面光称为“顺光”，将 45 度侧光称为“前侧光”，将 90 度侧光称为“侧光”，将逆光又细分为“侧逆光”和“逆光”。不同角度的光源及拍摄效果如图 2－3－23 所示。

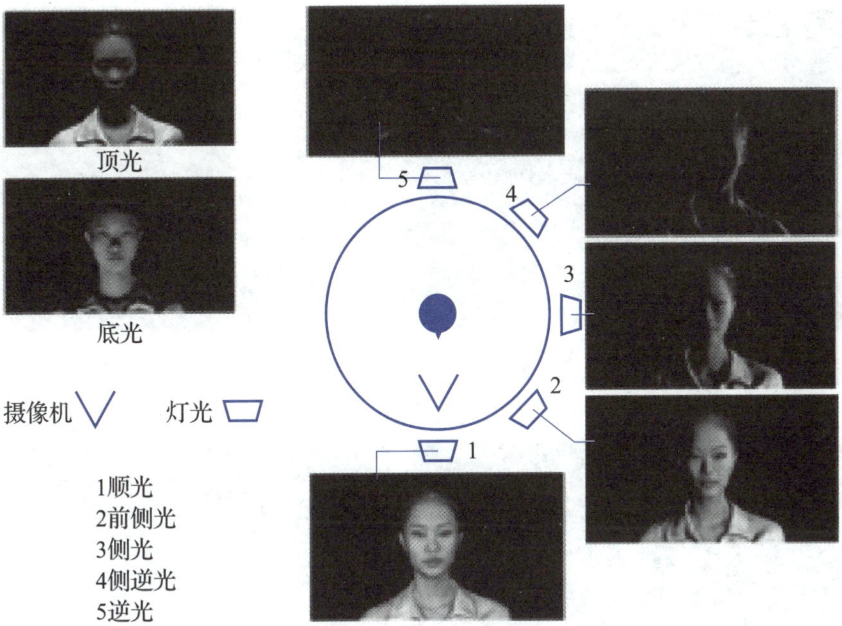

图 2-3-23 不同角度的光源及拍摄效果

（一）顺光

顺光，即光源放置在紧靠相机的位置，从正面照射被拍摄者。如图 2-3-24 所示为顺光拍摄效果，图 2-3-25 为顺光拍摄机位图。顺光的拍摄效果下，主体没有一点阴影，朝向相机的部分全部受光。顺光拍摄的，特点是缺乏层次感。

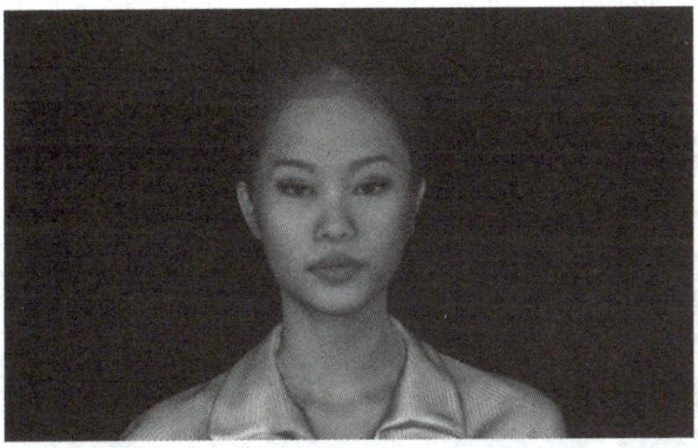

图 2-3-24 顺光拍摄效果

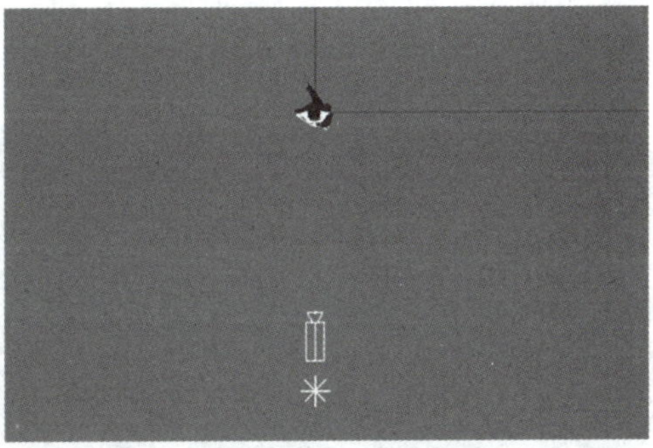

图 2-3-25 顺光拍摄机位图

（二）前侧光

前侧光（45 度侧光），即将灯移至与光轴成 45 度的位置，前侧光可以产生比较好的立体效果，而且能达到物体受光面和被光面比例均衡的状态。如图 2-3-26 所示为前侧光拍摄效果，图 2-3-27 为前侧光拍摄机位图。

（三）侧光

侧光（90 度侧光），即将灯移至与光轴成 90 度的位置，带来强烈的亮暗对比。如图 2-3-28 所示为侧光拍摄效果，图 2-3-29 为侧光拍摄机位图。

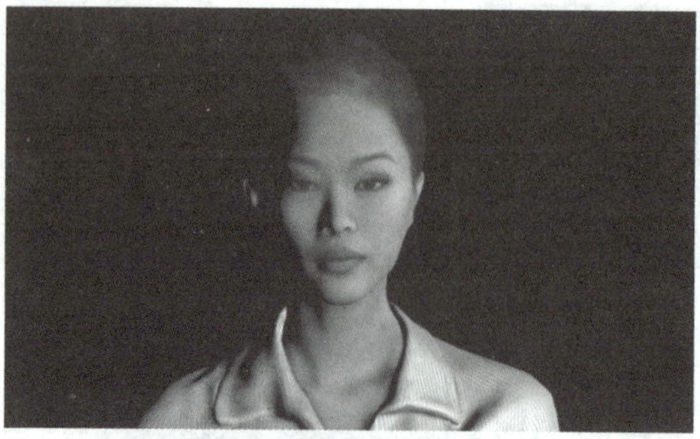

图 2-3-26　前侧光拍摄效果

图 2-3-27　前侧光拍摄机位图

图 2-3-28　侧光拍摄效果

图 2-3-29　侧光拍摄机位图

（四）侧逆光

侧逆光，即将灯光移到被摄者身后一侧的位置，只能打亮人物一侧的外轮廓。如图 2-3-30 所示为侧逆光拍摄效果，图 2-3-31 为侧逆光拍摄机位图。

图 2-3-30　侧逆光拍摄效果

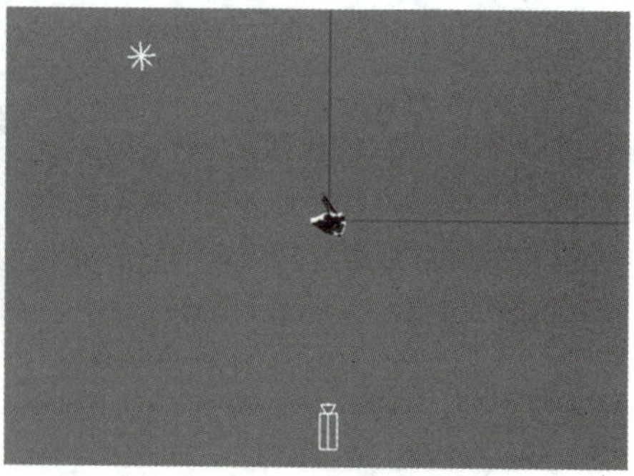

图 2-3-31　侧逆光拍摄机位图

（五）逆光

逆光，即将灯光移到被摄主体身后，是一种很具艺术感的光位，只采用逆光来进行照射，在一个亮色背景下，可以把被摄主体拍摄出剪影的感觉，如果逆光的光位较高，就会在被摄主体的顶部产生明亮的轮廓，又被叫做“轮廓光”。如图 2-3-32 所示为逆光拍摄效果，图 2-3-33 为逆光拍摄机位图。

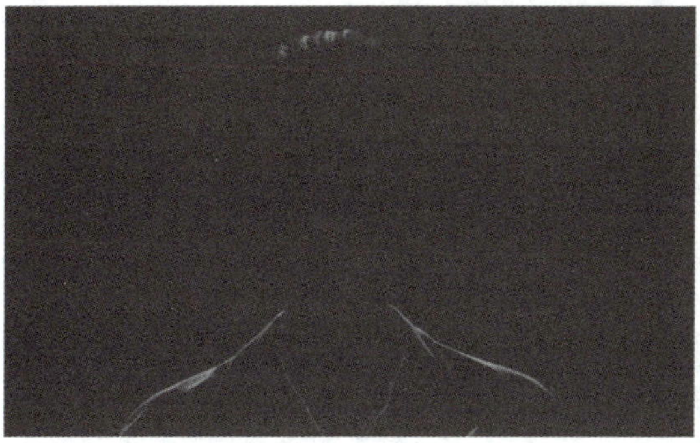

图 2-3-32 逆光拍摄效果

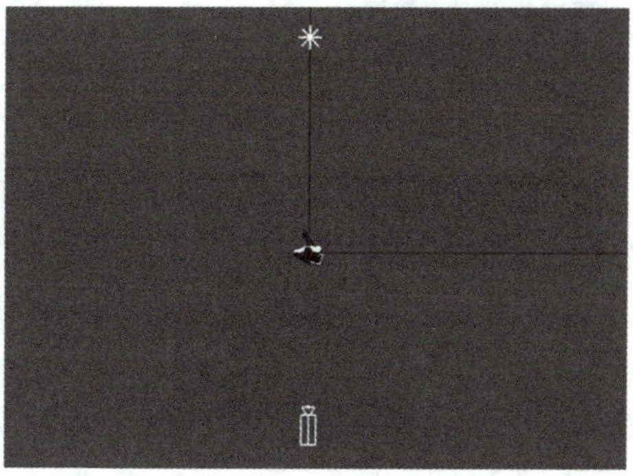

图 2-3-33 逆光拍摄机位图

（六）顶光和底光

除此之外，还有顶光和底光。顶光是指光源从被摄主体的上方进行照射，这种光线带有一种神秘的感觉，适合特殊的叙事场景。在日常生活中，我们也可以遇到顶光的场景，比如客厅的吊灯等。如图 2-3-34 所示为顶光拍摄效果，图 2-3-35 为顶光拍摄机位图。

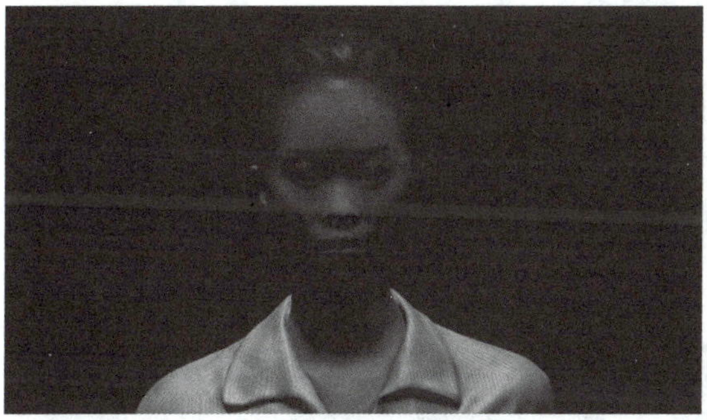

图 2-3-34 顶光拍摄效果

图 2-3-35 顶光拍摄机位图

底光是指光源从下往上照射被摄主体。这种光线有一种恐怖、阴森的感觉，适用于特殊场景。在生活中，我们也能碰到底光的情况，比如篝火等。如图 2-3-36 所示为底光拍摄效果，图 2-3-37 为底光拍摄机位图。

图 2-3-36 底光拍摄效果

图 2-3-37 底光拍摄机位图

四、三点布光

（一）三点布光的理论依据

三点布光是一种人物照明的基本方法，起源于美国好莱坞。其基本的原理来源于生活。

在太阳直射光照射下，物体表面形成亮面、暗面和明暗交界线与影子，太阳照射的方向就是主光的依据。由于地面、周围环境对太阳光的反射以及大气层对太阳光的散射，使得物体暗部并不是漆黑一片，也会被光打亮，呈现一定的细节。这就是辅助光的来源依据。轮廓光处于逆光光位，是从被摄主体的背面照射被摄主体的光，一般来说亮度较强。

当人物以逆光造型时，轮廓光其实就是主光；当人物以侧光或顺光造型时，轮廓光的使用其实是有违生活现实的，但由于逆光可以勾勒人物轮廓，把人物从背景中隔离出来，从而更好地突出主体，因而轮廓光对塑造画面空间纵深感有着重要的作用。在好莱坞戏剧式影片用光中，轮廓光常与主光和辅助光结合使用，这就是所谓的传统三点布光法。

（二）人物静态主体的布光——三点布光法

1. 选择主光

在一般的人物布光中，主光的灯位选择要根据画面处理意图的需要和具体人物外形的差异来决定。根据画面影调需要，如中间调图像宜在顺侧光灯位设置主光，如图 2-3-38 和图 2-3-39 所示。高调图像宜在正面光灯位设置主光，低调图像宜在侧面光、侧逆光灯位设置主光。

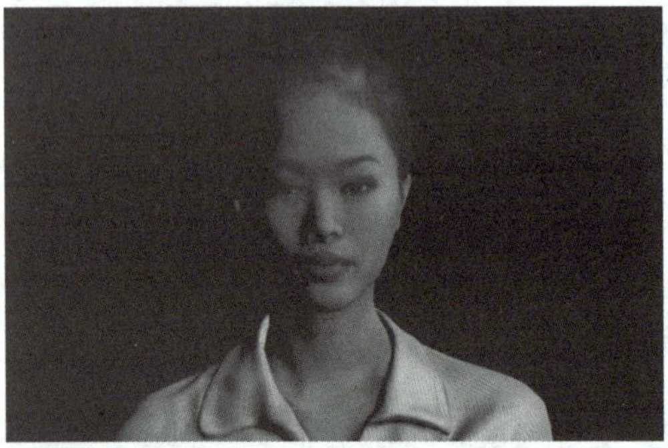

图 2-3-38　顺侧光灯位设置主光

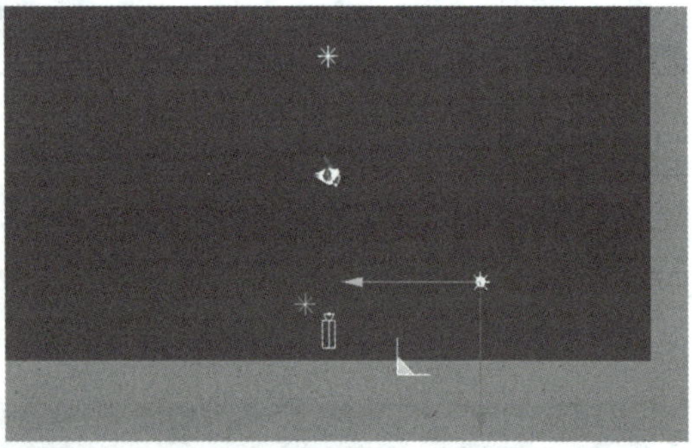

图 2-3-39　主灯设置与摄像光轴俯视图

（1）水平角度。

为了表述及位置标注清晰，我们在水平面假定一个从 0° ～ 360° 逆时针旋转坐标系，起点从摄像机与被摄主体的连接线开始。

主灯一般设置在与摄像光轴成 15° ～ 45° 夹角的位置，我们可以把主光先定到与摄像光轴成 30° 的位置上，如果我们选择的拍摄对象细节比较多，比如人物骨骼清晰、棱角分明，或者脸上皱纹较多，为了使拍摄的画面看起来柔和，参考顺光的照明特点（减少细节、比较平面化的表现效果），我们就可以把主光向相机移动，差不多到 15°

或 20° 的位置；如果人物脸部过于丰满，我们就可以把主光往鼻准线相反的方向移动 35° ～ 45° 的位置，以增加立体感。

（2）垂直角度。

对于主光垂直角度的选择范围，一般可以在 15° ～ 45° 的区域内进行，30° 是最好的参考点。如果被摄者的眼窝比较深，为了减弱顶光的照明特点，灯位可以适当降低，比如降到 25° ～ 20° 的位置；如果我们想突出人物脸部的立体感，使光影表现得有力度，可以把灯位提高到 40° 或 45°。如图 2－3－40 所示。

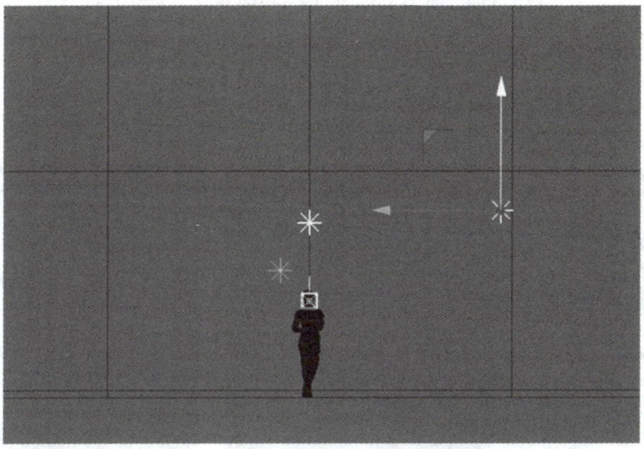

图 2－3－40　主灯设置与摄像光轴垂直角度示意图

2. 选择辅助光

主灯打亮主体之后，会在被光面产生阴影，受相机感光元器件宽容度的限制，过暗将无法拍摄出细节，容易造成死黑的现象，所以我们需要辅助光来平衡主光带来的明暗关系。辅助光的亮暗会影响画面整体的效果，所以在打辅助光时，依据的是拍摄主题和导演意图。图 2－3－41 为辅助光拍摄效果，图 2－3－42 为辅助光拍摄机位图。

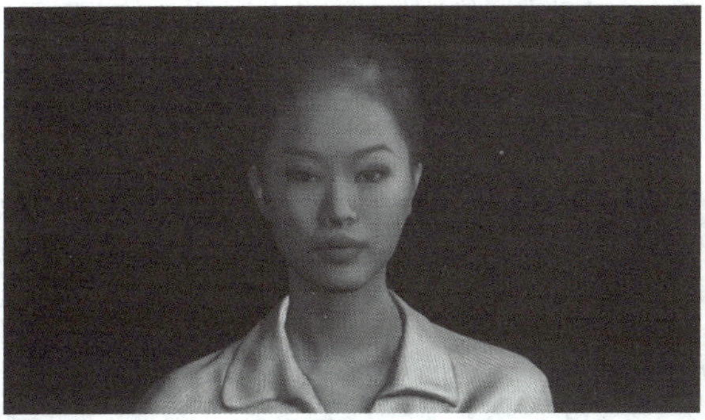

图 2－3－41　辅助光拍摄效果

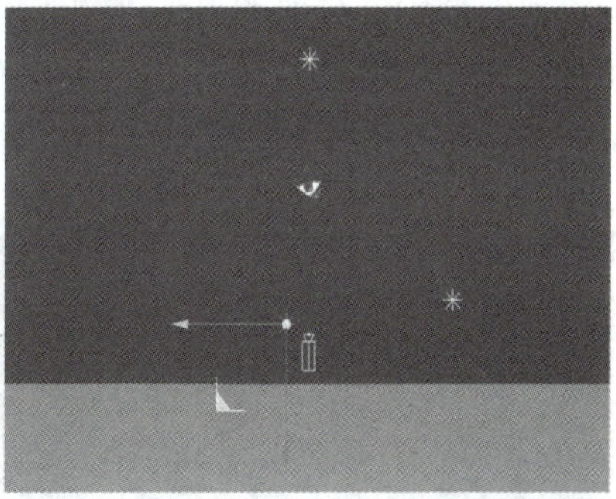

图 2－3－42　辅助光拍摄机位图

辅助光的设置有以下需要注意的地方：

- 辅助光应使被摄者暗部的层次得到改善，不形成二次阴影；
- 辅助光设置的光位不要太高，尽量控制在与光轴纵向夹角 30° 以下，不然会在被摄者鼻子下产生少量阴影；

- 辅助光一般选用散射光，做到柔和均匀地打亮被摄者；
- 在室外进行拍摄时，辅助光可以通过反射太阳光来实现，调整反光板的朝向或者被摄主体的位置，可以达到不同辅助光的设置效果。

3. 选择轮廓光

（1）单一逆光。

即只有一个逆光的光源，有两种设置方法：一种是逆光，将逆光设置在人物正后方；另一种是侧逆光，将逆光设置在与光轴成 135° ～ 180° 的位置上。逆光一般设置在较高的位置，与光轴水平面成 60° 左右的角度，这种光位设置下，光源会照亮头顶和肩部的边缘，呈现左右对称的轮廓光效果，如图 2－3－43 所示。图 2－3－44 为轮廓光拍摄机位图。

图 2－3－43　左右对称的轮廓光效果

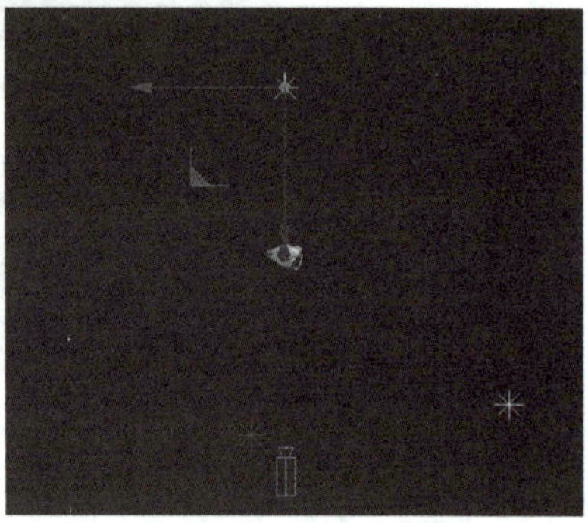

图 2－3－44　轮廓光拍摄机位图

（2）双边逆光。

即有两个逆光的光源，双边逆光与单侧逆光的布光方式不同，双边逆光可以在头部的两侧形成对称的轮廓光。与正逆光不同，它可以勾画出脸颊两侧的线条。双边逆光对于表现面部轮廓分明的男性人物效果较好，对于需要修饰发式的女性效果最佳，对于需要进行艺术渲染的广告人物，更是有力的表现手段。如图 2－3－45 所示为双边逆光拍摄效果，图 2－3－46 为双边逆光拍摄机位图。

图 2－3－45　双边逆光拍摄效果

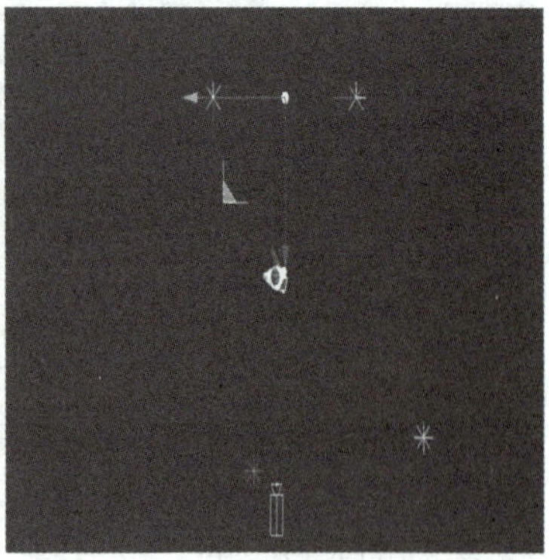

图 2－3－46　双边逆光拍摄机位图

双边逆光的高度选择最好在 45° 垂直角度；边缘光灯位过高，双边轮廓的效果就会减弱。

在选择逆光位置时，应该注意两点：

第一，要考虑节目制作过程中画面的景别，如果是只采用中近景的图像，灯的位置可以降低一些；如果需要出全景画面，灯的位置就不宜过低，以免穿帮。

第二，逆光的造型特点一般是需要较高的照度，与主光的光比值需要达到 2∶1.5 或 2∶1 甚至更高。

三点布光首先要确定主光的照度、方向和角度，然后根据效果要求和被摄主体的情况确定辅助光，最后确定轮廓光的位置。在实际工作中，可灵活掌握，不可照本宣科、机械运用。三点布光拍摄效果如图 2－3－47 所示。

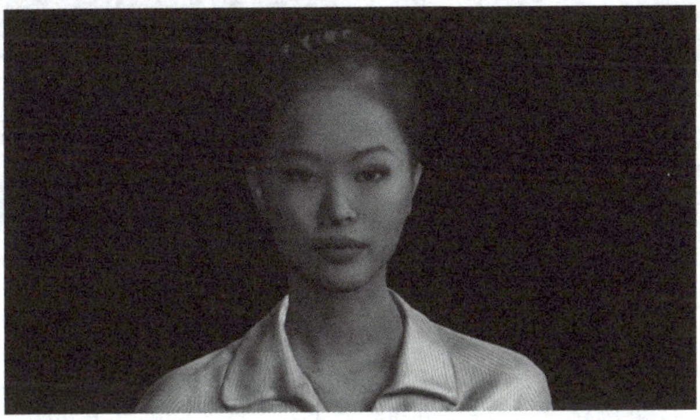

图 2－3－47 三点布光拍摄效果

五、影调、高调布光与低调布光

影调是指画面中的影像所表现出的明暗层次和虚实对比及色彩的明暗关系。它是处理画面构图、烘托气氛、增强语言效果、表达情绪、反映创作意图的重要手段。不同的影调有其不同的感情色彩。

（一）高调和低调

高调和低调，在这里指画面的整体亮度。如果把画面中的亮度从黑到白划分为 0 ～ 10，11 个等级（如图 2－3－48 所示），低调画面往往是把画面控制在 1 ～ 4 或者 1 ～ 5，而高调则是将画面大部分区域控制在 6 ～ 9 之间。

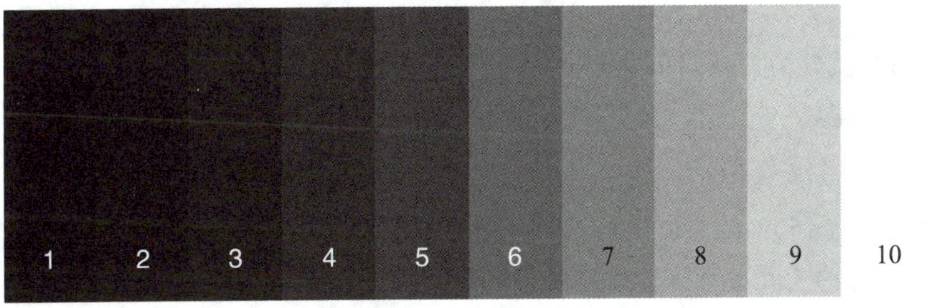

图 2－3－48 高调和低调等级

1. 高调

高调画面整体展现出浅色调，比如大面积的白色或浅灰色影，局部有暗色出现。高调的画面给人一种轻快、明亮、淡雅、干净、清爽的视觉感受，如图 2－3－49 所示。

2. 低调

低调的画面中往往呈现出大面积的黑灰色调，局部有小的亮色区域，形成鲜明的对比，从而突出作为画面视觉中心的小范围亮色调。低调的画面往往给人一种静谧、严肃、压抑、神秘、粗犷、落寞的视觉感受，如图 2－3－50 所示。

图 2－3－49　高调画面

图 2－3－50　低调画面

（二）光比

光照到物体上，使物体表面产生明暗变化，这种亮度反差的另一个比较复杂的说法，就是光比（Light Ratio）。当二者相差不大时，叫做低反差，当二者相差较大时，叫做高反差，如图 2－3－51 所示。

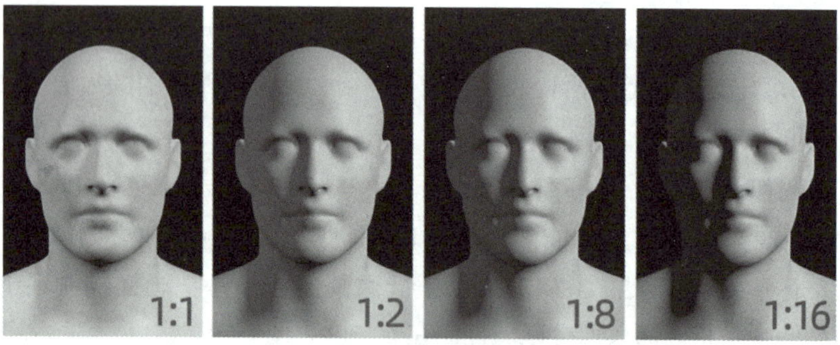

图 2－3－51　光比示例图

因此布光就分为：高调布光——高调低反差和高调高反差；低调布光——低调低反差和低调高反差。

（三）高调低反差布光

主光为一盏 150w 的 Led 面板灯，在主光另一侧利用同样的面板灯作为辅光源（加白旗加柔），抵消主光源在人脸上产生的阴影，使人的脸上没有什么大的反差。利用两个长的 Led 灯打亮背景，因为 Led 本身就是散光灯，所以能均匀打亮背景。在人物身后分别架设轮廓光，这样使人物更立体且能与背景分离。此时整体画面较亮，但下巴下面还有些重，所以在正前方下侧 45 度设置了一盏 Led 或反光板，这时高调低反差布光就完成了，如图 2－3－52 所示。

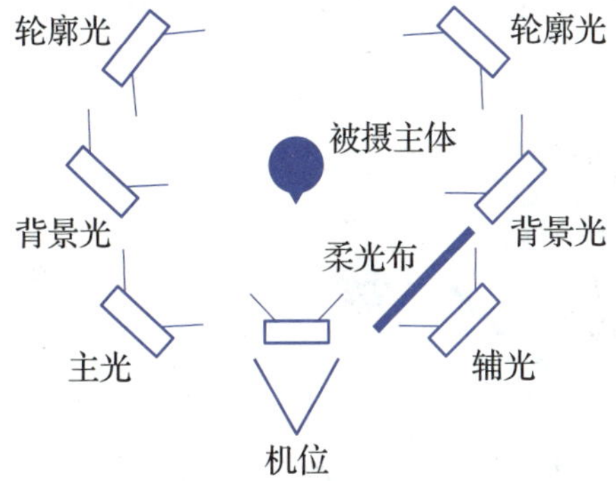

图 2－3－52 高调低反差布光机位图

（四）高调高反差布光

要在高亮度的情况下制造高对比的效果，所以保持整体灯光位置不变，将人物左侧的辅光、右侧的轮廓光、正前方的补光撤掉，这时高调高反差布光就完成了，如图 2－3－53 所示。

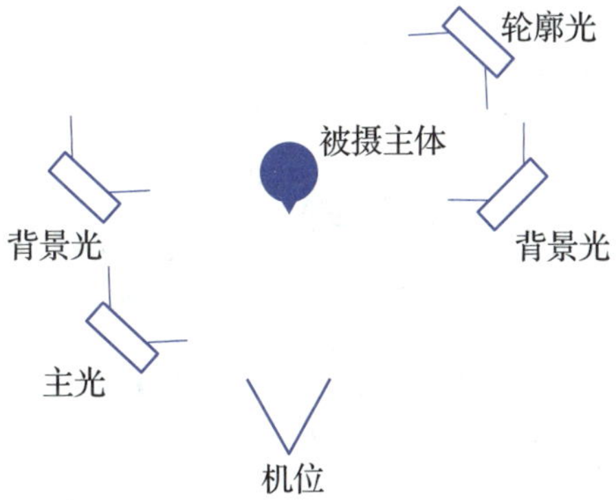

图 2－3－53 高调高反差布光机位图

> **小提示**
>
> 低调布光与高调布光的光位基本一致，不同的是，低调布光是要在环境较暗或者亮度较低的情况下，制造出大光比或者小光比的效果。

（五）低调高反差布光

在灯光布置上，选用黑色背景，我们要尽量选择硬的直射光，使用 Led 面板灯时，使用黑旗制造出强的光比。

第一，直射光是硬光，可以突出对象亮部和阴影的明暗交界线，人物造型硬朗。

第二，硬光控制起来相对方便，要尽量搭配黑旗遮光使用，打暗除了主体外的画面信息。

布光时首先采用三点基础布光，由于是低调，适当降低光照强度，且只设置一盏轮廓光。两面黑旗挡在主辅光源前，这样可以阻挡光线照亮背景。低调高反差布光完成，如图 2-3-54 所示。

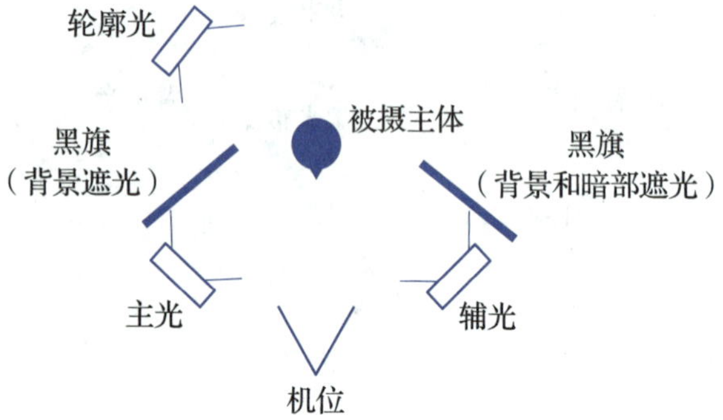

图 2-3-54　低调高反差布光机位图

（六）低调低反差布光

低调低反差布光的光位与低调高反差基本一致。但需要调整辅光前的黑旗的位置，通过边移动边观察，仅使黑旗遮掉背景就可以了，如图 2-3-55 所示。

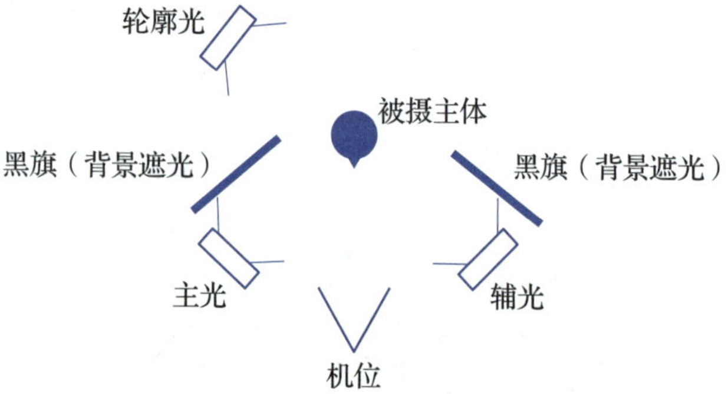

图 2-3-55　低调低反差布光机位图

项目任务 2.3.3
让镜头运动起来

项目任务书

让镜头运动起来项目任务书如表 2－3－5 所示。

表 2－3－5　让镜头运动起来项目任务书

<table>
<tr><td>组号</td><td></td><td>指导老师</td><td></td><td>日期</td><td></td></tr>
<tr><td>组长</td><td></td><td>学号</td><td></td><td>任务活动时间</td><td>12 学时</td></tr>
<tr><td>任务导入</td><td colspan="5">1. 掌握运动镜头拍摄的一般技巧。
2. 运用运动镜头，根据微电影分镜头脚本，进行实拍。</td></tr>
<tr><td>任务实施步骤和主要工作内容</td><td colspan="5">1. 手持拍摄稳定性训练（一）
完成稳定手持、跟踪镜头拍摄、平稳移动，且沿途走过墙壁等动作，让摄影机就像在移动拍摄车上一样稳定。上述任务需要大量训练。组内每人均需完成 1 ～ 2 段画面的成品。
步骤
（1）对墙先拍 5 秒钟，然后平稳开始跟踪拍摄。
（2）试着让摄影机像你的头和肩那样成为“牢固部件”。
（3）迈步时膝盖稍曲，以便“滑行”，不会上下晃动。
（4）脚步要落在一条直线上，这样镜头不会晃。
（5）把你的体重平稳地从一只脚转移到另一只脚，切忌不能有重击的动作。
（6）在地面上向前滑动先迈步的脚，这样碰到不平整物体也能应对自如。
（7）检查构图，偶尔睁开另一只眼看看自己正在做什么。要耐着性子习惯这些琐事。
（8）录制 20 秒后平稳地停下来。
（9）保持 5 秒的稳定构图，然后关机。
对创意的限制
（1）摄影机越轻越小，手持跟拍难度越大。
（2）离墙越近，动作不稳就越明显。
（3）镜头越广，拍摄的不规则就越不明显。
（4）如有人在前景行走，我们的眼睛就不容易察觉动作不规范。
（不妨一试！）
注释：运用广角镜头，离墙 1m，摄影机与墙成 45° 角。先静拍 5 秒，然后在保持距离和角度的前提下向前移动。要滑步越过砖块，画面既不能上下晃动，也不能离镜头时近时远。然后平稳停止，再保持 5 秒稳定。最后在大屏幕上观看你的实践成果。
2. 手持拍摄稳定性训练（二）
走到某一位同学身后，保持 2.5 ～ 3m 的距离，摄影机与该同学前方轴线成 45° 角。手持摄像机拍摄。</td></tr>
</table>

续表

任务实施步骤和主要工作内容	**步骤** （1）向演员解释拍摄内容和动线。 （2）录制声音，并让手持麦克风的人帮你“盯着”(即注意自身安全)。 （3）跟踪拍摄3～4分钟，如有可能，尽可能多地体现场景变换，比如跟着上下楼梯，穿过门。 注释：拍摄主体应保持稳定，并以合适比例位于画面中。背景及拍摄主体运动都应纳入构图范围。记住留足构图“优先”空间（拍摄主体前方留空要大于后方）。 **3. 移动物体逆向手持跟拍，以后退方式手持跟拍正在行走的人** **步骤** （1）版本A：安排某拍摄主体开始面向你行走，如图2－3－56（a）所示。摄影师在确保安全的前提下后退，可由助理或录音师轻扶着背。 a. 运用全景镜头将拍摄主体放入画面，并保持拍摄15秒。 b. 让拍摄主体逐渐向你靠近，直到你能用中景拍摄；保持拍摄15秒。 c. 让拍摄主体逐渐向你靠近，保持特写拍摄15秒。 d. 摄影机停止不动，让拍摄主体走出镜头。 （2）版本B：操作同版本A，但本次如图2－3－56（b）所示，使摄影机与拍摄主体所在轴保持30°角。 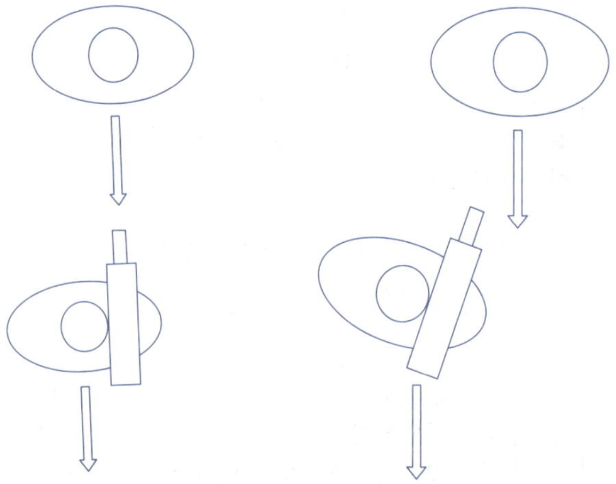 （a）版本A （b）版本B **图2－3－56 移动物体逆向手持跟拍机位图** （3）在不同景别的三幅画面间转换以备剪辑之用；请非常仔细地保持行走节奏，因为剪辑时行走周期非常重要。 注释：你要给拍摄主体做的心理工作就是让他不要拍摄时总想着自我，不妨让他想想自己最近参加的活动。尝试找准构图和后景，以拍出最中意的镜头。记住构图时留足“优先空间”(即给拍摄主体前方留空要大于后方)。 **4. 根据分镜头脚本进行实拍** **工作内容** 先期踩点、制定拍摄方案、拍摄画面、后期制作。 **具体实施步骤** 各组按照选定的仿拍片段，寻找合适的拍摄地点，并对光照、环境声音情况进行记录。

续表

任务实施步骤和主要工作内容	• 协调设备和拍摄时间 • 按照脚本内容拍摄画面 • 后期粗剪 • 审片、点评 **成果要求** （1）拉镜头、推镜头画面，特别注意画面起幅、落幅构图。 （2）体会改变焦距和改变机位推拉镜头。 （3）体会摇镜头对空间环境的表现力，用摇镜头表现一个主观镜头。 （4）移镜头，注意移动过程中速度的平稳和均匀。 （5）跟镜头，前跟、侧跟或后跟不做限制，但要保持对焦清晰。 （6）拍摄画面素材长度至少为成片的 2 倍，大景别时长应适当加长，素材统一规格 1 080/50p。 **成果考核** 对学生完成的质量进行各方面技能表现的评价，评价标准可参考以下几个方面，其中着重考虑镜头画面效果的权重。 （1）作品主题：主题鲜明。 （2）画面构图：画面简洁明了，主体突出，具备表现力和造型美。 （3）画面用光：用光准确，无曝光过度或欠缺现象，画面造型新颖独特，富有层次感。

获取资讯

- 引导问题 1：镜头的运动都有哪些方式？
- 引导问题 2：推、拉镜头在拍摄时的注意事项有哪些？
- 引导问题 3：拍摄升、降镜头有哪些注意事项？
- 引导问题 4：谈谈你对不同运镜方式表达情感的理解。

工作实施

教师发放学习资料，引导小组讨论、组间交流分享，控制每个活动环节的时长。

学生首先学习资料、收集信息，完成引导问题填写，参与小组任务，选出代表进行交流分享，组员之间、小组之间相互评价，记录学习情境完成情况。

评价反馈

根据拍摄的运动镜头画面，交流分享，相互评价，并完成“项目任务评价表”。

知识加油站

让镜头运动起来

微课视频同步看

一、拍摄基本手法

在拍摄过程中，如果只采用固定镜头，画面难免会有一些单调，加入运动镜头可以使画面语言更加生动和活泼，引人入胜。运动镜头，是通过改变摄像机机位、摄像镜头光轴，或者改变焦距来进行拍摄的。如表 2-3-6 所示，运动镜头主要有以下几种形式。

表 2-3-6　运动镜头的主要形式

运动镜头	拍摄形式
推摄	摄影机朝向被摄主体方向推进拍摄，可以通过调整镜头焦距，或改变摄影机位置来实现，从而达到被摄主体在画面中景别变小的效果。
拉摄	摄影机背向被摄主体方向拉远拍摄，可以通过调整镜头焦距，或改变摄影机位置来实现，从而达到被摄主体在画面中景别变大的效果。
摇摄	摄影机机位不变，但镜头进行左右、俯仰等摇动拍摄。
移摄	摄影机机位改变，但镜头不动，进行拍摄。
跟摄	摄影机机位跟随被摄主体的运动而运动，为了达到平稳跟踪的效果，一般会使用稳定器等拍摄辅助设备。
升降拍摄	摄影机升高或降低，从上往下拍摄或从下往上拍摄。

拍摄运动镜头的关键在于稳、匀。如果没有稳定器，就需要采用手持拍摄，很多时候手持拍摄效果很不理想，画面晃动非常厉害，严重影响到取景和构图，以下列举了几种保持画面稳定的方法。

（1）使用广角镜头来拍摄。如果你使用的是变焦镜头，尽可能使用广角的焦段，焦距越长，镜头稳定的难度就越大。如果焦距过长，即使呼吸都会造成比较大的抖动，如果采用广角焦段，很大程度上会减轻画面的抖动。

（2）在使用一些轻便的拍摄设备如微单或单反时，尽量使手臂靠近身体，借助手臂和肩膀来支撑机器，相机尽量靠近身体，相机重心离身体越远，越难保持稳定。

（3）保持平稳的呼吸。在拍摄时务必保持平稳的呼吸，不要为了稳定而在镜头的拍摄全程屏住呼吸，因为憋气后的换气比均匀呼吸会产生更加剧烈的晃动。

（4）调出相机的垂直和水平参考线。保持画面的横平竖直。

（5）寻找助手，尤其是需要“前跟”拍摄，也就是边倒退边拍摄时，此时最好寻找一名拍摄助理在背后支撑腰部来引导，这样能更好地引导拍摄者倒行以及拍摄稳定。拍摄者可以比较专注地关注拍摄的画面。

（6）在移动机位时，稍微弯曲膝盖，腿部的弯曲在运动中可以起到减震和缓冲的作用，这样可以使画面拍摄更加平滑。

（7）利用毛巾、衣服等柔性材料，在平滑的平面缓缓拖动，就可以达到小场景移动拍摄的效果。

（8）将相机的肩带挂到脖子上，拉直相机肩带，以脖子为圆心转动，前后移动时采用小步慢走。

（9）采用升格拍摄，设置较高的拍摄帧率（如 50fps、60fps 等），剪辑时使用 25fps 或 30fps，不仅能让画面稳定，还可以获得慢动作效果。

二、运动镜头拍摄的要点和操作

（一）推镜头的拍摄

推摄是指在拍摄时，将摄像机向着被拍摄物体推进，或者不改变摄像机的机位，使用变焦镜头，将镜头焦距逐渐拉长的过程。最终达到的效果是使被摄主体在画面中的景别逐渐变小，其关键点在于落幅的位置和画面构图。用这种方式拍摄的运动画面，称为推镜头。推镜头的拍摄要点和操作如表 2-3-7 所示。

表 2-3-7　推镜头的拍摄要点和操作

推镜头的画面特征	推镜头的作用	推镜头的拍摄
（1）推镜头营造不断靠近被摄主体的过程。 （2）推镜头具有明确的主体目标。 （3）被摄主体的景别由大到小，周围环境信息逐渐变少。	（1）突出被摄主体。 （2）突出关键的细节，推动情节发展。 （3）在一个镜头中同时交代被摄主体以及所处的环境。 （4）推镜头在一个镜头中景别不断发生变化，有连续前进式蒙太奇句子的作用。满足人们由远及近、由表及里、由外在形象到内心感受逐渐认识事物的认知规律。 （5）推镜头的运动快慢可以影响整体的叙事节奏，打造或舒缓或紧张的气氛，强化情绪的表达。 （6）推镜头可以加强或减弱运动主体的动感——相向运动加强动感，同向运动减弱。	（1）在拍摄前要规划好起幅和落幅的位置，正式开拍前要多进行测试拍摄。 （2）推镜头全程操作均匀流畅，中间不能有停顿，不能来回推拉，尤其是在落幅的位置，实拍时要一次到位。 （3）推镜头的速度和节奏要符合成片。 （4）在镜头推进过程中要适当调节镜头来保持构图的连续和完整。 （5）落幅要讲究。 （6）落幅焦点要实，先将落幅焦点聚好。 （7）避免晃动，尽量依托摄像辅助设备。

（二）拉镜头的拍摄

拉摄是摄像机的机位逐渐远离被摄主体，或变动镜头焦距（从长焦调至广角），使画面框架由近至远与主体拉开距离的拍摄方法。用这种方式拍摄的运动画面，称为拉镜头。拉镜头的拍摄要点和操作如表 2-3-8 所示。

表 2-3-8　拉镜头的拍摄要点和操作

拉镜头的画面特征	拉镜头的作用	拉镜头的拍摄
（1）拉镜头形成视觉后移效果。 （2）拉镜头中被摄主体的景别由小变大，环境信息逐渐增多。 （3）拉镜头有退出感。	（1）在拉远镜头的过程中，将被摄主体和其所处环境进行交代。 （2）拉镜头起幅景别较小，选择被摄主体的局部为起幅，且此局部不容易被推测，有利于调动观众的想象和猜测。 （3）有利于保持叙事时间、空间的完整和连贯。 （4）拉镜头常被用作影片结尾。 （5）利用拉镜头来作为转场镜头。	（1）拉镜头应有明确的表现意义。 （2）拉镜头的重点是落幅。 （3）拉镜头的运动速度要与叙事节奏相一致。 （4）注意保持被摄主体在拉镜头过程中的结构中心位置。

（三）摇镜头的拍摄

摇摄是指当摄像机机位不动，借助于三脚架上的云台或拍摄者自身的人体，镜头光轴（机身）作上下、左右等方向的摇动，变动摄像机光学镜头轴线的拍摄。用摇摄的方式拍摄的镜头画面称为摇镜头。摇镜头的拍摄要点和操作如表 2－3－9 所示。

表 2－3－9　摇镜头的拍摄要点和操作

摇镜头的画面特征	摇镜头的作用	摇镜头的拍摄
（1）摄像机机位不变，镜头光轴变化，画面效果类似人眼环顾四周或上下扫视。 （2）完整的摇镜头包括：起幅，运动，落幅三个连贯的部分。 （3）一个摇镜头的整个运动过程中，迫使观众不断跟随镜头和导演意图来调整自己的注意力。	（1）展示空间、扩大视野。 （2）包容更多的视觉信息。 （3）摇镜头通过摇动，使得同一场景中两个物体建立起某种联系。 （4）表现被摄主体的运动状态和方向。 （5）从一个环境中，通过摇摄引出被摄主体。 （6）表现一种主观性的叙事语境。 （7）如果在摇动的方向上，不选用水平和垂直的方向，则会变现出一种不安定、不稳定的特殊氛围。	（1）必须有明确的目的性。 （2）镜头摇动的速度要和画面所要表达的情绪相对应。 （3）讲求整个摇动过程的完整和谐。 （4）在摇镜头时，急速“摇转”的镜头又叫“甩镜头”，在画面中快速将一个内容换至另一个内容，因为镜头摇得非常快，摇动过程通常模糊不清，在后期剪辑中可以合理应用这段模糊区间。

（四）移镜头的拍摄

移镜头是指通过改变摄像机机位的方式拍摄的镜头。一般移镜头拍摄时把摄影机安装在移动轨上或放置在各种交通工具上进行拍摄。这种镜头富有动感，它的语言意义与摇镜头相似。移镜头的拍摄要点和操作如表 2－3－10 所示。

表 2－3－10　移镜头的拍摄要点和操作

移镜头的画面特征	移镜头的作用	移镜头的拍摄
（1）画面框架始终处于运动之中，画面内的物体不论是处于运动状态还是静止状态，都会呈现出位置不断移动的态势。 （2）唤起了人们在各种交通工具上及行走时的视觉体验，使观众产生一种身临其境之感。 （3）移动镜头表现的画面空间是完整而连贯的，摄像机不停地运动。	（1）移动镜头的过程中，画面表现是连贯的。观众观看的视点不断改变，具有抒情的意味。 （2）利用航拍来拍摄移镜头，可表现宏大的场面、很大的景深、极复杂的场景，赋予画面震撼的表现效果。	拍摄移镜头时，可以搭配使用特殊的附件设备，也可以手持拍摄。移镜头常用的一些辅助拍摄设备有轨道和轨道车、稳定器、车辆等各种可以运动的物体。也可以完全手持拍摄，但需要大量的训练，以保证画面的平稳。

（五）跟镜头的拍摄

跟拍、跟摄，是指摄像机镜头始终跟随被摄主体进行拍摄，使运动的被摄主体始终保留在画面之内（且主体在画面中的位置基本保持不变）。用这种方式拍摄的画面称为跟镜头。

跟镜头大致可分为前跟、后跟（背跟）、侧跟三种情况。跟镜头的拍摄要点和操作如表 2－3－11 所示。

表 2－3－11 跟镜头的拍摄要点和操作

跟镜头的画面特征	跟镜头的作用	跟镜头的拍摄
（1）画面的拍摄主体始终是一个。摄像机与被摄主体始终保持一定且不变的拍摄距离，也就是达到摄像机和被摄主体无相对运动的状态，始终保持被摄主体在流动的画面背景中位置关系稳定。 （2）被摄主体在画面中的构图和景别始终保持一致，根据镜头和被摄主体的位置关系，跟镜头分为前跟、后跟和侧跟镜头。	（1）有利于表现被摄主体的空间位置移动，展现主体的运动动线。 （2）是一种主观性的镜头，通过跟随被摄主体拍摄，使观者有很强烈的画面参与感。 （3）在纪实性和新闻类节目拍摄中，跟镜头有很重要的意义，可以纪实表现人物和场景，很好地反映真实事件。	（1）最为重要的是要“跟上”“跟准”。也就是要一直保持和被摄主体一致的运动状态，切不可在拍摄中跟丢、跟不上被摄主体。 （2）在跟拍的时候，要注意光线、焦点的变化。顾及周边环境情况。

（六）升降镜头的拍摄

升降是指摄像机借助升降装置或利用人身体姿态的改变做上下运动所进行的拍摄，用这种方法拍摄到的电视画面称为升降镜头。

升降镜头拍摄有多种变化形式，如垂直升降、弧形升降、斜向升降、不规则升降等。升降镜头的拍摄要点和操作如表 2－3－12 所示。

表 2－3－12 升降镜头的拍摄要点和操作

升降镜头的画面特征	升降镜头的作用	升降镜头的拍摄
（1）镜头的升降运动拓宽了画面的范围，既能表现大范围的场景，又能细致展现被摄主体。 （2）和移镜头一样，升降镜头也带来了视点的连续变化，角度也随之改变。为观众带来美好的视觉体验，带来了叙事的感情变化。 （3）对于体量很大的物体来说，升降镜头有利于表现局部和细节。这一点和摇镜头有所不同，升降镜头的一系列画面，其透视关系是一致的，能准确再现主体，而摇镜头却不同，会产生透视变形。	（1）升降镜头可以用来展示事件或场面的规模、气势和氛围。 （2）可以加强戏剧效果，渲染气氛。 （3）用于表示处于上升或下降运动中被摄主体的主观视角。	（1）拍摄升降镜头时，速度要均匀。 （2）升降镜头多用于场景的表现，因此要注意避免灯光、音响、录音等设备出现在画面中，出现穿帮镜头。 （3）升降镜头拍摄时多使用广角镜头，在表现人物时若非特殊需要，应保证主体人物形象的客观性，不能带有感情色彩。 （4）升降镜头不符合人们的日常视觉习惯，在新闻节目的拍摄中应谨慎使用。 （5）升降镜头的拍摄往往借助于摇臂、升降机等摄像辅助设备，要保证摄像机、辅助设备及拍摄人员的安全。

（七）综合运动镜头

综合运动摄像是指摄像机在一个镜头中把推、拉、移、跟、升降等各种运动摄像方式，不同程度地、有机地结合起来的拍摄。综合运动镜头因为综合了推、拉、摇、移、跟、升降等多种拍摄手法，为了实现良好的画面效果，导演和摄影在进行调度时要对各种情况进行充分而细致的规划。综合运动镜头的拍摄要点和操作如表 2－3－13 所示。

表 2－3－13　综合运动镜头的拍摄要点和操作

综合运动镜头的画面特征	综合运动镜头的作用	综合运动镜头的拍摄
（1）画面造型效果丰富而多变，引人入胜。 （2）综合展现被摄主体的各种运动状态和环境信息。	（1）营造活跃、生动的画面氛围，使叙事表达行云流水。 （2）形成多构图、多景别、多层次的“镜头内部蒙太奇”。 （3）画面结构多元，使表意多元化。	（1）虽然综合了多种运动镜头的方式，但是一般要求运镜平稳，除非有特殊的叙事情绪和节奏需要，比较长的镜头中，如果画面一直处于极不稳定和晃动的情况，会使观感大幅降低，令观众产生眩晕和不安感。 （2）镜头运动要和被摄主体的运动动势一致，符合情节发展和情绪变化的需要。 （3）在运动中要时刻关注对焦主体是否清晰，不要造成主体脱焦的现象，不然会影响画面质量，拍摄者也要谨防自己的影子进入画面中，导致画面穿帮，尤其注意避开镜子、反光较强的物体等。 （4）摄录人员要默契配合，协同动作，步调一致，比如升降机的控制，移、跟过程中话筒线的处理等，稍有失误就可能造成镜头运动不到位甚至绊倒摄像师等，越是复杂的场景，高质量的配合就越发显得重要。 （5）曝光处理得当，现场光线的强弱可能造成被摄主体忽明忽暗，拍摄前应先精心设计运动镜头路线，并采取补光等方式避免曝光误差。

学习情境 2.4

微电影的后期制作

学习情境背景

微电影的成败，除了与前期的拍摄有关，还与后期的剪辑和制作的技术支持密切相关。通过影视剪辑、后期制作，可以对前期拍摄的成果进行完善，经过导演的精心编排，能充分体现作品的内涵和表达的思想，从而在艺术层面上得到进一步的升华，让作品更有生命力。可以说，剪辑和后期制作，是微电影制作的核心，对作品质量的好坏起到重要作用，最能体现创作者的全方面素质。

微电影的后期制作需要经过粗剪、精剪、剪辑、配音配乐、特效包装、加字幕和片头片尾等过程，最后合成输出。本学习情境将对微电影的后期制作相关知识进行介绍，包括微电影的剪辑与蒙太奇、微电影的调色与包装、微电影的配音配乐等。

思维导图

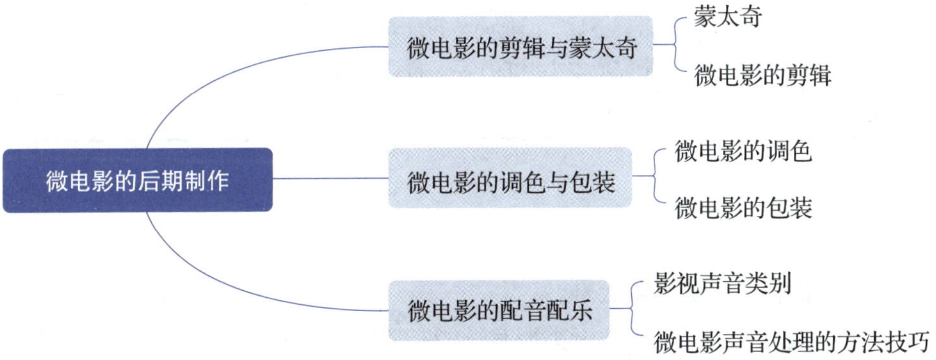

项目任务 2.4.1 微电影的剪辑与蒙太奇

项目任务书

微电影的剪辑与蒙太奇项目任务书如表 2－4－1 所示。

表 2－4－1 微电影的剪辑与蒙太奇项目任务书

组号		指导老师		日期	
组长		学号		任务活动时间	8 学时
任务导入	1. 请独立理解掌握知识加油站的内容，并将知识点进行总结归纳。请与你的邻座一起讨论，并接着在电脑上自行尝试理解各工作步骤，如果有不明白的地方请提出问题。请制定一个本地剪辑项目并进行合理命名（例如“剪辑版本 1”）。 2. 请先试着熟悉 Adobe Premiere Pro 2021 软件，将你是如何学习该软件的，以及你如何以最好的方法自学新软件的过程记录下来。对此请借助于辅助文章及软件的辅助功能进行学习。请练习软件剪辑的各项操作。				
任务实施步骤和主要工作内容	1. 每个学生根据本小组拍摄的微电影素材及剧本、脚本设计，筛选合适的图像和声音素材，并根据预先确定的标准选择素材。 2. 每个学生准备后期制作系统，以直观清晰的方式剪辑梳理项目。 3. 导出图像和声音素材，同步图像和声音材料。 4. 每个学生剪辑完成本小组的作品，再评选出效果最好的一个。				
总结 / 完成情况					

获取资讯

- 引导问题 1：什么是蒙太奇？
- 引导问题 2：常见的蒙太奇类型有哪些？功能分别是什么？
- 引导问题 3：微电影的剪辑流程是什么？
- 引导问题 4：微电影的剪辑原则有哪些？

工作实施

教师带领学生学习资料、收集信息，引导小组讨论、组间交流分享，控制每个活动环节的时长。

学生首先学习资料、收集信息，完成引导问题填写。再根据资料提供的软件学习步骤，进行剪辑操作。学生相互评价，记录任务完成情况。

评价反馈

根据各小组完成的微电影剪辑作品，交流分享，相互评价，并完成“项目任务评价表”。

知识加油站

微电影的剪辑与蒙太奇

微课视频同步看

蒙太奇的处理能为微电影带来更丰富的艺术效果，让影视语言叙事变得更有层次，融入思想内涵。

一、蒙太奇

蒙太奇作为影视艺术的基本表现手法，在影视创作中具有十分重要的作用。因此，影视从业者需要掌握、运用蒙太奇。

（一）蒙太奇的出现与发展

在电影诞生之初还没有蒙太奇语言，美国导演格里菲斯（图 2－4－1）在电影中运用大量的平行交叉、并列等手法，丰富和创造了电影的句法、语法，是蒙太奇的集大成者。20 世纪 20 年代，苏联电影大师爱森斯坦（图 2－4－2）、普多夫金、库里肖夫、维尔托夫等人吸收了格里菲斯和前人的电影语言经验，将实践上升为理论，形成确立了蒙太奇理论。

图 2－4－1　美国导演格里菲斯

图 2－4－2　苏联电影大师爱森斯坦

苏联蒙太奇理论在发展电影叙事手法方面也做出了极大的贡献。[①] 现代由于技术的发展，彩色、宽银幕、立体声等手段的出现，蒙太奇涌现了许多新的手法。

（二）蒙太奇的含义

蒙太奇（Montage），是建筑学上的法语词汇，原指“安装、组合、构成”，即根据设计图将建筑材料处理、组合、安装在一起，构成整体建筑，产生新的功能作用。电影艺术中的蒙太奇，是指按照剧本或影片主题，拍摄许多不同的镜头画面，然后把镜头按

① 邓烛非. 蒙太奇原理［M］. 北京：中国电影出版社，2019：2－12.

照构思有目的地、进行艺术处理地组接在一起，产生对比、联想、平行、交叉等各种节奏效果，从而组成一部完整影片的各种表现手法和形式结构。①

（三）蒙太奇的类型

蒙太奇是镜头的表意、剪辑、组接方式，具有叙事和表意两大功能，以功能划分，可以分为叙事蒙太奇、表现蒙太奇和理性蒙太奇。②具体的细分和功能特点如表 2-4-2 所示。

表 2-4-2 蒙太奇的类型及功能特点

类型划分		功能特点
功能类别	细分类别	
叙事蒙太奇（叙事功能）	平行蒙太奇	又称并列蒙太奇。两条或两条以上的情节线并列表现，分开叙事，最后统一在一个完整的情节结构中。或者两个以上的事件，相互穿插平行表现，揭示同一个主题。
	交叉蒙太奇	指两个以上同时、平等的动作和场景交替出现。用来制造悬念，烘托紧张氛围，加强矛盾冲突，调动观众情绪。惊险片、恐怖片和战争片常用此手法来营造惊险场面。
	重复蒙太奇	在开篇和结尾进行了一种呼应，比如开片与结尾出现同样的人物、动作、场景、台词，相互呼应，突出人物性格，深化主题。
	连续蒙太奇	以一条情节线索，按照事件的发展逻辑，脉络清晰、条理分明地连续叙事。这种手法叙事自然流畅、朴实清晰，容易理解。微电影中常用。
	颠倒蒙太奇	相当于小说等文学作品中的插叙或倒叙。先展现事件的当前状态，再介绍故事的始末，打乱顺序，设置悬念，避免平铺直叙。
表现蒙太奇（表意功能）	抒情蒙太奇	从不同角度描述事物本质含义，绘声绘色地渲染，用以抒发作者与人物的情感，通常表现超越剧情之上的思想情绪。一般采用在叙事中切入空镜的方法烘托。
	心理蒙太奇	常用于描写人物心理活动、精神状态，如表现人物的思索、梦境、幻觉、想象、回忆，甚至潜意识的活动。叙述节奏不连续且较跳跃，带有人物强烈的主观色彩。
	隐喻蒙太奇	将不同画面镜头组接，形成类比，突显不同事物间的某种类似特征，揭示事物的内在关系和深层含义，产生象征、暗示的作用。
	对比蒙太奇	通过镜头、场面、段落的对比变换，或者内容、形式、人物的变化对比，形成强调、冲突的效果。表现手法在内容上有贫与富、苦与乐、胜利与失败等设置，形式上有景别大小、角度俯仰、光线明暗、色彩冷暖等对比。
理性蒙太奇（表意功能）	杂耍蒙太奇	又称吸引力蒙太奇，为表达创作者某种抽象的思想和主题，使用与叙事情节、人物轨迹完全没有联系的画面镜头，形成视觉冲击力。
	反射蒙太奇	在剧情中插入与故事相关的画面，通过反射联想揭示深刻寓意。基本上脱离了连贯性叙事，让观众能清晰地感受导演的主观思想。
	思想蒙太奇	从新闻片中取材，运用真实事件的文献资料画面，进行镜头组接，具有逻辑性的叙事。只表现一系列思想，或被理智激发的情感。

① 傅正义. 影视剪辑编辑艺术［M］. 北京：中国传媒大学出版社，2017：59-63.
② 董从斌，赵鑫. 微电影创作［M］. 北京：中国传媒大学出版社，2016：78-80.

二、微电影的剪辑

（一）微电影的剪辑流程

剪辑是在拍摄基础上，以剧本、分镜头脚本为参考，结合导演意图，对影片素材进行的蒙太奇创作。

剪辑人员和导演根据剧本，进行深入讨论。使用场记单和分镜头脚本，来筛选整理素材，按照剧情的先后顺序，将对应画面组接，形成故事大纲，完成粗剪。

在此基础上，导演要和主创团队反复观看影片，决定剪辑修改意见，进行精细化调整。按照故事逻辑、蒙太奇手法，排列组合不同的画面、声音镜头，丰富故事层次，最终组接出完整的影片。

（二）微电影的剪辑原则

微电影与传统电影不同，整部影片更精巧，新媒体属性明显。剪辑可以让影片叙事节奏鲜明，又具有情感表现力，在操作时要遵循一定的原则。[①]

1. 人物在画面中的位置

（1）人物头顶与画幅边框的距离要合适，注意留白。涉及双人对话的场景，往右看的人物，右侧要注意留白，反之亦然。对话双方头顶与边框的距离也要相近，形成对视感、平视感，如图 2－4－3 中的⑤和⑥所示。

图 2－4－3 人物位置与边框距离示例

（2）避免画面构图错位。镜头中多余的线条、图形、符号容易误导观众，可能产生

① 罗伊·汤普森，克里斯托弗·J 鲍恩．剪辑的语法［M］．梁丽华，罗振宁，译．北京：北京联合出版公司，2017：101－158.

滑稽的效果，此类镜头最好不采用。如图 2-4-4 所示。

图 2-4-4 构图错位示例

（3）避免画幅边缘切掉人物脸部或者部分身体。画面中出现一半的人脸或者身体会影响剪辑的流畅度，并且影响镜头美感。如图 2-4-5 所示。

图 2-4-5 画面中出现一半的人脸或者身体示例

（4）单人镜头的切换，一般选择不同拍摄角度，不同景别的镜头。相同或相似景别、角度的镜头切换，给人以画面跳跃的感觉。如图 2-4-6 所示，①、②镜头的切换，产生快速切入推近的效果，在创新表达或营造特殊氛围时可以使用。③、④镜头的切换更加自然。

图 2-4-6 单人镜头的切换示例

2. 镜头的角度与轴线

（1）给单个人物特写时，选择脸部在画幅较中间位置，且占比较大的镜头。尽量避免使用侧面镜头，以免观众无法获取关键面部表情信息。如图 2-4-7 所示。

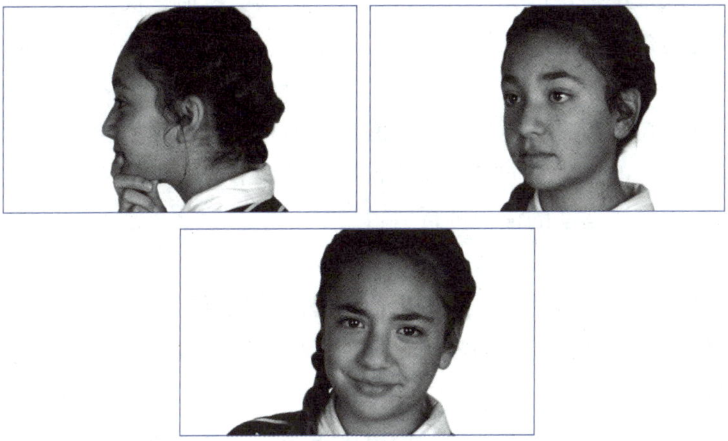

图 2-4-7 单个人物特写不同角度示例

（2）180 度轴线原则。在方向性较强的人物或物体的拍摄中，往往存在着一条假想的轴线，摄像机要在假想轴线的一侧，即 180 度以内设置机位，如图 2-4-8 所示。摄像机位置的变动范围，相邻机位的拍摄角度，都受轴线的制约。不越轴的机位设置，可以使观众获得正确的空间结构，否则会给后期剪辑工作造成困难。

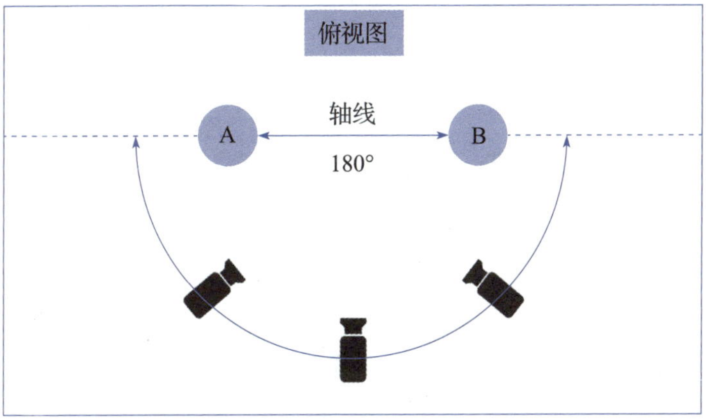

图 2-4-8 180 度轴线原则示例

3. 动作镜头剪辑注意

（1）剪辑起身动作镜头，要尽量使被摄对象的眼睛长时间保留在画面内。被摄对象的眼睛是观众注意力的自然聚焦点，特写镜头中眼睛在画面中的时长也要注意。

（2）拍摄动作的特写镜头，一般选择移动速度较慢时拍，这是因为特写镜头中的动作速度比远景镜头给人感觉上要快。

（3）物体在画面中移动的动线要一致。如果想表现 A 一直向前运动，一个镜头可以拍摄 A 从画面左侧移动到画面右侧，下一个镜头再接 A 从左往右。若下一个镜头接

A 从右往左移动，则给观众 A 在往回走的感觉。

4. 运动镜头的选择

（1）想要让影片中的人物、物体慢慢放大，或者离摄像机越来越近时，有推拉和变焦两种手法，一般采用推拉镜头，这更符合人眼的接受习惯，视觉效果流畅，变焦镜头则会影响画面的透视感。但是在新闻、综艺节目中，会用变焦镜头来放大被摄对象，以获取更多细节。

（2）剪辑推、拉、摇、移镜头，应从静止画面开始，也应从静止画面结束，要使用运动流畅、速度均匀的镜头。如果想营造特殊的镜头节奏，也可以选择变速运动，或者从运动接静止、静止接运动的镜头进行剪辑。

5. 声音剪辑的准则

（1）一般开场时，声音优先于画面出现，提前烘托氛围。

（2）影片结束时，注意音乐的收尾，常用音乐的结束段落。进行淡出处理。

6. 剪辑风格节奏处理

（1）剪辑节奏明快，叙事不拖沓。微电影主要在网络传播，由于受众的观看习惯偏碎片化，因而需要在短时间内抓住观众眼球。在保证影片叙事完整、情感层次有递进变化的前提下，微电影的剪辑节奏更明快、简单，风格更鲜明，容易给观众形成记忆点。

（2）微电影作为一种新形态影片，在剪辑上有着独特的风格。微电影一般在移动设备播放，屏幕较小，所以多采用近景、特写镜头，能拉进与观众的距离，更细腻地展示人物情感。一部分自发创作的微电影，也通常在剪辑风格上有所创新。

项目任务 2.4.2

微电影的调色与包装

项目任务书

微电影的调色与包装项目任务书如表 2－4－3 所示。

表 2－4－3　微电影的调色与包装项目任务书

<table>
<tr><td>组号</td><td></td><td>指导老师</td><td></td><td>日期</td><td></td></tr>
<tr><td>组长</td><td></td><td>学号</td><td></td><td>任务活动时间</td><td>8 学时</td></tr>
<tr><td>任务导入</td><td colspan="5">1. 了解图像质量的技术规范。
2. 根据测量仪器上的图像信号解读视频图像的技术质量。
3. 理解色彩校正工具的参数。
4. 以合理的顺序组合音像素材，注意设计原则。
5. 合理使用特效。
6. 根据技术规格校正图像质量。
7. 为录制视频调色，然后设置统一的调色参数。</td></tr>
<tr><td>任务实施步骤和主要工作内容</td><td colspan="5">1. 根据自己的喜好，给图 2－4－9、图 2－4－10、图 2－4－11、图 2－4－12 填色。

图 2－4－9　填色图像一</td></tr>
</table>

续表

任务实施步骤和主要工作内容	 图 2-4-10　填色图像二  图 2-4-11　填色图像三  图 2-4-12　填色图像四 2. 填完色后，同学之间相互交流，不同填涂，不同颜色、色调，带给你的不同感受。 3. 每个同学根据自己剪辑的微电影作品，进行调色。
总结 / 完成情况	

获取资讯

- 引导问题 1：不同色彩对人的心理会产生什么不同的影响？
- 引导问题 2：找一部经典电影的片段，对这个片段的影视色调进行分析。
- 引导问题 3：请举例分析微电影的调色要点。
- 引导问题 4：微电影包装设计中的常用软件有什么？
- 引导问题 5：微电影片头片尾中设计需要注意什么？

工作实施

教师带领学生学习资料、收集信息，引导小组讨论、组间交流分享，控制每个活动环节的时长。

学生首先学习资料、收集信息，完成引导问题填写。进行填色活动，再对微电影作品进行调色。学生相互评价，记录任务完成情况。

评价反馈

根据各小组完成的填色作品及微电影调色作品，进行交流分享，相互评价，并完成“项目任务评价表”。

知识加油站

微电影的调色与包装

微课视频同步看

一、微电影的调色

对于微电影来说，色彩的处理非常重要，不同的颜色能渲染出不同的氛围，也能使观众在观看时产生不同的情绪。

（一）色彩与心理影响

心理学家通过大量实验证明了不同色彩对人的心理会产生不同的影响。了解每种颜色对应的色彩情感，有助于后期工作者通过调整画面色彩更准确地传达影片的情绪。[①] 色彩与心理影响对应如表 2－4－4 所示。

表 2－4－4 色彩与心理影响对应表

颜色	对应的心理影响
白色	给人明亮、纯洁、神圣、高雅、冰雪、虚无等感觉，可以与其他鲜明的色彩搭配。
黑色	积极方面，可以表现高贵、庄重、严肃、低调、执着、坚毅等感觉；消极方面，能表现黑暗、恐惧、冷酷、悲痛、罪恶、神秘、压抑、沉默等情绪。
灰色	给人平淡、稳定、忧伤、高雅、含蓄、智慧、诚恳等感觉，不同深浅的灰色，有不同层次的解读。
红色	可以象征热情、激动、紧张、火焰、革命等，也可以表现危险、警告、暴力、血腥等情感。红色最容易引起人的注意，使人提高警觉。
橙色	象征热情、温和、喜庆、晨光、轻松、嫉妒、权力、诱惑等意象，给人亲切、坦率、开朗、健康的感觉。
黄色	最明亮、轻快的颜色，往往象征辉煌、财富、灿烂、荣耀、皇室、光辉、快乐、温馨等意象。

① 周振华. 视听语言［M］. 北京：中国传媒大学出版社，2013：53－54.

续表

颜色	对应的心理影响
绿色	自然界的代表色，象征生机、希望、春天、青春、活力、安全、平静、和平等意象。
蓝色	天空、大海的代表色，带给人们宁静、开阔、镇定、清凉等感觉。
紫色	可以表现高贵、华丽、优雅、严肃、神秘、浪漫、魅力等情感。

（二）影视色调分析

色调在造型艺术中指画面整体的色彩效果，各种色彩组成了影片中不同的明暗反差，不同的色度效果。色调可表示色彩审美的趣味，影响着艺术作品中的情绪效果。

按色相的不同，影片的色彩基调可分为蓝调、绿调、黄调等。

按明度分，有亮调、暗调。亮调给人以明朗、纯洁的感觉，暗调表示深沉、压抑感。

按饱和度划分，影片色调有高饱和度的浓调、低饱和度的淡调。

按照影像的对比程度分，有硬调和软调。硬调风格的影片一般明暗过渡突然、反差大、对比强烈。软调的明暗过渡舒缓、反差小，给人柔和、细腻的感觉。

按色性可将色调分为冷调、暖调、中间调。人们一般看到画面，会根据其中的色彩，联想到生活本身的冷暖情感。

在电影色彩处理中，可利用镜头画面色相、明暗度、饱和度、对比度、色性、冷暖等特色彩性，处理转换不同的情绪色调，并与其他造型因素、声音因素结合，表现出更为复杂的情绪含义。

（三）微电影调色要点

微电影拍摄时，镜头画面难免会出现各种各样的问题，后期调色可以修正影片色彩的问题或者瑕疵，从而提高画面质量，如图 2－4－13 和图 2－4－14 所示。

图 2－4－13　调色前效果图

图 2－4－14　调色后效果图

也可以用来调整构图。如果现场画面杂色太多，则可以通过调色，突出画面主体，让画面变得简单。也可以调整前后景的颜色、模糊程度，突出对比，可加大镜头的纵深感。①

微电影调色能为影片创造独有的风格，并且统一整体的风格、色调。前期拍摄时，可能由于天气、时间等原因，镜头画面的明暗程度、冷暖色调不尽相同。这时，可以通过调色来使镜头画面色彩风格相互匹配，减少跳跃感。

二、微电影的包装

微电影的包装对于影片起着画龙点睛的作用，不仅是美化点缀，更能为观众带来或震撼或新鲜的视觉体验。

（一）微电影包装常用软件

在微电影包装中，经常运用的软件有三类，如图 2－4－15 所示。每个软件各有优势，通常相互配合运作，来制作呈现最好的画面效果。②

项目任务 2.4.2

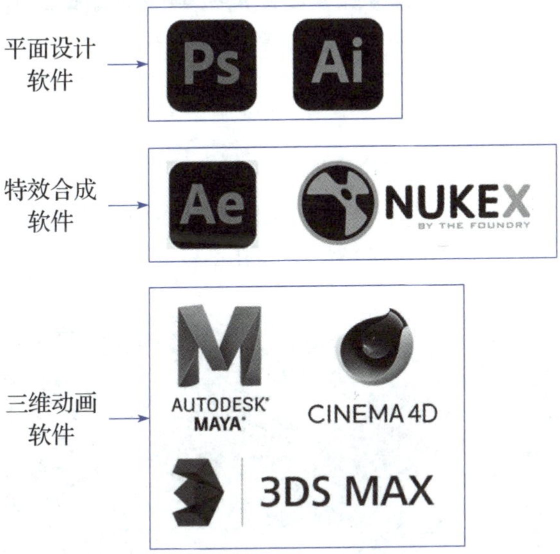

图 2－4－15　电影包装常用软件

一是平面设计类，如 Photoshop、Illustrator 等。用来进行图片编辑工作，能处理图像、图形、文字等素材。

二是后期特效合成类软件，有 After Effects、Nuke 等。After Effects 简称 AE，在影视包装领域运用最为广泛，Nuke 可以用来合成各种特效。

三是三维动画类软件，常用的有 3D Studio Max、Maya、C4D 等。这些软件能进行 3D 建模，制作三维动画，绘制建筑设计，为电影创建更丰富的虚拟场景，如图 2－4－16 所示。

① 齐青. 微电影制作［M］. 上海：上海科技教育出版社，2017：179－236.
② 孙茜芸，康玉东. 微电影创作教程［M］. 北京：中国传媒大学出版社，2016：103－127.

图 2-4-16　电影虚拟场景示例

（二）微电影片头设计

相对传统电影来说，微电影的片头时长较短，一般为 5 ～ 10 秒，设计简洁、风格鲜明，如图 2-4-17 所示。微电影开头需要在短时间内吸引观众注意，快速将观众带入剧情当中。可以先进入剧情，再通过简单的几个镜头引出片名淡入。

图 2-4-17　微电影片头示例

（三）影片字体设计

微电影片名通常采用为影片专门设计的字体，进行创意排版、变形，贴合影片的整体风格，为开篇奠定一定的基调。字体设计要简洁化处理，结合点、线、面打造风格鲜明的字体，还要把握字体间的逻辑，例如将片名的几个字联系成为一个整体，使其更具有设计感。

片头、片尾以及同期声、画面中的提示字幕都需要设计排版，统一风格。出色的字体设计可以烘托影片气氛，更吸引观众。这些字幕需要清晰易读，应该选择醒目的字体样式，设置合理的字号和行距，需要重点突出的可采用亮色处理，如图 2－4－18 所示。

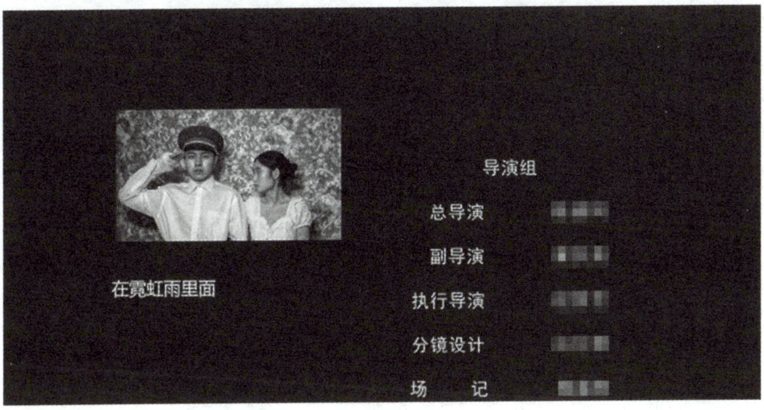

图 2－4－18 片尾字幕示例

项目任务 2.4.3

微电影的配音配乐

项目任务书

微电影的配音配乐项目任务书如表 2-4-5 所示。

表 2-4-5 微电影的配音配乐项目任务书

组号		指导老师		日期	
组长		学号		任务活动时间	4 学时
任务导入	1. 学生划分为 4 个小组。 2. 各小组分别前往 4 个不同的地点（例如，校门外、学校公园、教室……）。 3. 在那里停留至少 5 分钟，仔细听并有意识地观察。 4. 这个地方听起来怎么样？听到了哪些环境声音？ 5. 请做好笔记。 6. 自主学习知识加油站的影视声音类别、声音处理的方法技巧，画出思维导图。 7. 结合不同地点的声音笔记，列出不同类别的声音有哪些。(比如走路的脚步声、学生交谈的声音……）思考：如何收录影片需要的不同声音？				
总结 / 完成情况					

获取资讯

◇ 引导问题 1：影视声音的类型一般分为哪些部分？请分别列举，展开说明。

◇ 引导问题 2：微电影声音处理的方法有什么？

工作实施

教师带领学生学习资料、收集信息，引导小组讨论、组间交流分享，控制每个活动环节的时长。

学生首先学习资料、收集信息，完成引导问题填写和思维导图绘制。再根据资料提供的声音处理要点，进行声音编辑操作，最终输出微电影成片文件。学生相互评价，记录任务完成情况。

评价反馈

根据各小组完成的微电影的声音处理作品，及小组微电影成片，进行交流分享，相互评价，并完成“项目任务评价表”。

知识加油站 微电影的配音配乐

微课视频同步看

电影是画面与声音共同的艺术，微电影的声画同等重要，绝妙的声音处理能让影片大放异彩。

一、影视声音类别

影视作品中的声音根据声源特点，一般分为语言、音乐、音响三大类。[①] 这三类声音按照录制方式、功能作用，还有进一步细分，如表 2-4-6 所示。

表 2-4-6　影视声音类别及功能特点表

基本分类	详细分类	作用特点
语言	对白	属于画内音，指画面中人物的台词，是真实的声音。起到配合画面、交代剧情、推动叙事、塑造人物形象、展示人物性格、传达潜台词的丰富内涵等作用。
	独白	属于画外音，一般表现剧中人物的个人思想、情感、内心活动，表现形式可以是自言自语、演讲、祈祷、歌唱等。
	旁白	也是画外音，指以画外音形式出现的人物语言。解说词常见的旁白形式，具备叙事、抒情表意、衔接过渡、补充提示、提炼升华等。
音乐	配乐	是指影视音乐当中的无歌词、非歌曲的音乐，主要形式有器乐曲或无歌词的人声哼唱，包括主题音乐、场景音乐和背景音乐。
	歌曲	有旋律歌词。歌词使歌曲表意更直接和明晰，能够吸引观众的注意力。主要分为主题歌和插曲两种形式。
音响	写实性音响	指影片音响部分中真实存在并与剧情同步发生的声音，包括动作、自然、背景音响等，能够增强场景的真实性，交代故事发生的地点、环境，渲染画面气氛。
	写意性音响	指来自现实场景，但为达到戏剧效果而进行加工处理，产生变化的音响，能够表现人物的心境、情绪，表达某种象征或隐喻含义。
	超现实音响	指表现人物内心世界例如噩梦、梦境、幻觉、愿望等的声音，能够突破画面局限，扩展空间，增加画面的信息量。

① 张菁，关玲. 影视视听语言［M］. 北京：中国传媒大学出版社，2014：135－141.

二、微电影声音处理的方法技巧

（一）组建录音部门，明确分工

微电影制作需要组建一个录音部门或者安排专门的录音人员（见图 2－4－19），录音师与导演沟通，设计全剧的声音效果，再到拍摄场地了解录制条件，从而安排特定的录音器材。录音人员要分工明确，保证拍摄能有序进行。

图 2－4－19　拍摄现场的录音人员

（二）规范录音流程，确保声音质量

微电影录音可分为先期、同期、后期三阶段。先期录音，大多是微电影的唱段和乐段，按照音乐的旋律和唱词与画面组合。同期录音，一般是与画面同步的对白和音响效果，和相应的画面同时剪辑。后期录音工作分为三个部分，包括录制对白、录制音响效果、录制音乐。录音师要在导演的整体艺术指导下，确定影片的声音构成。

（三）后期声画处理要和谐，富有艺术性

后期制作声音是特别重要的部分，画面要对位的声音剪辑，台词和画面同步剪切的，如果要替换台词，可以将声音和画面分离，再换上合适的台词音频。调音师要调整剪辑点的声音，将声音接点处理得流畅。还需制作环境声音、音乐动效，加入配音，最后完成音轨合成。整体组接声画要和谐，也可以做一些特殊处理，使影片更具艺术效果。

学习情境 2.5

微电影的传播策略

学习情境背景

微电影在网络环境和新媒体平台上的广泛传播，让人们时时处处都可以享受微电影带来的丰富信息与艺术冲击，给人们带来视觉上的盛宴。新的媒体环境，新的传播平台，让微电影这种崭新的传媒产品具有了强大的生命活力。本学习情境将对微电影的传播与推广相关知识进行介绍，包括了解微电影的传播渠道与推广策略。

思维导图

- 微电影的传播策略
  - 微电影的传播与推广
    - 微电影的传播渠道
    - 微电影的推广策略

项目任务 2.5.1

微电影的传播与推广

项目任务书

微电影的传播与推广项目任务书如表 2-5-1 所示。

表 2-5-1　微电影的传播与推广项目任务书

组号		指导老师		日期	
组长		学号		任务活动时间	4 学时
任务导入	1. 阅读微电影传播相关知识点。 2. 选择符合本组微电影内容传播的视频平台，上传本组完成的微电影，完善视频的传播信息，如标题、内容简介、封面截图等。 3. 上线一周后，统计播放量、点赞量、评论量。 4. 各组汇报微电影传播情况。				
任务实施步骤和主要工作内容	1. 对不同平台与电影相关的新媒体账号的内容、特点进行汇总分析。选择 3 ～ 5 个平台，每个平台至少 5 个相关内容的账号。 2. 做成 PPT，每个同学进行展示汇报。 3. PPT 要求清晰美观，有条理，内容直观，分析全面。 4. 完成本小组的微电影作品上传、发布、推广，维护至少 2 周时间，总结数据，进行汇报。				
总结 / 完成情况					

获取资讯

◇ 引导问题 1：微电影传播渠道有哪些？

◇ 引导问题 2：微电影的传播特点是什么？

◇ 引导问题 3：微电影的传播方式有什么？

工作实施

教师带领学生学习资料、收集信息，引导小组讨论、组间交流分享，控制每个活动环节的时长。

学生首先学习资料、收集信息，完成引导问题填写。选择符合本组微电影内容传播的视频平台，上传本组完成的微电影，完善视频的传播信息，如标题、内容简介、封面截图等。上线一周后，统计播放量、点赞量、评论量。各组汇报微电影传播情况，记录任务完成情况。

评价反馈

根据各小组完成的微电影作品播放量、点赞量、评论量等数据，进行交流分享，相互评价，并完成“项目任务评价表”。

知识加油站

微电影的传播与推广

微课视频同步看

一、微电影的传播渠道

微电影在网络环境和新媒体平台上的广泛传播，新的媒体环境、传播平台，让微电影具有了强大的生命活力，给微电影的传播提供了广阔空间。微电影的发布平台与传播渠道主要有视频平台和社交平台。

（一）视频平台

伴随着国外视频网站优兔（YouTube）的成立，我国的优酷视频、腾讯视频、爱奇艺等视频网站也纷纷上线，为受众提供了丰富的视频资源。视频平台提供的视频类型繁多，流量大，用户可以随时随地观看，满足了受众的个性化需求。

（二）社交平台

社交媒体在微电影的传播中起到了至关重要的作用。社交平台用户数量庞大，互动性和参与性较强，用户黏性较高。微电影可以在社交平台进行营销活动，引导用户点赞、评论、转载、分享，通过微博、微信等社交网络，扩大影片的影响力。社交平台交互传播如图 2－5－1 所示。

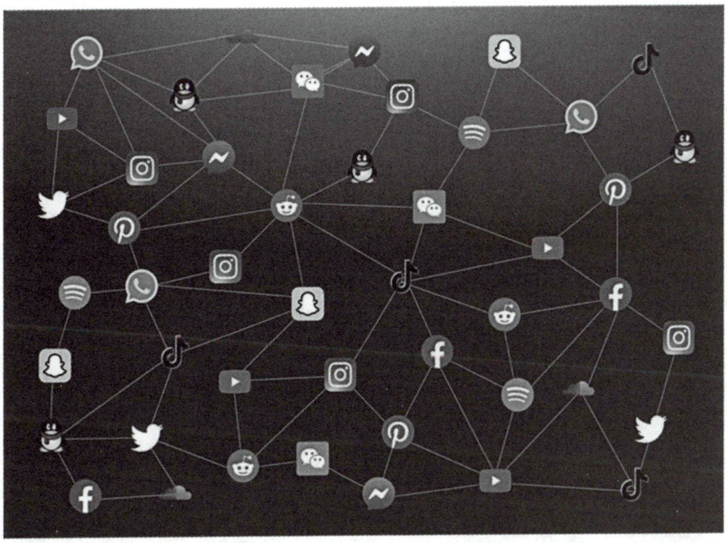

图 2－5－1　社交平台交互传播

二、微电影的推广策略

微电影可以通过不同的营销手段、推广方式，得到更好的传播，从而吸引更多用户观看。常用的运营推广方式有以下几种：①

（1）物料推广策略。在新媒体营销中，物料是指与作品相关的文案、海报、预告片、广告片等图文视频资料。物料一般涉及作品的风格、细节、角色、剧情等信息，通过微博、各类软件开屏广告、视频平台焦点图推荐位等渠道分发和推送出去，可以使用户多方位了解作品。

（2）口碑营销策略。将来自不同角度的用户评价进行收集归纳，形成口碑影响，通过用户真实的评价来打动更多的受众。

（3）话题营销策略。在推广微电影时，可以借助网友关注的话题，进一步引发讨论。制造热搜，扩大话题的影响力，从而吸引更多人观看影片。

① 靳斌. 新媒体视听作品制作与运营［M］. 北京：中国国际广播出版社，2020：340－355.

学习领域 3

微纪录片制作

学习情境 3.1　纪录片基础

学习情境 3.2　微纪录片的前期准备

学习情境 3.3　微纪录片的拍摄

学习情境 3.4　微纪录片的后期制作

学习领域设计

一、学习领域描述

近些年网络、手机等流媒体迅猛发展，文化市场需要大量的短片影像，微纪录片随之出现。网络时代微纪录片与传统电视纪录片不同，拍摄方式多样，制作周期短，人人都可以是记录者、参与者。

2010年国家广电总局颁发了《关于加快纪录片产业发展的若干意见》，纪录片创作得到国家政策的支持，新兴媒体视频平台、社交平台的发展，影响着人们的记录、分享、交流的习惯，纪录片的概念和形态发生了变化，微纪录片应运而生。①

“微纪录片制作”是一门基于制作微纪录片的过程开发出来的学习领域课程，是数字媒体技术、影视多媒体技术、摄影摄像技术等专业的专业核心课程。

适用专业：数字媒体技术、影视多媒体技术、摄影摄像技术等。

开始时间：第二学期

建议课时：72学时

二、学习情境及项目任务设计

新兴媒体的兴起，拓展了传播的渠道和平台，降低了内容生产的门槛，纪录片的创作也发生了深刻的变革，出现了新的纪录片样式——微纪录片。微纪录片可以记录身边的故事、再现生活的场景、表达内在的情感，越来越多的年轻人加入了纪录片创作者的行列，全民都可以参与、制作、发布微纪录片。

本学习领域从微纪录片的主要制作流程入手，分为四个学习情境，即纪录片基础、微纪录片的前期准备、微纪录片的拍摄、微纪录片的后期制作。工作学习情境结合案例分析，加以相关实训，使学习者在微纪录片制作的过程中，全面掌握微纪录片策划提案、现场拍摄、后期编辑等能力，从而提高综合职业素养。

学习情境及项目任务设计如表3－0－1所示。

表3－0－1 “学习领域3 微纪录片制作”学习情境及项目任务设计

序号	学习情境	学习情境内容	学时
1	纪录片基础	1. 纪录片的起源与发展（6学时） 2. 微纪录片的概念、特点与类型（6学时）	12
2	微纪录片的前期准备	1. 微纪录片的选题、资料搜集与调研（8学时） 2. 微纪录片的导演阐述、策划案与提案（8学时）	16

① 焦道利. 媒介融合背景下微纪录片的生存与发展［J］. 现代传播，2015（7）：107－111.

续表

序号	学习情境	学习情境内容	学时
3	微纪录片的拍摄	1. 小高清摄像机的实操技术（8 学时） 2. 小高清摄像机的手持操作（8 学时） 3. 小高清摄像机的现场收音（8 学时）	24
4	微纪录片的后期制作	1. 微纪录片的解说词撰写（8 学时） 2. 微纪录片的声画编辑（12 学时）	20

三、课程学习目标

在微纪录片制作实践中，学生能够运用所学的技巧，通过自我探究、团队合作等方式，制作出原创的微纪录片作品，并通过自我策划发布成果，得到一定范围内观众的认可。通过学习微纪录片相关理论，学生能够全方位、系统了解微电影，并对微纪录片这一新兴艺术形式产生浓厚的兴趣；在整个课程学习之后，学生的兴趣特长得到一定的巩固和发扬，审美鉴赏能力、动手实践能力得到一定的发展，人文素养和科学素质得到潜移默化的提升。如表 3－0－2 所示。

表 3－0－2 “学习领域 3 微纪录片制作”学习目标

知识目标	能力目标	素养目标
1. 了解微纪录片的概念及类型。 2. 熟悉微纪录片制作的前期准备工作。 3. 掌握微纪录片现场拍摄、后期编辑、宣传推广的方法及技巧。	1. 能够组织微纪录片制作的团队。 2. 能够进行微纪录片剧本、脚本制作。 3. 能够拍摄录制、剪辑包装、推广微纪录片。	1. 树立正确的人生观、价值观，塑造良好人格，实现纪录片创作与中国优秀传统文化的协同育人。 2. 将中华优秀传统文化与思政教育有效融合，使大学生在接受中华优秀传统文化教育的同时提高自身思想道德素质。 3. 培养学生的文化自信、家国情怀、人文涵养，从而自觉肩负起传播传统文化的责任和使命。

四、课程思政元素

微纪录片制作是新媒体视频节目制作的重要一环，影视从业者、纪录片爱好者可以根据自己的兴趣选择选题，随时随地拍摄记录，再通过便携的移动设备进行后期编辑制作，最后发布在视频平台及社交平台。

纪录片并不是单纯意义上的艺术品，而是具有社会意义的文化传播载体[①]。近些年来，出现了大量与现实问题紧密联系的系列纪录片，如《中国医生》等。这些纪录片从社会焦点出发，展现了中国的热点问题。将这类纪录片案例引入，有助于学生全面地观察中国，了解世界，体悟人生。还有许多涉及历史、美学、地理的纪录片，比如《如果国宝会说话》《我在故宫修文物》《航拍中国》等。通过解析这些纪录片，既可以增加学

① 聂欣如. 关于“先锋纪录片”的四个问题［J］. 未来传播，2019（5）：89－95，126.

生的知识储备，又可以提升审美素质、陶冶情操。[①]“学习领域 3　微纪录片制作”的思政元素融入如图 3－0－1 所示。

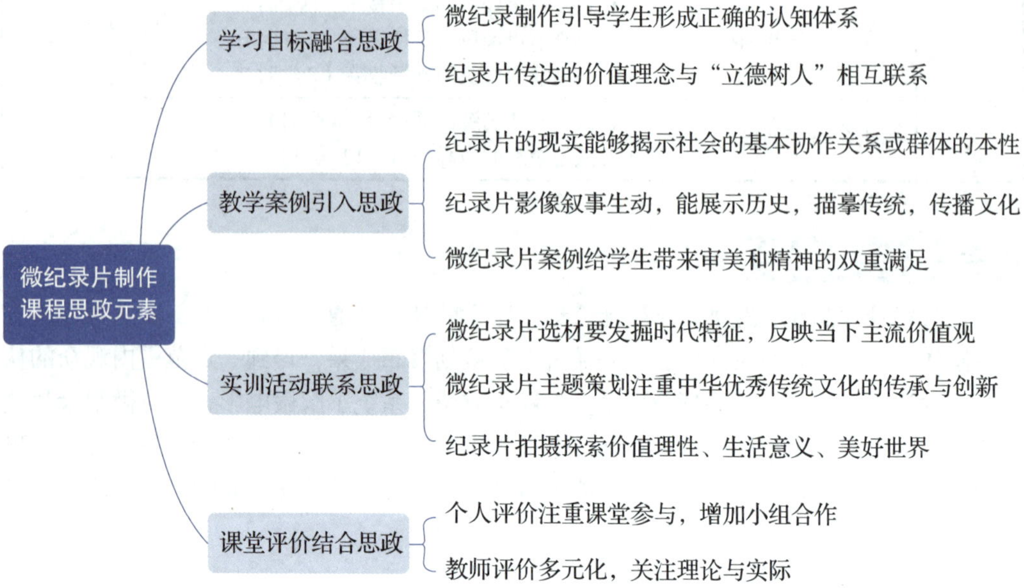

图 3－0－1　“学习领域 3　微纪录片制作”的思政元素

五、学习形式与方法

强调以学生为主体，重视教师引导者、监督者和评价者的作用，在课前、课中、课后采用学习情境驱动、情景教学、案例分析等教学方法，完成微纪录片制作的教学重点，突破教学难点。

六、学业评价

学业评价主要用于教师对学生每个学习情境完成情况进行评价，每个学习情境在本课程中的权重不同。课程学业评价如表 3－0－3 所示。

表 3－0－3　“学习领域 3　微纪录片制作”学业评价

学号	姓名	学习情境 3.1		学习情境 3.2		学习情境 3.3		学习情境 3.4		总评
		分值	比例（20%）	分值	比例（20%）	分值	比例（30%）	分值	比例（30%）	

① 冯蕾，张文风. 纪录片通识课程与高校“思政课”对接的逻辑与策略［J］. 时代报告，2020（9）：166－168.

七、教学资源

本学习领域提供了丰富的配套资源，包括微课视频、PPT 课件、教学大纲等。读者可扫下列二维码观看微课视频。

微课视频同步看

学习情境 3.1

纪录片基础

学习情境背景

以互联网和移动智能终端为代表的新媒体的发展，不仅创新了影像传播的平台，更催生了影像创作新形式。微电影、微纪录片、Vlog 等新的影像形式为新媒体而生，为新媒体而传，篇幅上不仅更短小精悍，在创作上和传播中也显现出与传统影像作品不同的特质。

本学习情境将对纪录片基础的相关知识进行介绍，包括纪录片的起源与发展，微纪录片的概念、特点与类型。

思维导图

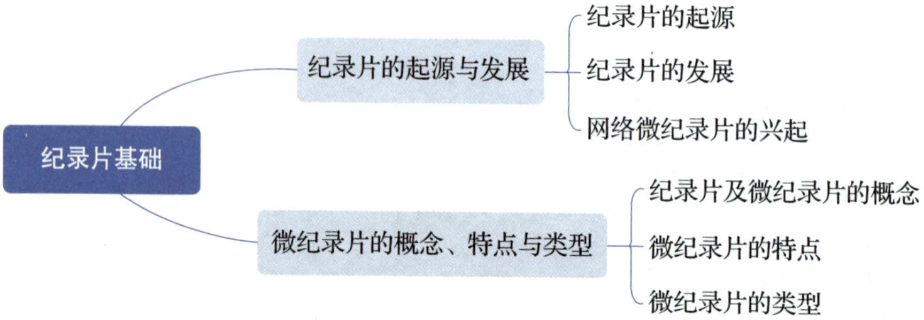

项目任务 3.1.1

纪录片的起源与发展

项目任务书

纪录片的起源与发展项目任务书如表 3-1-1 所示。

表 3-1-1 纪录片的起源与发展项目任务书

组号		指导老师		日期	
组长		学号		任务活动时间	6 学时
任务导入	1. 观看鉴赏《火车进站》《工厂大门》《水浇园丁》《北方的纳努克》《持摄影机的人》《漂网渔船》《开荒之犁》《话说长江》《望长城》《故宫》《圆明园》《舌尖上的中国》《风味人间》《早餐中国》等纪录片。 2. 阅读资料，根据思考题，归纳重点。 3. 以文字形式列出重点。				
任务实施步骤和主要工作内容	1. 根据“拉片分析表”分析纪录片《北方的纳努克》，包括图像画面、声音（音效、音乐）、构图景别、转场、摄影机运动、文字（故事板）等要素。 2. 拍摄“弗哈拉迪”式影片，时长 4 分钟左右。用固定镜头拍摄，主题自选，不需要同期声，后期用音乐伴奏。用三脚架拍摄（无三脚架镜头放置在固定处），不使用变焦，不移动镜头。 3. 操作步骤。 前期 （1）绘制建筑平面图、机位图，及每个场景的分镜头脚本（故事板），也可绘制人物线条画。 （2）在固定画面内排练人物动作，拆解动作。策划不同角度及拍摄景别，改变摄影机高度，用不同的焦距，通过剪辑来体现人物、事件、故事经过等要素，力求画面多样性。 拍摄 （3）指导拍摄对象做熟悉的动作。可以根据拍摄对象的情况，给其安排一些能集中注意力的脑力或体力工作。 （4）出于拍摄需要，可让拍摄对象动作慢一些、重复几遍等。 （5）视线镜头、近景镜头、拍摄对象反应镜头、特写镜头、空镜头、镜头切换等都要到位。 （6）用主要动作的多景别镜头做叠化处理，以便动作与剪辑能精确对应。 后期 （7）可选用黑白电影效果，去除颜色并调整对比度。				

续表

任务实施步骤和主要工作内容	小提示： （1）拍的既不是默片、黑白电影，也不是伪纪录片，影片中可以穿插字幕。 （2）使用三脚架拍摄，使用固定画面，不使用变焦，也不移动摄影机。 （3）无论何种情况均无声拍摄。 （4）后期如愿意可使用淡入淡出效果，但不使用慢动作或快动作。 （5）画面与音乐匹配，但不使用人声。 小提示 模仿弗哈拉迪的记录形式，主题选择对主要人物有挑战、突破、矛盾点的事件。用静态画面确定拍摄位置，指导扮演中的拍摄对象，如《北方的纳努克》中的狩猎、捕鱼及教学镜头。加上音乐和字幕。主题示例："非遗"手工艺人制作传统工艺品；拍摄精心化妆或做发型的各个步骤；制作一道菜肴的过程等。
总结 / 完成情况	

获取资讯

- 引导问题 1：请简单描述纪录片的起源。
- 引导问题 2：哪一部影片象征着纪录片的诞生？
- 引导问题 3：苏联"电影眼睛"理论是指什么？
- 引导问题 4：英国"纪录电影运动"的代表事件有什么？
- 引导问题 5：纪录电影"三巨匠"是谁？他们的代表作分别是什么？
- 引导问题 6：请简单描述纪录片在我国的发展。

工作实施

教师带领学生学习资料、收集信息，引导小组讨论、组间交流分享，控制每个活动环节的时长。

学生首先学习资料，观看鉴赏相关纪录片视频。完成引导问题填写。根据附录"拉片分析表"分析纪录片《北方的纳努克》。每人拍摄一部 4 分钟左右的"弗哈拉迪"式影片。播放每个学生的作品，相互评价，记录任务完成情况。

评价反馈

根据引导问题填写、纪录片《北方的纳努克》拉片分析、"弗哈拉迪"式影片的拍摄情况进行交流分享，相互评价，完成"项目任务评价表"。

知识加油站

纪录片的起源与发展

微课视频同步看

一、纪录片的起源

（一）电影的出现

1895 年 12 月 28 日，世界上第一部电影《火车进站》在法国放映，由卢米埃尔兄弟拍摄，记录了车站的日常一景，场景如图 3－1－1 所示。同年还放映了《工厂大门》《水浇园丁》等短片故事，这些影片都没有经过剪辑，摄影机也未移动。

图 3－1－1　电影《火车进站》场景

（二）纪录片的诞生

1895 年到 1920 年间，出现了大量的新闻性影片。直到 1922 年，罗伯特·弗拉哈迪（Robert Flaherty）拍出《北方的纳努克》（Nanook of the North），以参与式的拍摄手法记录了因纽特人纳努克一家的生活日常，并用讲故事的叙事结构剪接成整个影片。图 3－1－2 为《北方的纳努克》影片海报，图 3－1－3 为纳努克人物形象。弗拉哈迪由此成为真正意义上的纪录片开创者，《北方的纳努克》也被视为世界上第一部真正可以称为纪录片的经典之作。①

图 3－1－2　《北方的纳努克》影片海报

---

① 赵鑫，刘峰，冯春燕. 纪录片创作实用教程［M］. 北京：中国传媒大学出版社，2019：3－5.

项目任务 3.1.1

图 3－1－3　纳努克人物形象

（三）纪录片概念的提出

“纪录片”（Documentary）一词于 20 世纪 20 年代由英国社会学家约翰·格里尔逊提出，用以评论弗拉哈迪的《摩拉湾》（Moana，1926）。格里尔逊对“纪录片”一词作出了这样的解释：纪录片是“对现实的创造性处理”，“纪录片是指故事片以外的所有影片，纪录片的概念是与故事片相对而言的，因为故事片是对现实的虚构、表演或再构成”。图 3－1－4 中右一为约翰·格里尔逊。

图 3－1－4

二、纪录片的发展

（一）苏联“电影眼睛”理论

1917 年之后，吉加·维尔托夫（Dziga Vertov）剪辑放映了大量新闻片。发现剪辑与摄影技术的组合变化，可以影响观众观看反应，于是他提出了“电影眼睛”（Kino-eye）理论。维尔托夫在 1929 年拍摄上映的《持摄影机的人》（如图 3－1－5 所示）中，首次使用了二次曝光、快进、慢动作、画面定格、跳跃剪辑、画面分割等前卫剪辑手法，采用了仰角、特写、推拉镜头等新颖的拍摄手法，并制作了一段定格动画，具有里程碑的意义。

图 3-1-5 《持摄影机的人》场景一

（二）英国“纪录电影运动”

英国的约翰·格里尔逊受弗哈拉迪纪录电影的影响，呼吁影片要面向现实生活，关注社会问题。格里尔逊在 1927 年拍摄了纪录片《漂网渔船》，形象地表现了现代绯鱼捕捞技术，成为英国“纪录电影”的开山之作。

（三）美国纪录电影新风

图 3-1-6 佩尔·洛伦兹

20 世纪 30 年代，美国经济大萧条加剧了社会矛盾，推动了纪录电影关注社会现实。美国电影评论家佩尔·洛伦兹（Pare Lorentz，图 3-1-6），1935 年拍摄完成纪录片《开荒之犁》，1937 年拍摄了纪录片《河流》，都深入探讨了环境问题，具有强烈的艺术震撼力。

（四）从先锋电影到现实主义

20 世纪 20 至 30 年代，纪录片的各种学派快速发展，不少也很快消失。

先锋派电影盛行于法国、德国，被称为抽象电影，与超现实主义、表现主义和实验电影同属一个体系。代表作有《一条安达鲁狗》《车轮》《机器舞蹈》等，奉行无理性、无情节、无人物性格，却又体现整体电影的技巧和感染力。

（五）直接电影与真实电影

20 世纪 50 年代至 60 年代，直接电影流派在美国诞生。代表人物有罗伯特·德鲁（Robert Drew）和理查德·利科克（Richard Leacock），他们在 1960 年拍摄了纪录片《初选》，采用手持跟踪拍摄的手法，观察记录了美国民主候选人产生的过程。

真实电影流派在 20 世纪 60 年代初诞生于法国。真实电影会延伸到一种无所不包的自发性拍摄，现在又称为参与式电影，它强调经由有意义的参与，才能获得真实，参与包括在镜头前或镜头后。

（六）中国纪录片的发展

我国纪录片经历了起步、初步兴起、繁荣发展等阶段。早在 1911 年，戏剧工作者朱连奎、夏月润等人组织拍摄了《武汉之战》和《上海之战》两部新闻纪录片。20 世纪 30 年代，民营电影公司拍摄了《上海抗日血战史》《十九路军抗日战史》等纪录片。

1958 年 5 月 1 日，北京电视台开播，当天播出了中央新闻纪录电影制片厂的纪录片《到农村去》。

20 世纪 70 年代末开始，改革开放带来纪录片艺术的兴旺景象，其中影响最大的是《话说长江》(如图 3－1－7 所示）和《望长城》。

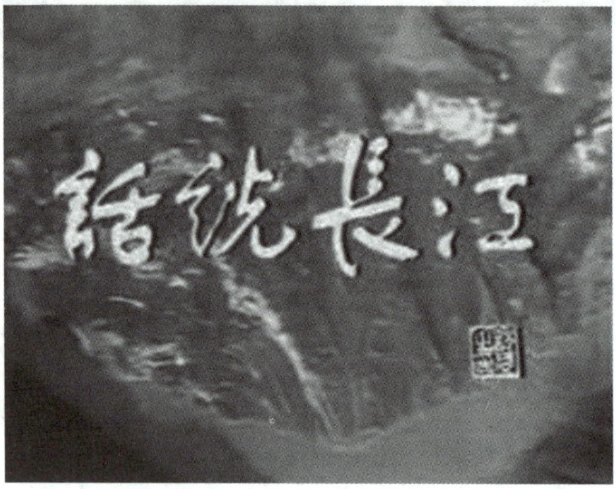

图 3－1－7

进入 21 世纪，大型人文史学类纪录片大量涌现，如《圆明园》(如图 3－1－8 所示)、《新丝绸之路》、《再说长江》、《故宫》(如图 3－1－9 所示）等经典作品，再到美食纪录片《舌尖上的中国》的火爆，显示了我国纪录片发展的兴旺景象。

图 3－1－8

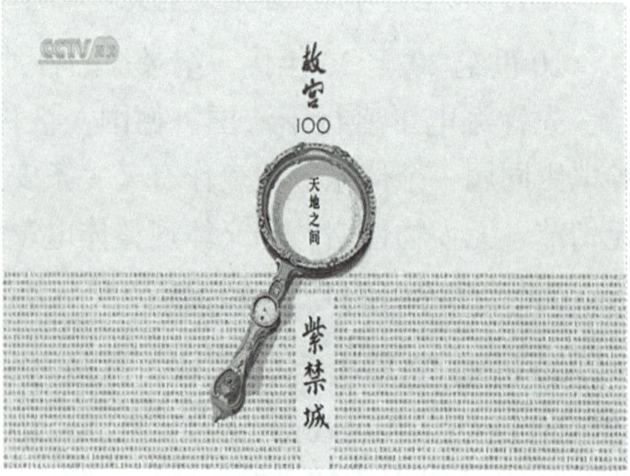

图 3－1－9

三、网络微纪录片的兴起

初期阶段，随着移动拍摄设备的普及和多元化，纪录片从原来精英群体逐渐向草根普通老百姓过渡，每一个人都可以将自己拍摄的视频片段上传到网络。

2010 年，凤凰网上推出了微纪录片频道，随后央视网、搜狐、优酷、腾讯等视频平台也先后上线了纪录片频道，如图 3－1－10 所示，满足了用户对纪录片拍摄、上传、观看等需求，微纪录片得到了很好的发展。

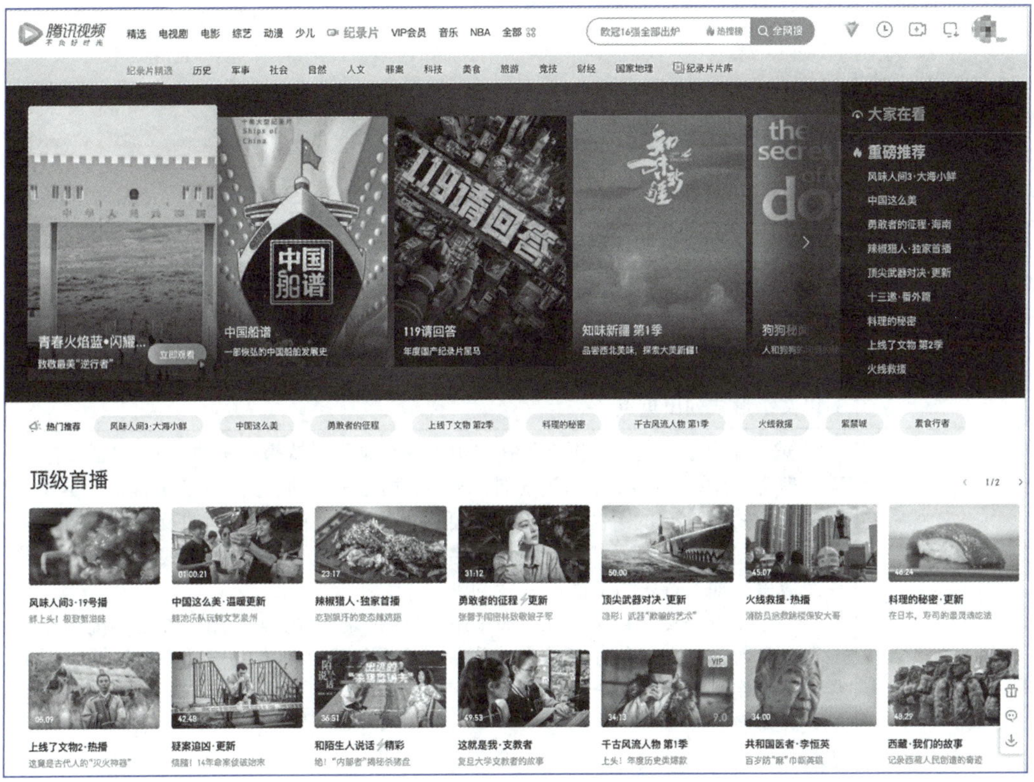

图 3－1－10　视频平台的纪录片频道

近些年，腾讯视频、爱奇艺等视频平台自制了大量高质量的微纪录片，如《风味人间》《早餐中国》等，短小精悍，故事动人，获得了不错的口碑反馈。微纪录片也进入了繁荣时期。

项目任务 3.1.2

微纪录片的概念、特点与类型

项目任务书

微纪录片的概念、特点与类型项目任务书如表 3－1－2 所示。

表 3－1－2 微纪录片的概念、特点与类型项目任务书

组号		指导老师		日期	
组长		学号		任务活动时间	6 学时
任务导入	1. 观看鉴赏不同类型的纪录片、微纪录片案例。 2. 阅读资料，根据思考题，归纳重点。 3. 以文字形式列出重点。				
任务实施步骤和主要工作内容	1. 根据“拉片分析表”分析维尔托夫拍摄的纪录片《持摄影机的人》，包括图像画面、声音（音效、音乐）、构图景别、转场、摄影机运动、文字（故事板）等要素。 2. 按观察式蒙太奇的手法拍摄有许多活动的场地，特别关注运动及银幕方向，尽可能变换摄影机高度及机位。该类影片旨在捕捉活动的气氛和方式，而不是只讲一个故事。加上音乐和字幕。 3. 找一个情况较复杂的大场景（如车站、公园、游乐场等），用多种变换镜头拍摄一部 4 分钟左右的“维尔托夫”式影片，主题自选，不需要同期声，后期用音乐伴奏。只用三脚架拍摄全景；其余镜头手持拍摄。 4. 操作步骤。 前期 （1）花点时间做拍摄场地观察并记录拍摄内容及方法。 （2）把笔记整理成剧本，从而有助于拍摄前理清思绪。揭示同时发生的多类活动的不同阶段。 拍摄 （3）只用三脚架拍摄全景，其余镜头手持拍摄。 （4）集中精力捕捉动作并有意义地用好摄影机移动。 （5）注意拍摄定位镜头。 （6）尝试在同一幅画面内并置不同活动，活动可没有相互关联性。 后期 （7）可选用黑白电影效果，去除颜色并调整对比度。 （8）编辑过程中仔细听节奏，并注意音乐过渡。 小提示： （1）全景用三脚架拍摄，其余手持拍摄。 （2）不使用变焦。 （3）无论何种情况均无声拍摄。 （4）后期应使用光学设备，并使用慢动作或快动作。 （5）画面与音乐匹配，但不使用人声。				

续表

任务实施步骤和主要工作内容	**小提示** 要尝试捕捉拍摄场地及活动的精神面貌，并尽你所能赋予上述场地及活动以特质，就像你在参观天安门广场等具有历史意义、文化意义的地方一样。主题示例：学校大门口、食堂门口、教学楼门口等；人流比较多的公园；户外的节日活动、演出等。
总结 / 完成情况	

获取资讯

- 引导问题 1：微纪录片一般指什么？
- 引导问题 2：纪录片的主要特点有哪些？
- 引导问题 3：微纪录片的特点有什么？
- 引导问题 4：微纪录片的常见类型有哪些？
- 引导问题 5：历史文化纪录片的案例有什么？
- 引导问题 6：社会现实纪录片的定义是什么？

工作实施

教师带领学生学习资料、收集信息，引导小组讨论、组间交流分享，控制每个活动环节的时长。

学生首先学习资料，观看鉴赏相关纪录片视频。完成引导问题填写。根据“拉片分析表”分析纪录片《持摄影机的人》。每人拍摄一部 4 分钟左右的“维尔托夫”式影片。播放每个学生的作品，相互评价，记录任务完成情况。

评价反馈

根据引导问题填写、纪录片《持摄影机的人》拉片分析、“维尔托夫”式影片的拍摄情况进行交流分享，相互评价，完成“项目任务评价表”。

知识加油站

微纪录片的概念、特点与类型

微课视频同步看

一、纪录片及微纪录片的概念

（一）纪录片是什么

纪录片的创作在不断的发展之中，各种概念也层出不穷。一般认为，纪录片是一种以纪实为基本，非虚构的叙事影片样式，具有认知和娱乐功能，并区别于文献档案片和剧情片。[1] 如《舌尖上的中国》，如图 3－1－11 所示。

（二）微纪录片的概念

微纪录片一般在电视、网络、手机等媒体渠道传播，时长 1～25 分钟，以真实生活、事件、人物为创作素材，并对其进行艺术的加工与展现的影片形式。如《风味人间》，如图 3－1－12 所示。

图 3－1－11

图 3－1－12

二、微纪录片的特点

微纪录片由传统纪录片发展而来，具有传统纪录片所有的特性和特点。

（一）客观真实性

真实性是纪录片的本质属性。纪录片能真实地反映历史和现实，真实客观地记录真人、真物、真事。

（二）人文艺术性

纪录片与新闻片相区别，具有审美价值，是经过艺术加工的真实故事。能够打动观众，与观众产生共鸣。肩负起引导人们关切社会问题、关注弱势群体、探究人类发展走向的历史使命。

（三）历史文献性

纪录片是一种以影像为载体、以纪实为手段，具有历史价值和研究价值的视听资料。把现在的事记录下来，可以成为将来的历史文献资料。

（四）新媒体特性

微纪录片通常在新媒体平台传播，因此具有新媒体的相关特性，例如网络美食纪录片《早餐中国》，如图 3－1－13 所示。微纪录片时长较短，符合互联网环境下受众更愿意接受碎片化信息的特点。在短时间内要将记录的内容表现得精彩，因此微

图 3－1－13

① 聂欣如. 纪录片研究［M］. 上海：复旦大学出版社，2010：219－224.

纪录片的选材切入点较小。与传统纪录片宏大的视角和故事结构相比，微纪录片的叙事结构也比较简单、清晰。另外，微纪录片的节奏更快一些。由于微纪录片主要在网络传播，信息获取速度快，创作者可以结合热点事件，快速进行拍摄、制作、上传，传播速度也很快。因此微纪录片具有时长短、制作周期短，切入点小、投入小，节奏快、传播快等新媒体视频的特性。

三、微纪录片的类型

微纪录片和传统纪录片主要区别于传播平台、时长、拍摄方式和内容主题，类型相似，因此，微纪录片类型划分基于传统纪录片类别。根据题材的不同，微纪录片可分为社会人文类微纪录片和自然科技类微纪录片两个大类。两个大类下又有若干不同的子类。常见的类型有以下几种。

（一）新闻类微纪录片

新闻类微纪录片指的是以微纪录片的形式对新近发生的有新闻价值的人物或事件进行有过程性的记录和反映。它兼具新闻和纪录片的一些基本因素，与新闻既有联系又有区别。例如《嗨！好久不见》，如图 3－1－14 所示。

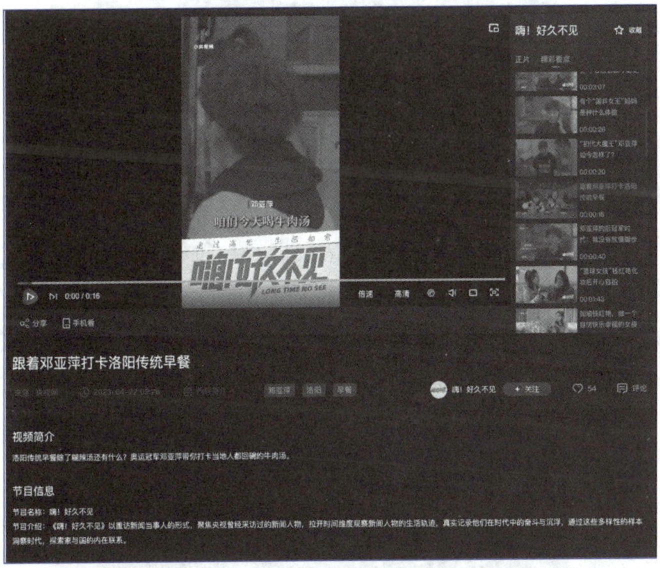

图 3－1－14

（二）历史文化类微纪录片

历史文化类微纪录片是指以影像的形态记录历史遗迹、历史文物、文化景观，刻画历史事件、历史人物，反映一个地区、一个时期的历史文化，并以此来表达当代人对民族历史文化的认识、体验与反思的微纪录片。例如《上线了文物》，如图 3－1－15 所示。

图 3－1－15

（三）理论文献类微纪录片

理论文献类微纪录片是指利用以往拍摄的新闻片、纪录片、影片素材以及相关的真实文件档案、照片、实物等作为素材进行创作，或加上采访当事人或与当时的人物和事件有联系的人，来客观叙述某一历史时期、历史事件或历史人物的微纪录片。

（四）社会现实类微纪录片

社会现实类微纪录片是指以现实生活中的普通人或社会事件为拍摄对象，通过纪实手法反映人们的思想感情和生存状态，以引发人们关注民生、关注社会的一种微纪录片类型。例如网络纪录片《和陌生人说话》，每期抛出一个社会现象，然后引导观众去思考现象背后的原因，如图 3－1－16 所示。

图 3－1－16

（五）人类学类微纪录片

人类学类微纪录片是人类学与纪录片相结合构成的片种，是指聚焦人类全体或特定民族、种族、族群的生存状态、生活方式、生命轨迹和精神状态，并借此探寻人类文明原生状态及历史演变的微纪录片样式。例如网络纪录片《流动的中国》（见图 3－1－17），以“家乡”“追梦”等为主题展现人口的迁徙、人与城市的关系、人和时代的联系以及个人梦想的追求等故事。

图 3－1－17

（六）自然科技类微纪录片

自然科技类微纪录片是指以宇宙自然、动植物世界、生态环境、科技成果为拍摄对象的微纪录片。人与大自然、人与野生动植物、人与生态环境的关系是关涉地球与人类根本生存的永恒话题，也是纪录片创作领域长盛不衰的主题。

学习情境 3.2

微纪录片的前期准备

学习情境背景

前期筹划是一部纪录片的首要阶段，在新媒体视频作品创作过程中非常重要。前期筹划是否全面、系统、严谨，对现场拍摄、后期制作、成片发行都会产生影响。

微纪录片创作前期需要先确定选题，进行策划，撰写提案，再提前调研，拍之前简单采访了解拍摄对象。纪录片的拍摄有很多随机、意想不到的事情和故事发生，前期准备得越充分，越能帮助创作者拍摄到更精彩的故事。

本学习情境将对微纪录片前期准备的相关知识进行介绍，包括微纪录片的选题、资料搜集与调研，微纪录片的导演阐述、策划案与提案。

思维导图

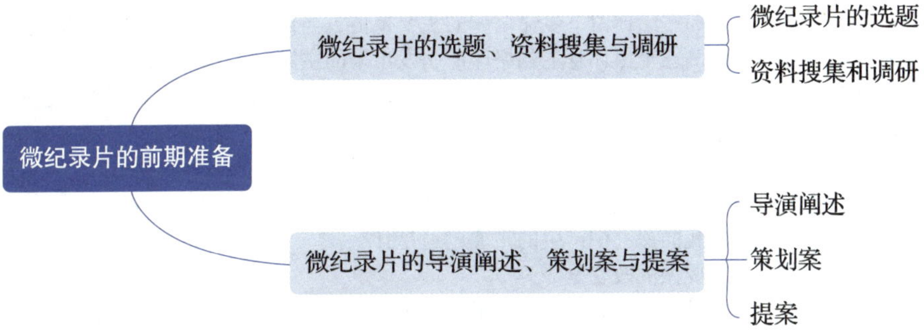

项目任务 3.2.1

微纪录片的选题、资料搜集与调研

项目任务书

微纪录片的选题、资料搜集与调研项目任务书如表 3－2－1 所示。

表 3－2－1 微纪录片的选题、资料搜索与调研项目任务书

组号		指导老师		日期	
组长		学号		任务活动时间	8 学时
任务导入	1. 阅读资料，根据思考题，归纳重点。 2. 以文字形式列出重点。				
任务实施步骤和主要工作内容	1. 把你最感动的经验做个盘点，以发现你的问题，然后归纳一下。 （1）标出主要的经验。 （2）把它们归类。 （3）选一个角色来表演。 2. 做好笔记，然后在课堂上或小组讨论上做简报。 （1）描述那些给你留下生命烙印的主要事情，当作你的经历所形成的结果。 （2）写出两三个由你身上的烙印所引发出来的主题。 （3）描写几个你特别感同身受的人，也许是一些你认识的人，某种类型的人或者是你可以联络上的人。 （4）找到两到三个故事、历史、传记等方面的话题。 3. 借着下列提示把目前已经做的总结一下。 （1）从自我的探究中产生的主要题材是什么？ （2）我想要做的改变是…… （3）在各类题材中我最有热情的是…… （4）其他我关心的重要目标是……				
总结 / 完成情况					

获取资讯

引导问题 1：微纪录片搜集原始材料的方式有哪些？

引导问题 2：标出主要的经验，选一个你可以快速记下东西的隐秘角落，想到什么就做个小摘要，把主要经验给你的深层感觉取个名称（欢愉、愤怒、惊慌、恐惧、恶心、焦虑等），列出十个或十二个。

- 引导问题 3：把它们归类，客观地依照类型来分组（在艺术创作上这是个重要方法，称为聚类）。每一组取个名字，然后看看这些经历彼此是否有关联或从属关系。有些是“正面的”（像是快乐、放松、好笑等），有些是“负面的”，也有不安的情绪伴随着，例如害羞、耻辱或是愤怒。
- 引导问题 4：列出你比较关注的传统文化、“非遗”手工艺人等的纪录片选题故事。

工作实施

教师带领学生学习资料、收集信息，引导小组讨论、组间交流分享，控制每个活动环节的时长。

学生首先学习资料，观看鉴赏相关视频。完成引导问题填写。学生相互评价，记录任务完成情况。

评价反馈

根据引导问题填写情况进行交流分享，相互评价，完成“项目任务评价表”。

知识加油站

微纪录片的选题、资料搜集与调研

微课视频同步看

一、微纪录片的选题

选题策划是第一步，选题的好坏直接影响纪录片作品的质量。一般来说任何人或者事物都可以成为纪录片的拍摄对象，但是有的故事拍摄出来并不具有趣味和意义。因此选择什么样的题材来拍摄，是纪录片创作者最先要考虑的问题。微纪录片选题的方法主要有自发原创选题和平台合作选题。

（一）自发原创选题

关于如何开始纪录片创作，清华大学新闻与传播学院教授雷建军认为，不同年龄的人都有用纪实影像表达自己的自由。影视艺术家、影视创作团体或微纪录片创作爱好者可以根据自身的兴趣爱好来进行创作。这种创作往往是无功利性的，源于自己的创作欲，用影片纪实、揭露、传递故事和情感。

（二）平台合作选题

微纪录片一般在网络播出，会有一些选题与视频平台、传统媒体的新媒体平台合作，联合出品。这类选题通常有命题的形式、专题的形式，以及影视作品衍生品的形式，需要按照平台规划的方向进行创作，可以是电影、电视剧、综艺节目的衍生纪录片。例如电影《八佰》的制作纪录《虎破》，如图 3－2－1 所示。

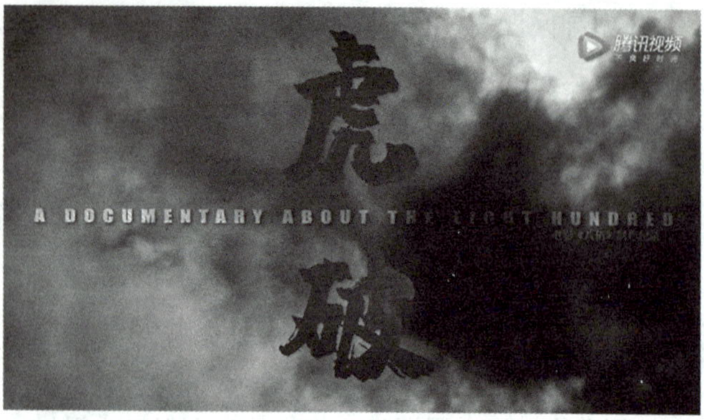

图 3-2-1　电影《八佰》

二、资料搜集和调研

（一）资料搜集

无论是自发原创的选题还是平台合作选题，在进行策划前，都需要进行资料搜集筹备工作。真实、丰富、充分的资料能让创作者更全面地了解被拍摄对象，拓宽视角，挖掘故事深度。

创作者需掌握大量图片和影像资料，需要进行前期资料收集。对于微纪录片来说，资料有文字、数字、图像、音频、视频、物品、建筑、人物口述等。

以下是搜集和筛选素材常用的方法：①

（1）随时记录任何有所感触的事，多为自发原创类选题灵感的来源。

（2）多看网络、报纸、杂志等的热点事件、新闻消息，从人物、状况分析是否具有拍摄纪录片的情节及意义。

（3）查阅历史文献、图书档案，在其中寻找有用信息，探寻其重要意义或真实性。

（4）与被拍摄对象提前沟通，也可以是相关人员，从正面、侧面不同角度进行采访，尽量了解事件全貌。

（5）咨询和事件相关的专家，获取更加专业、权威的信息。

（二）调研

在经过资料搜集、选题确立之后，需要创作团队去拍摄地点进行调查，确定拍摄人物、拍摄器材、拍摄时间等，务必在拍摄之前了解清楚，确保选题的顺利进行。

前期调查的主要任务和内容如下：

（1）明确调查对象、地点、事件，了解当地风土人情及生活习惯。制订调查计划和进度安排，准备相机、笔、本、录音笔、摄像机等调查设备。

（2）确定调查方法，比如直接观察、参与走访、访谈口述等。

（3）规划好计划、方法后，展开调研。要熟悉拍摄对象，向主要受访者表达拍摄意图，以获得被访者的认同。初步确定拍摄重点，拟定拍摄方案。考察拍摄地的天气、环境等情况，列出所需的摄影器材清单。

（4）根据背景信息和相关调研资料，可以开始初步构想影片的主题、结构和表现手法。

① 迈克尔·拉毕格. 纪录片创作完全手册［M］. 喻溟，王亚维，译. 成都：四川人民出版社，2019：33－39.

项目任务 3.2.2

微纪录片的导演阐述、策划案与提案

项目任务书

微纪录片的导演阐述、策划案与提案项目任务书如表 3-2-2 所示。

表 3-2-2 微纪录片的导演阐述、策划案与提案项目任务书

组号		指导老师		日期	
组长		学号		任务活动时间	8 学时
任务导入	1. 阅读资料，根据思考题，归纳重点。以文字形式列出重点。 2. 依据工作假设助手，建立一份简短的工作假设，也可以称导演阐述。 3. 根据导演阐述、工作假设制定微纪录片策划案及拍摄计划。 4. 进行提案写作。提案汇报可以用 PPT 的形式。对提案进行分享交流，相互点评。				
总结 / 完成情况					

获取资讯

引导问题 1：运用以下提示把纪录片的构想发展成工作假设，填写表 3-2-3。

表 3-2-3 微纪录片工作假设

提示	答案应包括
1. 在人生中我相信……	
2. 我想展示的观点是……	
3. 我的主角是……	
4. 影片的主要冲突是……	
5. 我希望本片的结构及观点由……决定	
6. 可能的结局是……	
7. 最终我希望观众感觉到……	
8. 我希望观众也了解到……	

小提示

- 提示 1 将你的信念作为开始。
- 提示 2 到 6 是构想的内容、目的以及可以帮助你说服观众的概念。
- 提示 7 与 8 是目标——获得观众的情感与认同。

根据表 3－2－4 进行填写梳理。

表 3－2－4　工作假设助手

提示	答案应包括
1. 在人生中我相信……	（1）是你的信念使这个题目如此有趣。 （2）主要角色或题材具备的任何真理或“普世皆如此”。 （3）片中你想展现的主题。 例如：保护好、传承好、利用好非物质文化遗产，对于延续历史文脉、坚定文化自信、推动文明交流互鉴、建设社会主义文化强国具有重要意义。
2. 我想展示的观点是……	简短地描述这个使你的观点得以呈现的“真实世界的角落”。 例如：表现中国非物质文化遗产传承人的故事。
3. 我的主角是……	一个人、一个生物或是一件东西。 例如：“燕京八绝”花丝镶嵌技艺传承人。
4. 影片的主要冲突是……	影片中想要观众看到的主要竞争力量。但请注意，因为你很容易选择表面化的冲突，以至于更深的层次到很迟的时候才揭示。 例如：当快捷成为当今世界衡量一切的标准，还有这样一些手工艺人坚韧执拗地几十年如一日，只为做一件事情，为一门手艺耗尽毕生。
5. 我希望本片的结构及观点由……决定	你可以控制的影片中时间或者动作产生的推力——你希望片子可以产生强烈情感想法输出，但我们赞同谁的观点？ 例如：从每一个工艺匠人身上，提炼出了中国人身上流淌着的文化基因，包括对手艺的专注、执着和热爱，对薪火相传的笃定。
6. 可能的结局是……	结论可能来自不同的路径，这是影片作者（与观众）要冒点险的地方。可能的话，为不同的结论以及不同的意义做好准备。 例如：可以通过纪录片记录一项非遗的具体实践，如“燕京八绝”的花丝镶嵌技艺，包括所有的环节与技法，从头到尾地展现非遗的过程，保留最丰富的细节。
7. 最终我希望观众感觉到……	你希望观众所感受到情绪（或情绪流）乃是来自情感而不是事实，因为人的心智通常会为前者所动。 例如：非遗及传统手工艺匠人在观众面前不再是单薄的概念，而是形成了一部有声有色的文化影像百科。
8. 我希望观众也了解到……	在观影之后你希望观众能在理智上了解什么？ 例如：通过纪录片作品让“非遗”技艺更鲜活地呈现给观众，激发观众的文化自信与民族自豪感，提升大众对文化遗产传承和保护的主动性和自觉性。

引导问题 2：根据微纪录片的构想、工作假设或导演阐述，填写微纪录片的策划案（见表 3－2－5）。

表 3－2－5 微纪录片策划案

微纪录片名称	
主题	
时长	
视频格式	
音频格式	
拍摄地点	
拍摄周期	
后期制作周期	
片子定位	
片子人物构成	
片子方向	
片子基调	
影片结构具体阐述（主题事件、故事等）	
参考资料（文字、图片等）	

引导问题 3：一部纪录长片一般会有 10 分钟时间来提出提案，因此对于一部 5～20 分钟的片子，你有 3～5 分钟时间来阐释说明。你可以在项目进行的任何阶段提出提案，以此考察你的想法的发展程度，填写表 3－2－6。

表 3－2－6 微纪录片提案

内容	提案说明
1. 片名与场景	
2. 类型（属于纪录片片型的分类）	
3. 主要角色及其他角色	
4. 主角所面对的困境或难题	
5. 主要角色的驱动力（他想要得到、实现或完成什么）	
6. 主要角色必须克服的障碍是什么（这些障碍为什么重要，而什么最为急迫）	
7. 主要角色经历的改变	
8. 影片预期的结局或解决结果	

续表

内容	提案说明
9. 会使得影片看来不一样的地方	
10. 本片的主题是在处理有关……	
11. 影片所强调的前提	
12. 为何我一定要拍这部片	

小提示

以下是拍摄一部靠着事件驱动的短篇纪录片可能包括的部分，请就这些项目做笔记，这有助于你作出说明，如表 3-2-7 所示。

- 题材的背景。
- 主要角色是谁，他们的与众不同之处在哪里？
- 使主角（们）面临压力的困境或情况是什么？
- 故事及剪辑的风格。
- 你希望在拍摄中出现的任何变化或成长。
- 制作这部片子的重要性以及为何你最适合制作它。

表 3-2-7　提案典例

提示	答案应包括
1. 片名与场景	本纪录片的片名是《“燕京八绝”之花丝镶嵌》，场景有手工艺厂、匠人家、收藏花丝镶嵌艺术品的博物馆等。
2. 类型（属于纪录片片型的分类）	本片是一部观察式的历史文化纪录片，摄影机将会跟拍主要角色，与观众分享他所面对的状况与困境。
3. 主要角色及其他角色	本片主角是一个花丝镶嵌工艺美术大师——马良老师，是国家级非物质文化遗产项目代表性传承人。其他角色有：学习花丝镶嵌技艺的学生，非遗保护传承中心馆长，花丝镶嵌厂匠人等。
4. 主角所面对的困境或难题	现在了解花丝镶嵌这一传统工艺的很少，传统工艺缺乏创新，很难被年轻人接受，技艺的传承也面临困境。
5. 主要角色的驱动力（他想要得到、实现或完成什么）	马良老师认为传统的东西要继承，但没有创新就没有发展。希望中国的花丝镶嵌能被更多的人所熟悉，让先人的宝贵遗产得以永远传承下去。
6. 主要角色必须克服的障碍是什么（这些障碍为什么重要，而什么最为急迫）	马良老师把国外的卡克图工艺借鉴过来，用具有中国民族特色的龙作为取材对象进行艺术表达。这件作品在创作的过程中也是经过了中国工艺美术大师张同禄先生的悉心指导。马良老师之前设计实施并不顺利，但后来经过张同禄先生的指导，反复试验很多次才最终完成。这件作品用中国的花丝镶嵌工艺结合外国的卡克图工艺，表现在具有中国民族特色的龙凤题材上。

续表

提示	答案应包括
7. 主要角色经历的改变	最大的变化就是，作品借鉴了俄罗斯的宫廷工艺——卡克图工艺，并且把蒙藏工艺也一同融合进去了。马良老师之前所做的国外的单子几乎没有这一项。
8. 影片预期的结局或解决结果	这件作品的完成下了很大功夫，几经波折修改才最终成型。做成后这件作品最终获得了很多业界人士的认可。
9. 会使得影片看来不一样的地方	摄影及剪辑会给观众参与感、艺术感。马良先生的花丝镶嵌在继承前人优秀传统的同时，创造性地把俄罗斯的卡克图工艺以及蒙镶工艺融合在一起，具有独特的风格。手工艺匠人在进行艺术品创作时依靠着自己的手艺与智慧，实现了技艺的至高表现，充分展示了中华传统文化的魅力。
10. 本片的主题是在处理有关……	《“燕京八绝”之花丝镶嵌》以花丝镶嵌制作流程为主线，以花丝镶嵌工匠的日常生活为主体，讲述了一个关于花丝镶嵌工艺传承与创新的故事。
11. 影片所强调的前提	小人物、小故事与大情怀。非遗纪录片用真实的镜头语言还原非遗项目最质朴、最自然、最原生态的面貌，真实地展现了中华传统文化中的精妙技艺。
12. 为何我一定要拍这部片	花丝镶嵌工艺又称细金工艺，是“燕京八绝”之一。花丝镶嵌制作技艺是中国宫廷工艺的代表，2008 年被列入国家级非物质文化遗产名录。 进入现代，受市场需求不畅、款式陈旧、年轻工匠不足等因素影响，花丝镶嵌工艺一度濒临失传。直至 2014 年，“繁花”花丝手包成为 APEC 国礼之后，花丝镶嵌才又重回大众视线。这个长期被忽视的非遗技艺，可以通过微纪录片的形式展现给更多的年轻人，吸引更多的年轻匠人了解、学习、传承花丝镶嵌技艺，为这项传统工艺带来源源不断的生命力。

工作实施

教师带领学生学习资料、收集信息，引导小组讨论、组间交流分享，控制每个活动环节的时长。

学生首先学习资料，观看鉴赏相关视频。完成引导问题填写，撰写工作假设、策划案和提案。学生汇报展示微纪录片提案，相互评价，记录任务完成情况。

评价反馈

根据引导问题填写、工作假设、导演阐述、策划案、微纪录片提案等撰写、汇报的情况，进行交流分享，相互评价，完成“项目任务评价表”。

知识加油站

微纪录片的导演阐述、策划案与提案

微课视频同步看

一、导演阐述

导演阐述一般包括影片的思想、立意的阐述，对影片基调、结构、风格的设想，对主要人物的分析和形象塑造，对影片矛盾冲突点的设计，拍摄场景的选择，以及摄影、录音、音乐、剪辑等实际操作方面的基本要求。

导演阐述是导演对整部作品的全面解释介绍，文字化表述更加详细清晰，提高团队的沟通效率，能够使团队的工作人员很快了解到导演意图，统一创作思路。同时，好的导演阐述还能起到振奋人心、激发工作人员创作热情的作用。

二、策划案

微纪录片策划案通常包括：选题背景、价值、意义，作品思想主题；主要拍摄对象、人物关系，主要事件、次要事件，拍摄计划、方式、周期，故事线索、叙事结构等内容概况；节目形式、播出渠道、团队分工、经费预算、拍摄进度表等。

策划案撰写要求阐明主题，梳理清晰故事脉络，简单明了地设计每个内容、环节、计划，突出作品的亮点与新意。

三、提案

微纪录片提案，是指提案人在一定时间内，向多个潜在合作方、视频平台方等，阐述微纪录片选题的过程。主创团队通过提案展示获取市场反馈，吸引合作方、视频平台关注，从而建立合作，解决纪录片投资、发布、播出等问题。

纪录片提案展示必须清楚明确且饱含热情，要展示出故事的独特性、创新性、原创性。提案的故事叙述要有开头、发展、结尾，故事人物富有吸引力。提案展示一般包括主创陈述、片花播放、现场问答三个环节，这三个环节都需要准备充分、发挥出色。陈述大概 5 分钟左右，采用“演讲 + PPT 展示”的形式。通常陈述的内容有：选题的初始动机，选题最吸引人的点，选题的意义、独特之处，团队成员资质的介绍，预算及拍摄计划等。片花用来展现人物角色、重要事件、故事结构及影片风格。问答交流环节一般比较简短，回答要简明扼要，说明重点的信息。

学习情境 3.3

微纪录片的拍摄

学习情境背景

在掌握了纪录片的概念、特点及类型，学习了纪录片的视听元素和语法，进行了纪录片选题与策划之后，下面将进入实际拍摄的环节。在本学习情境中，每个小组将完成本组纪录片的素材拍摄工作，完成本任务需要以下步骤：自主收集资料并确定选题，自主联系被采访对象并制定采访大纲，填写设备使用表并检查设备，现场音视频素材录制，素材检查与拷贝等。

思维导图

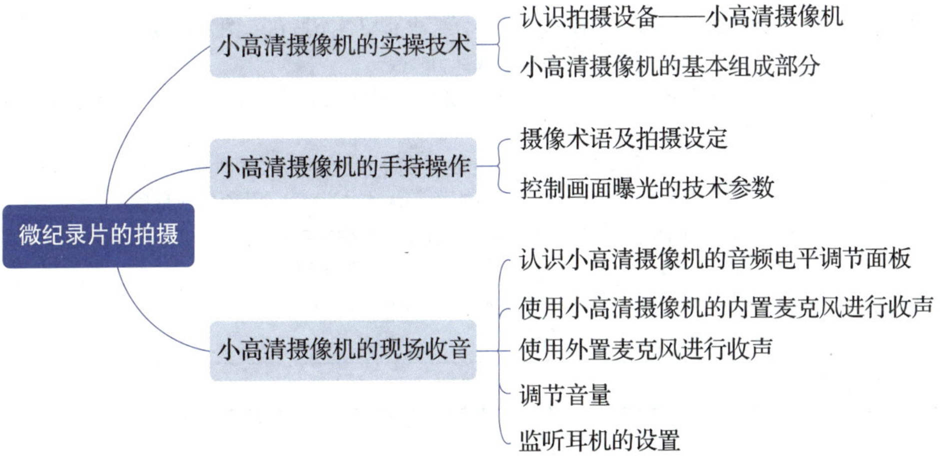

项目任务 3.3.1

小高清摄像机的实操技术

项目任务书

小高清摄像机实操技术项目任务书如表 3－3－1 所示。

表 3－3－1 小高清摄像机实操技术项目任务书

组号		指导老师		日期	
组长		学号		任务活动时间	8 学时
任务导入	1. 为摄像机制作一份简易说明书。 2. 熟练使用三脚架等附属设备。 3. 调整摄像机的各项技术参数。				
任务实施步骤和主要工作内容	1. 2 ～ 5 个同学组成一个任务小组，选出组长。根据班级人数分配组员数量，保证每组人数基本一致。 2. 为摄像机制作一份简易说明书，要求介绍各个按钮，图文并茂。 3. 了解三脚架及配件的基本组成部分。 4. 熟悉云台的安装，确认三脚架水平，否则在摇镜头时，会发现画面中的地面是倾斜的。 5. 快速拆卸式摄影机底板（快装板）：通过螺栓把摄像机底部拴住，快速与云台契合。注意设备使用规范，不要将衣服等误卡入设备，以免造成危险。 6. 要求小组中的每个同学拍摄一组画面清晰稳定的固定画面。成果形式如下： （1）每组拍摄 5 段电视画面素材（每段不少于 5 秒）。 （2）结合操作实际，将摄像机操作流程进行小组展示。 7. 投票选出成果优秀的小组。				
总结 / 完成情况					

获取资讯

引导问题 1：摄像机有哪些分类？

引导问题 2：在摄像机上，有哪些技术参数可以影响画面曝光？

引导问题 3：摄像机要如何维护和保养？

引导问题 4：小高清摄像机镜头上的几个调节环分别有什么作用？

工作实施

教师发放学习资料，引导小组讨论、组间交流分享，控制每个活动环节的时长。

学生首先学习资料、收集信息，完成引导问题填写，参与小组任务，选出代表进行交流分享，组员之间、小组之间相互评价，记录学习情境完成情况。

评价反馈

根据引导问题填写以及小高清实操拍摄作品完成的情况，进行交流分享，相互评价，完成“项目任务评价表”。

知识加油站

小高清摄像机的实操技术

微课视频同步看

纪录片的功能之一，是和观者分享导演或者摄影师所看到的世界，纪录片中的观察类纪录片是在纪录片制作中使用最多、最久的一种。拍摄者或者导演的意图是如实表达眼前所看到的事物，并不植入自己的思想和想法。拍摄中以“看”为主，拍摄者并不参与到所拍摄的事件中，手持摄影被大量应用到纪录片的拍摄当中。

一、认识拍摄设备——小高清摄像机

市面上的摄像机种类繁多，造型、功能、价格、适用领域都有很大差别。那么，我们该如何去判断和选择一个摄像机呢?

摄像机的分类方式主要有四种：专业用途、存储介质、感光元件、清晰度。专业用途是最为常用的分类方式。

按照专业用途和画面品质，摄像机通常被分为家用、专业级、广播级三类。在此学习情境中，我们主要来学习专业摄像机的使用。

(一) 按专业用途分类

1. 家用摄像机

家用摄像机（见图 3－3－1）常被称为小 DV、“掌中宝”，拍摄的画面质量一般，但操作简单、体积小巧、便于携带，是家庭聚会等日常生活中常用的拍摄工具。

图 3－3－1　家用摄像机

2. 专业级摄像机

相较家用摄像机来说，专业级摄像机（见图 3－3－2）成像质量高，但机身更大、按键更多，相比广播级摄像机来说，专业级摄像机的机身又比较轻便，价钱适中，虽然影像质量略低于广播用摄像机，但因其优异的性能和较为小巧的体积，此类摄像机被大量应用于专业领域。

图 3-3-2　专业级摄像机

随着技术的不断更新迭代，目前高端专业级摄像机的性能和指标已超越了过去的广播级摄像机，在摄像机的几项重要指标如清晰度、信噪比、灵敏度等方面，已和广播级摄像机没有太大区别。但在耐用性和特殊场合的使用方面，仍旧不如广播级摄像机。

3. 广播级摄像机

广播级摄像机（见图 3-3-3）主要应用于广播电视领域，如电视台、影视公司、专业广告公司等。这种摄像机拍摄的影像质量最好，工作性能全面而强大，机器结实耐用，但是价格也往往最高，体积也比较大，较重。

图 3-3-3　广播级摄像机

（二）按存储介质分类

根据存储介质的区别，可以将摄像机分为磁带摄像机、光盘摄像机、硬盘摄像机和闪存卡摄像机。

不同存储方式的机器有不同的特点。由于摄像技术的不断发展，器材材料的不断革新，存储介质在不断发生变化和发展，目前市面上仍存在着不同存储介质的摄像机。

闪存卡摄像机（见图 3-3-4）是目前市场的主流摄像机，采用闪存卡作为存储介质。由于闪存卡的体积非常小巧，读写速度非常快，便携性和稳定性都非常好，不管是大型专业机还是家用微型机，都较多地采用闪存卡来进行存储。

图 3－3－4　闪存卡摄像机

闪存卡的容量在近些年得到飞速发展，目前单卡达到几百 G 的已经非常常见。现在的摄影摄像设备已大量普及了 4K 画质，高清影像时代大容量的需求也促进了闪存卡的更新换代。通过读卡器，我们可以将闪存卡中的数据高速传输到电脑中进行剪辑。这些优势，是其他存储介质难以相比的。

（三）按感光元件分类

数码摄像机的感光元件也即数码摄像机感光成像的部件，能把光线转变成电荷，通过模数转换器芯片转换成数字信号。目前数码摄像机的核心成像部件有两种：一种是广泛使用的 CCD（电荷耦合）元件；另一种是 CMOS（互补金属氧化物导体）器件。对于数码摄像机来说，机器的成像质量主要有两方面影响因素：一是感光元器件的面积；二是感光元器件的色彩深度。

我们教学中使用的专业级高清摄像机，从基本性能来看属于专业摄像机，配备三个 1/2.8 英寸 Exmor CMOS 传感器。

（四）按清晰度分类

按照摄像机所拍摄的视频画面的分辨率，可以分为标清摄像机、高清摄像机和全高清摄像机三种。

摄像机本身的不同（制造精度、芯片大小和材料不同等），会使摄像机记录的画面在清晰度上出现高低质量的差别，也就是摄像机记录的画面像素不一样。

1. 标清摄像机

标清是指画面分辨率为 720P 以内的视频格式，画面的长宽比大多为 4∶3。比如前些年常见的电视节目的分辨率是 720Px × 576Px，常见的 DVD 分辨率是 640Px × 480Px，这些都属于标清的行列。标清已经普及了很多年，目前被更高的清晰标准所取代。

2. 高清摄像机

高清是指画面分辨率为 1 280Px × 720Px 的视频格式，画面的长宽比是 16∶9。高清也简称为 HD。高清画面的电视标准在推出之后，还没有大量普及就很快被更高的全高清画面标准所取代。

3. 全高清摄像机、4K 摄像机

全高清是指分辨率为 1 920Px × 1 080Px 的视频格式，画面的长宽比也是 16∶9，全

高清简称为 FULL HD，其清晰度是高清画面的两倍。

由于画面所呈现的优质效果，加上当前数码技术的成熟应用，全高清如今大量普及，目前普通家用级数码摄像机的图像分辨率早已普及了高清 HD1 080P（像素 1 920×1 080），正迅速向 4K 发展，广播级的数码摄像机图像分辨率基本都达到了 4K（像素 4 096×2 160）超精细画面。在此基础上最新的 8K 及更高清晰度技术，目前也已经开始使用。

二、小高清摄像机的基本组成部分

（一）镜头

高清摄像机的镜头主要有三个重要部件：对焦环、变焦环及光圈调节环，如图 3－3－5 所示。

图 3－3－5 镜头的对焦环、变焦环及光圈调节环

1. 对焦控制

对焦也称为聚焦，是指利用镜头内部的对焦系统，使被摄对象在感光元件上形成清晰影像的过程。对焦分为手动对焦和自动对焦两种方式，前者由摄像师手动调焦完成，后者由摄像机自动调焦完成。

一般来说，手动对焦的准确与否，完全是由摄像师来决定，由摄像师对监视器上的影像清晰程度来判断并决定的。而自动对焦是否可以达到要求，则是根据对焦对象来决定的，对焦对象选取的合适，则自动对焦效果好。

摄像机自动对拍摄目标进行对焦来获得清晰的影像叫自动对焦，这种功能设计主要是安装在中小型摄像机上，在专业级以上的摄像机则没有自动对焦功能。因为自动对焦时摄像机不会判断哪个是画面主体，有时会选错对焦对象，模糊了被摄主体，因此专业级以上的摄像机需要摄像师的精准对焦控制。

2. 变焦控制

变焦操作就是通过镜头连续的焦距变化，来获得不同的拍摄范围。变焦镜头有手动和自动两种操作方式。数码摄像机可以使用电动变焦杆来调节变焦，还可以通过手柄变焦调节来进行变焦，变焦的速度可以通过在菜单中调整来实现，如图 3－3－6 所示。还可以通过使用镜头上的变焦环来调节变焦，最好以适中的速度转动变焦环，如果转动过快，变焦速度可能滞后于变焦环转动的速度，或者变焦操作的声音可能被录制。

图 3－3－6　数码摄像机电动变焦杆

现在的摄像机变焦镜头都设有自动变焦装置，可以实现镜头从广角端到长焦端的自动连续变化。其自动变焦工作是由电脑控制一个电动马达（微型电机伺服操作）来实现的，只要按下开关就可以自动变焦拍摄。我们在使用自动变焦装置时，要注意掌握好伺服电机的运动速度，以获得平稳匀速的变焦效果。目前在有些机型上，伺服电机的电机速率可以进行选择，通过不同的档位控制变焦速度的快慢。

3. 光圈的调节

光圈是镜头内由若干金属薄片构成的一个可调节大小的圆孔，就像可变化的一扇窗户，用来控制通过镜头时光线数量的多少。光圈的大小用光圈系数 *f* 表示，*f* 值数字越小，表示光孔越大，通光量越大；*f* 值数字越大，表示光孔越小，通光量越小。

在使用专业级摄像机时，我们转动镜头上的光圈环，在屏幕中可以看到相应光圈的大小。在使用广播级的摄像机时，镜头光圈环上有这样一组数据：1.4，2，2.8，4，5.6，8，11，16，其中 1.4 为最大光圈值、16 为最小光圈值，每档光圈曝光量相差一级（进光量相差一倍）。中小型摄像机的光圈变化是连续的，匀速转动光圈调节环就能匀速改变画面亮度。

对光圈的控制主要有自动光圈和手动光圈两种，自动光圈是由摄像机内置系统来根据拍摄的光环境控制的，手动光圈则是摄影师根据拍摄光环境来手动调节光圈的大小。

在拍摄时，手动控制光圈是我们首选的方式，特别是遇到极端的光环境比如逆光、大面积亮色、大面积暗色时，靠机器的自动控制往往会出现失误，也需要摄影师手动控制光圈。

（二）控制画面曝光的部件

专业高清摄像机机身上控制画面曝光的单元有：光圈（Iris）、电子快门（Shutter）、增益（GAIN）、灰片（ND）。如图 3－3－7 所示。

图 3－3－7　控制画面曝光的单元

项目任务 3.3.2

小高清摄像机的手持操作

项目任务书

小高清摄像机的手持操作项目任务书如表 3－3－2 所示。

表 3－3－2 小高清摄像机的手持操作项目任务书

组号		指导老师		日期	
组长		学号		任务活动时间	8 学时
任务导入	1. 根据现场光环境，合理设置曝光参数。 2. 选取校园场景，拍摄空镜画面，要求镜头运动形式丰富，包括但不限于稳定手持、推镜头、拉镜头、移镜头拍摄。				
任务实施步骤和主要工作内容	1. 3 ～ 5 个同学组成一个任务小组，选出组长。根据班级人数分配组员数量，保证每组人数基本一致。 2. 各组长借用设备并进行器材清点、登记。 3. 以小组合作的形式，以校园风光为主题，拍摄镜头并进行剪辑，制作一则短片。 **具体工作内容** 先期踩点、制定拍摄方案、拍摄画面、后期制作。 **具体实施步骤** 1. 各组可自行选择仿拍片段，寻找合适的拍摄地点，并对光照、环境声音情况进行记录。 2. 协调设备和拍摄时间。 3. 按照脚本内容拍摄画面。 4. 后期粗剪。 5. 审片、点评。 **成果要求** 1. 拉镜头、推镜头画面，特别注意画面起幅、落幅构图。 2. 体会改变焦距和改变机位推拉镜头。 3. 体会摇镜头对空间环境的表现力，用摇镜头表现一个主观镜头。 4. 移镜头，注意移动过程中速度的平稳和均匀。 5. 跟镜头，前跟、侧跟或后跟不做限制，但要保持对焦清晰。 6. 拍摄画面素材长度至少为成片的 2 倍，大景别时长应适当加长，素材统一规格 1080p，50fps。 **成果考核** 对学生完成的质量进行各方面技能表现的评价，评价标准可参考以下几个方面，其中着重考虑镜头画面效果的权重。 • 作品主题：主题鲜明。 • 画面构图：画面简洁明了，主体突出，具备表现力和造型美。 • 画面用光：用光准确，无曝光过度或欠缺现象，画面造型新颖独特，富有层次感。				
总结 / 完成情况					

获取资讯

◇ 引导问题 1：如何根据不同的环境确定光圈大小？

◇ 引导问题 2：在摄像机上，如何调整录制视频的规格？

◇ 引导问题 3：判断画面质量的标准是什么？

◇ 引导问题 4：“斑马纹”工具是如何辅助曝光控制的？

工作实施

教师发放学习资料，引导小组讨论、组间交流分享，控制每个活动环节的时长。

学生首先学习资料、收集信息，完成引导问题填写，参与小组任务，选出代表进行交流分享，组员之间、小组之间相互评价，记录学习情境完成情况。

评价反馈

根据引导问题填写以及小高清手持操作拍摄作品完成的情况，进行交流分享，相互评价，完成“项目任务评价表”。

知识加油站

小高清摄像机的手持操作

微课视频同步看

一、摄像术语及拍摄设定

（一）光照度

光照度是指在光圈开到最大时，通过镜头的光线多少。

通光孔的直径越大，光照度越大。它用 1∶1.4 或 1∶2.8 的比例来表示。比号后面的数字表示光圈可以打开的最大直径。

摄像机的快门速度（与照相机相反）由于单帧图像的快速顺序滚动而限定在 1/25 秒（或 1/50 秒），因此几乎只能通过光圈来控制进光量。

可以通过调整光圈、增益值和快门速度对图像的亮度进行调节或使用 ND 滤镜来调整光线量。

（二）更改录制设定

以教学设备 Sony HXR-NX3 为例，在小高清摄像机的菜单中，可以选择录制格式（码率、图像尺寸、帧速率、扫描方式）。默认设定如下：

NTSC 型号：1 080/60i

PAL 型号：1 080/50i

同时摄像机也为我们提供了很多选项，如表 3－3－3 所示。

表 3－3－3　摄像机型号对应表

NTSC 型号	PAL 型号
1 080/60i FX	—
1 080/60i FH	—
1 080/60i HQ	1 080/50i FX
1 080/60i LP	1 080/50i FH
1 080/60p PS	1 080/50i HQ
720/60p FX	1 080/50i LP
720/60p FH	1 080/50p PS
720/60p HQ	720/50p FX
1 080/30p FX	720/50p FH
1 080/30p FH	720/50p HQ
1 080/24p FX	1 080/25p FX
1 080/24p FH	1 080/25p FH

小提示

根据使用手册，我们可以查到每个标记所代表的码率、图像尺寸等信息，如表 3－3－4 所示。

表 3－3－4　每个标记所代表的码率及图像尺寸

• **码率** PS：最大 28 Mbps FX：最大 24 Mbps FH：约 17 Mbps（平均值） HQ：约 9 Mbps（平均值） LP：约 5 Mbps（平均值）	• **图像尺寸** PS：1 920 × 1 080 FX：1 920 × 1 080/1 280 × 720 FH：1 920 × 1 080/1 280 × 720 HQ：1 440 × 1 080/1 280 × 720 LP：1 440 × 1 080
• **帧速率** NTSC 型号：60 或 30 或 24 PAL 型号：50 或 25	• **扫描方式** i：隔行扫描 p：逐行扫描

例如，如果选择［1 080/60i］(NTSC 型号）或［1 080/50i］(PAL 型号)，可用以下格式录制动画：

- 1 080：有效扫描线
- 60、50：帧速率
- i：扫描方式
- FX：录制模式

所谓码率，就是数据传输时单位时间传送的数据位数，一般我们用的单位是 Kbps，其英文是 Kilobits Per Second，意即“千位每秒”（根据发音亦译作“千比特每秒”)，意思是说每过一秒钟，有多少千比特的数据流过，因此码率也经常被称为“比特率”。

Mbps 即 Millionbit Pro Second（百万位每秒）；Kbps 即 Kilobit Pro Second（千位每秒）；bps 即 Bit Pro Second（位每秒）。

（三）判断画面质量的标准

行业中的摄影摄像工作人员一般分为两种类型：技术型摄影摄像和编导型摄影摄像。

1. 技术型摄影摄像

技术型摄影摄像是指从事单纯的摄影摄像工作。主要任务是拍到符合要求的素材，充分理解编导意图，积极参与节目的制作，协助编导完成拍摄任务。

2. 编导型摄影摄像

编导型摄影摄像，是指一人集采访、拍摄、编辑于一身，既是编导，又是摄影摄像，还要完成编辑工作，需要清楚什么是有用的镜头，如何选择拍摄报道角度，怎样进行画面（摄影摄像）表达。

判断画面质量的标准有很多，大致有以下几个方面：

（1）技术上的标准——聚焦（清晰度）、曝光、稳定、色彩（白平衡）；

（2）画面的美感要求——构图、色彩、表现力（感染力）；

（3）是否符合节目要求——节目主题、层次。

二、控制画面曝光的技术参数

在使用摄像机时，可通过调节光圈（A）、增益（C、F）或快门速度（D）调节图像亮度，或者通过 ND 滤镜（B）调节光线量，如图 3－3－8 所示。

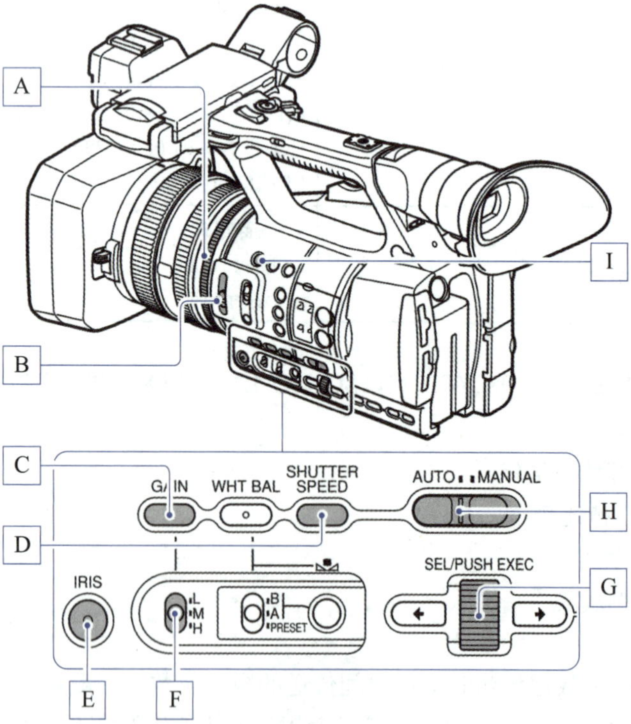

图 3－3－8 摄像机画面曝光控制按钮

小提示

如果将 AUTO/MANUAL 开关 H 设为 AUTO，则表明机器将自动调节光圈、增益、快门速度和白平衡。这些项目均无法手动调节。所以在拍摄前，我们需要将开关 H 拨到 MANUAL 位置。

（一）光圈

光圈是一个直径大小可变的开孔。它决定可以通过镜头进入的光量，也可以控制画面的景深（即使背景变得模糊或清晰）。

光圈值小代表光圈的开孔大。

光圈的最大开孔直径越大，镜头的光照度也越高。光圈不仅能改变图像的亮度，还能改变图像的景深（镜头成像清晰的范围）。

光圈还与景深大小有很大关系，光圈调节得越小，拍摄的画面景深越深；反之，光圈调节得越大，拍摄的画面景深越浅（小）。如图 3－3－9 所示。

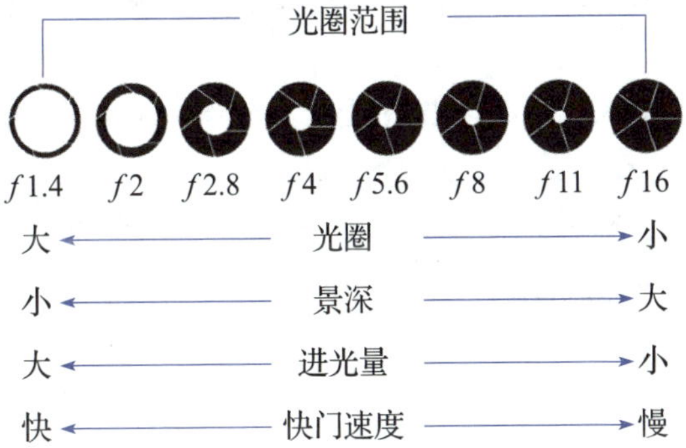

图 3－3－9　光圈与景深大小的关系

高端镜头上的光圈采用一个安装在镜头旁的圆环手动调节，它也能用电子方式来进行控制。

调节光圈的步骤和方法如下：

（1）将 AUTO/MANUAL 开关 H 设为 MANUAL，开启手动调节模式，如图 3－3－8 所示。

（2）按 IRIS 按钮 E。看到液晶显示屏中光圈值旁边的符号 A 消失，如图 3－3－10 所示。

（3）用光圈环 A 调节光圈，如图 3－3－8 所示。光圈打开程度越大（降低 *f* 值），则光线量随之增加。光圈关闭程度越大（提高 *f* 值），则光线量随之减少。

（4）临时自动调节光圈大小的方法。按住 IRIS PUSH AUTO 按钮 I，只要按住该按钮，便会持续自动调节光圈，如图 3－3－8 所示。

（5）在手动模式下自动调节光圈的方法。按 IRIS 按钮 E，如图 3－3－8 所示。光圈值消失或者光圈值旁边出现符号 A（auto）。

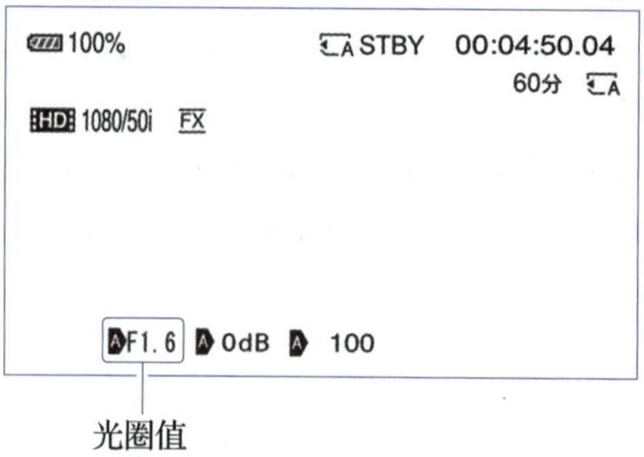

图 3－3－10 按 IRIS 按钮 E

（二）亮度增益

视频图像通过电子放大的方式来提升亮度。这种放大用 dB（分贝）来表示。视频增益可调节为高、中、低三个等级（Low=0dB= 无放大）。

要根据情况避免增益功能，因为它会降低图像的质量，使画面产生噪点。

调节增益（GAIN）的步骤和方法：

（1）将 AUTO/MANUAL 开关 H 设为 MANUAL，开启手动调节模式。如图 3－3－8 所示。

（2）按 GAIN 按钮 C。观察屏幕增益值旁边的符号 A 消失，如图 3－3－11 所示。

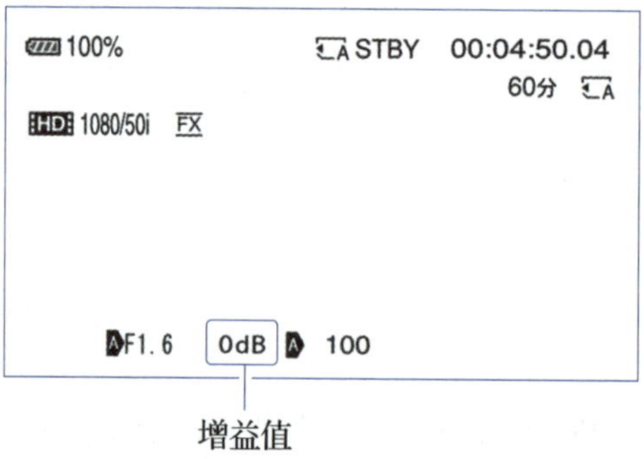

图 3－3－11 按 GAIN 按钮 C

（3）将增益开关 F 设为 H、M 或 L。在默认设置中，亮度增益设定为［H］：18dB，［M］：9dB，［L］：0dB，数值越大，增益越高。液晶屏上会显示为所选增益开关位置设定的增益值。可从（摄像机设定）菜单的［亮度增益设置］设置增益值。

（三）使用“中灰密度滤镜（ND 滤镜）”调节进光量

当摄制环境过亮时，可以通过使用 ND 滤镜（B）让拍摄的画面变得清晰。如图 3－3－8 所示。ND 滤镜的设置方法如下。

当录制环境过亮时，可使用 ND 过滤器 B 清楚地录制被摄体。ND 过滤器 1、2 和 3 分别使光线量减少 1/4、1/16 和 1/64。

如果在光圈自动调节中 ND1 闪烁，将 ND 过滤器设定为 1。如果在光圈自动调节中 ND2 闪烁，将 ND 过滤器设定为 2。如果在光圈自动调节中 ND3 闪烁，将 ND 过滤器设定为 3。ND 过滤器指示将停止闪烁并停留在屏幕上。

如果 NDoff 闪烁，将 ND 过滤器设定为 OFF。ND 过滤器图标将从屏幕上消失。

很多摄制人利用 ND 滤镜（灰度滤镜）作为辅助，为的是能够在光圈打开的情况下实现所希望的较长的曝光时间。ND 滤镜不过是让更少的光线进入镜头，让正午的阳光环境变成黄昏而已。

小提示

- 在录制明亮的被摄体时，如果进一步减小光圈，可能会出现衍射，导致对焦模糊。ND 过滤器可以抑制这一问题并提供更好的录制效果。
- 如果在录制期间更改 ND 过滤器，动画和声音可能会失真。
- 手动调节光圈时，即使应通过 ND 过滤器调节光线量，ND 过滤器图标也不会闪烁。

（四）调节快门速度（曝光时间）

快门速度可以手动调节并固定住。借助于快门速度可以让一个运动的画面看起来静止不动，或者可以突出画面的运动轨迹。（曝光时间长会导致运动的模糊感，并以此突出动感。）在小高清设备中，我们可以手动调节和固定快门速度。可通过调节快门速度使正在移动的被摄体呈现出静止状态或者强调被摄体的运动状态。

调节快门的步骤和方法如下：

（1）将 AUTO/MANUAL 开关 H 设为 MANUAL，开启手动调节模式，如图 3－3－8 所示。

（2）按 SHUTTER SPEED 按钮 D 高亮，显示快门速度值，如图 3－3－12 所示。

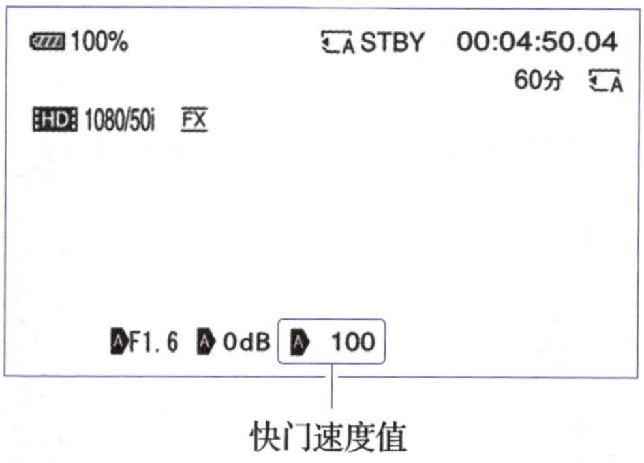

图 3－3－12 按 SHUTTER SPEED 按钮 D 高亮

转动 SEL/PUSH EXEC 拨盘 G 改变液晶屏上显示的快门速度。可以使用下列快门速度调节范围。

NTSC 型号：可从 1/4 ～ 1/10 000 中选择（以 24p 拍摄时为 1/3 ～ 1/10 000）。

PAL 型号：可从 1/3 ～ 1/10 000 中选择。

已设定的快门速度的分母会显示在液晶屏上。例如，当快门速度设定为 1/100 秒时，[100] 会显示在液晶屏上。液晶屏上的数值越大，快门速度越高。

小提示

在荧光灯、钠灯或汞灯下录制时，图像可能会闪烁或改变颜色，或可能出现噪音水平带。通过以下操作，也许可以改善情况：我们国内的电源频率为 50 Hz，将快门速度调节为 1/100，如果所在的地区电源频率为 60 Hz，则调节为 1/60。

（五）曝光过度

曝光过度是指图像传感器获得的进光量过多，照片的亮部几乎没有任何信息（图像无法彼此区分开来），图片中的暗部呈灰色。

正确曝光如图 3－3－13 所示，图片信息中包含所有亮度级别。

图 3－3－13　正确曝光

曝光过度如图 3－3－14 所示，图像信息中缺失亮部。

图 3－3－14　曝光过度

（六）曝光辅助工具“斑马纹”的应用

斑马纹是指亮度等于或大于设定的亮度等级的区域会出现的条纹状图案。摄像机的斑马纹可以关闭、开启，还可以进行亮度等级的设定。斑马纹图案不会与图像一同录制下来。

斑马纹功能是帮助摄影师判断被摄主体的曝光情况，因为当摄像机取景器或者液晶屏受到光源照射时，不太容易判断画面的准确亮度，尤其是当我们拍摄以人物为主的画面时，使用辅助工具“斑马纹”能够帮助摄影师合理调整参数，以保证人物的面孔和肤色保持准确的曝光。

等级 100 的斑马纹，常用来评估拍摄自然风光。尤其是当画面中出现大片的天空或者大面积雪景这种高调画面时，斑马纹通过指示曝光超过“白电平峰值设定值”的区域，提示摄影师哪些部分是完全过曝的，因为这些部分丢失了全部细节，即使后期制作也于事无补。

等级 70 的斑马纹，常用来评估拍摄人物，特别是室内人工布光下的采访镜头。当人物脸部的高光部分，如脸蛋、额头、鼻头，刚刚好进入 70% 亮度的范围时，曝光量能兼顾充足且不过曝，拍摄的人物画面效果最好。

在实际拍摄的画面中，几乎所有画面都必然有高光部分，也就是肯定有过曝的地方，无非就是区域大小而已。无论是 70% 还是 100%，都需要根据实际情况加减曝光值。因为斑马纹只是一个曝光指标的参考，最终画面还得拍摄者自己决定。当然如果没有什么经验，设定在 70% 是比较保险的做法。

项目任务 3.3.3

小高清摄像机的现场收音

项目任务书

小高清摄像机的现场收音项目任务书如表 3－3－5 所示。

表 3－3－5　小高清摄像机的现场收音项目任务书

组号		指导老师		日期	
组长		学号		任务活动时间	8 学时
任务导入	学会小高清摄像机的现场收音设置。				
任务实施步骤和主要工作内容	1. 进行人物采访画面拍摄。在学习好摄像机设备的原理和基本操作技术后，要求以小组为单位，分工明确，拍摄人物采访画面素材，景别以近景为主。让受访者放松，用单一景别拍摄，并保持场地不变，采用自然光源。任务完成后，小组派代表展示学习成果，展示方式不限，并提出学习中遇到的问题。 2. 实施步骤及主要工作内容。 **前期** （1）选好受访者，做好拍摄预案，并讨论他会说什么。 （2）准备拍摄灯具、三脚架和场地。 **拍摄** （3）用单一的近景拍摄采访（只拍受访者的头部和肩部）。 （4）坐在摄影机旁，采访人不在画面中。拿掉采访者的问题，只听受访者的回答。 （5）按受访者的正常语速剪辑，如果跳跃剪辑妨碍观感，各片段可做叠化处理。 **小提示：** （1）采访成片时长不要超过 3 分钟。 （2）如果受访者有剧照、纪念品或事件的录像，可以在剪辑中运用这些素材让采访更有画面感。 （3）如情况不允许，可使用摄影机自带的麦克风，不过还是在靠近受访者一侧准备独立麦克风，音效会更好。 3. 预期成效。所有学生能够较熟练地操作微单相机的手动拍摄模式，能够调整摄像机状态和检查设备，并具有一定的保养知识。 4. 成果形式。根据拍摄策划案，拍摄人物采访画面素材（素材量至少为成片时长的两倍），景别以近景为主。				
总结 / 完成情况					

获取资讯

引导问题 1：高清摄像机上有哪些和收音设置相关的插孔和开关？

引导问题 2：使用内置或外置麦克风收声时，分别应进行哪些设置？

引导问题 3：如何进行音量调节？

工作实施

教师发放学习资料，引导小组讨论、组间交流分享，控制每个活动环节的时长。

学生首先学习资料、收集信息，完成引导问题填写，参与小组任务，选出代表进行交流分享，组员之间、小组之间相互评价，记录学习情境完成情况。

评价反馈

根据引导问题填写以及小高清摄像机的现场收音作品完成情况，进行交流分享，相互评价，完成“项目任务评价表”。

知识加油站

小高清摄像机的现场收音

微课视频同步看

一、认识小高清摄像机的音频电平调节面板

（一）外部音频插孔和开关

以教学设备 Sony HXR-NX3 为例，摄像机上外部音频插孔和开关如图 3－3－15 所示。

图 3－3－15　Sony HXR-NX3 外部音频插孔和开关

如图 3－3－16 所示，A 为 INPUT 1 插孔，B 为 INPUT 2 插孔，C 为 INPUT 1 开关，D 为 INPUT 2 开关。

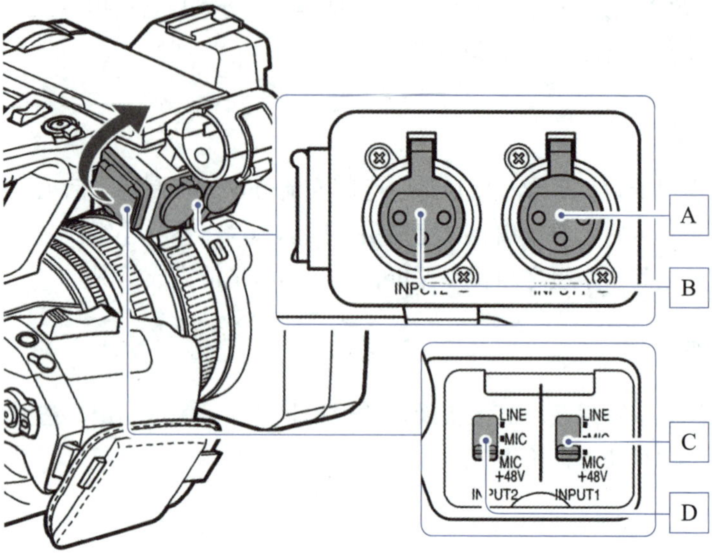

图 3－3－16　Sony HXR-NX3 外部音频插孔和开关细节图一

（二）音源开关及音量控制

以教学设备 Sony HXR-NX3 为例，如图 3－3－17 所示，E 和 F 为音源开关，其中 E 为 CH1（INT MIC/INPUT 1）开关，F 为 CH2（INT MIC/INPUT 1/INPUT 2）开关。

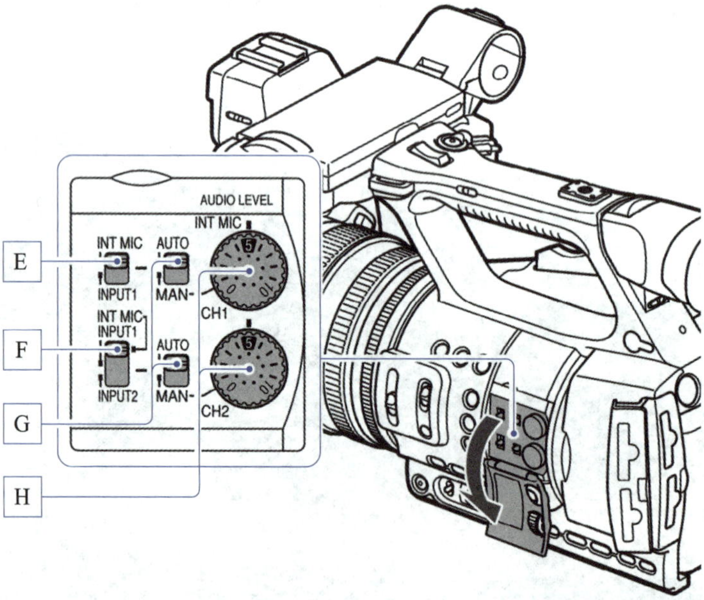

图 3－3－17　Sony HXR-NX3 外部音频插孔和开关细节图二

我们可以通过自动和手动来调整不同声道的音频等级，G 指代 AUTO/MAN（CH1）和（CH2）开关，H 指代 AUDIO LEVEL（CH1）和（CH2）的调节拨盘。

二、使用小高清摄像机的内置麦克风进行收声

当没有外置麦克风时，我们将使用内置麦克风进行录制，小高清摄像机将以立体声进行录音。

在设置面板时，应将 E 和 F 所指代的 CH1（INT MIC/INPUT1）和 CH2（INT MIC/INPUT1/INPUT2）开关都设置为 INT MIC，如图 3－3－17 所示。

> **小提示**
>
> 在 MENU 中，我们可以设置 INT MIC 灵敏度，即可以设定使用内置麦克风时的录制灵敏度。以教学设备 Sony HXR-NX3 为例，我们的菜单中有两个选项：
>
> 标准：通常用于专业设备的灵敏度。
>
> 高：通常用于一般消费者所用设备的灵敏度。
>
> 在 MENU 中，我们还可以为 INT MIC 降低风声，以减少内置麦克风输入声音中的低音，并减轻风噪声。我们的菜单中有两个选项：
>
> 关：禁用风噪声降低功能。
>
> 开：启用风噪声降低功能。

如果录制的声音很小，需要在 MENU 中将［INT MIC 灵敏度］设为［高］。若要减少风噪声，请将［INT MIC 降低风声］设为［开］。

三、使用外置麦克风进行收声

若要使用麦克风或者外部音频设备，应更改以下设定。

（一）选择输入源

根据图 3－3－16 所示 INPUT 1/INPUT 2 插孔连接的设备设定 INPUT 1/INPUT 2 开关。音频设备与开关设置如表 3－3－6 所示。

表 3－3－6　音频设备与开关位置对应表

音频设备	开关位置
外部音频设备（调音台等）	LINE
动圈式麦克风或带有内置电池的麦克风	MIC
+48V 电源（幻象供电）麦克风	MIC+48V

> **小提示**
>
> - 如果连接至不支持 +48V 幻象电源的设备，则可能会因为此开关设为 MIC+48V 而发生故障。请在连接该设备前进行检查。
> - 如果没有音频设备连接到 INPUT 插孔，则应将该插孔的 INPUT 开关设为 LINE，以防产生噪声。

（二）设置麦克风的输入电平

用摄像机的 MENU 菜单中的［INPUT1 调整］/［INPUT2 调整］将输入电平设为所用 XLR 麦克风的灵敏度。

可以将输入电平设为 –60 dBu（+12dB）和 –30 dBu（–18dB）之间，以 6dB 为单位。默认设定为 –48 dBu（0dB）。

> **小提示**
>
> 什么是 XLR AGC 链接？
>
> 当使用外部麦克风时，我们在 MENU 中可以选择 CH1 和 CH2 的 AGC（自动增益控制）是相互关联还是独立。但注意，只有当 CH1 和 CH2 开关均设为 AUTO，并且 INPUT 1 和 INPUT 2 开关均设为 MIC 或两者均设为 LINE 时，此功能有效。
>
> - 分离：为 CH1/CH2 分别应用 AGC。从 CH1/CH2 输入的声音将作为分开的声音录制。
> - 结合：让 CH1 和 CH2 的 AGC 相互关联。从 CH1/CH2 输入的声音将作为一组声音（如立体声）录制。

（三）选择录音声道

即用 CH1/CH2 开关，选择各声道上将要录制的音源，如图 3-3-17 所示。

（1）当 CH1 开关设为 INT MIC 时，设置如表 3-3-7 所示。

表 3-3-7　输入源、录音声道和 CH2 开关设定对应表

输入源和录音声道	CH2 开关设定
INT MIC（L）> CH1 INT MIC（R）> CH2	拨至 INT MIC 位置
INT MIC（单声道）> CH1 INPUT 1 > CH2	拨至 INPUT1 位置
INT MIC（单声道）> CH1 INPUT 2 > CH2	拨至 INPUT2 位置

（2）当 CH1 开关设为 INPUT 1 时，设置如表 3-3-8 所示。

表 3-3-8　输入源、录音声道和 CH2 开关设定对应表

输入源和录音声道	CH2 开关设定
INPUT 1 > CH1 INT MIC（单声道）> CH2	拨至 INT MIC 位置
INPUT 1 > CH1 INPUT 1 > CH2	拨至 INPUT1 位置
INPUT 1 > CH1 INPUT 2 > CH2	拨至 INPUT2 位置

小提示

使用立体声麦克风时（即 2 只 XLR 插头）时，应将 L（左）声道插头连接至 INPUT 1 插孔，将 R（右）声道插头连接至 INPUT 2 插孔。将 CH1 开关设为 INPUT 1，将 CH2 开关设为 INPUT 2。

四、调节音量

（1）将要调节声道的 AUTO/MAN 开关（G）设定为 MAN，如图 3－3－17 所示。

（2）在录音或待机状态下，转动要调节声道的 AUDIO LEVEL 拨盘（H）。

（3）当 CH1/CH2 开关均设为 INT MIC 时，左右声道将与 CH1 开关和拨盘产生关联。

（4）在收音时，为了保证收声，一般会将 INPUT1 留给摄像机的随机麦克“INT MIC”，将 INPUT2 外接麦克风。“INT MIC”的 1 声道，我们会将电平调节为自动的档位；外接麦克到 INPUT2 的 2 声道，我们会将电平调节为手动挡位，转动旋钮到合适位置，保证收声不爆音。

对于小高清摄像机，在收音时，一般会使用卡农线将外接麦克风接入 INPUT2 通道。

五、监听耳机的设置

调节音频时，务必连接好监听耳机，随时关注音频状态。耳机监听设定拨钮如图 3－3－18 所示。

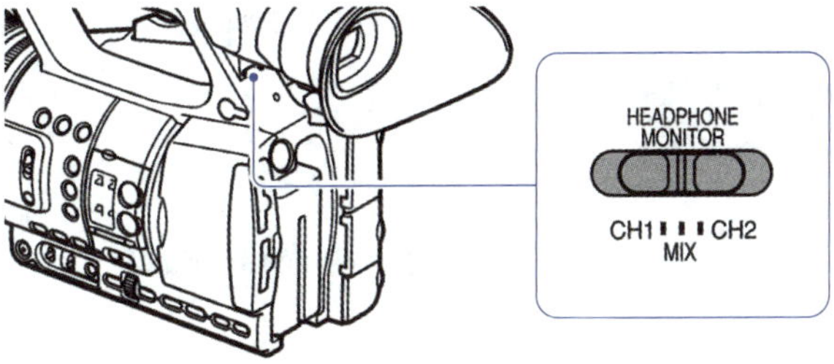

图 3－3－18　耳机监听设定拨钮

选择 CH1 或 CH2 时，相应声道的（输入）声音输出到耳机。

选择 MIX 时，CH1 和 CH2 输入声音均输出到耳机。当选择 MIX 时，在摄像机 MENU 菜单中［耳机输出］上选择［单声道］或［立体声］以输出音频。

学习情境 3.4

微纪录片的后期制作

学习情境背景

一般来说，纪录片的后期制作是将拍摄下来的镜头按照一定要求重新排列、组织、编辑在一起，这种基本意义的镜头组接，称为蒙太奇。微纪录的后期编辑一般包括素材的回看、整理；解说词撰写，部分微电影以同期声剪辑，不用添加解说词；粗剪、精剪；添加片头、片尾、字幕等环节。微纪录片的片头、片尾、字幕包装通常比较简单，在此学习情境不做过多阐述。

本学习情境将对微纪录片的后期制作相关知识进行介绍，包括微纪录片的解说词撰写、微纪录片的声画编辑。

思维导图

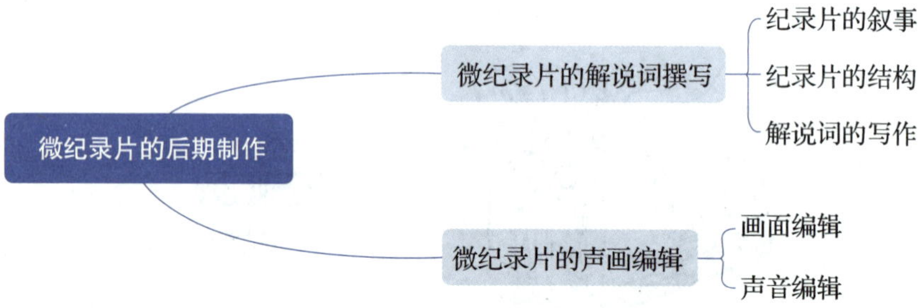

项目任务 3.4.1

微纪录片的解说词撰写

项目任务书

微纪录片的解说词撰写项目任务书如表 3－4－1 所示。

表 3－4－1　微纪录片的解说词撰写项目任务书

组号		指导老师		日期	
组长		学号		任务活动时间	8 学时
任务导入	1. 鉴赏视频案例。 2. 阅读资料，根据思考题归纳重点。以文字形式列出重点。 3. 为拍摄的纪录片撰写解说词。				
任务实施步骤和主要工作内容	1. 在了解解说词作用和特点的基础上，能够掌握解说词开头、结尾的常见写作方式并完成人物纪录片解说词创作；能够用细节镜头呈现人物的特点，并利用细节化镜头进行纪录片的故事化表达。 2. 解说词要结合纪录片的镜头来构思，在剪辑成片的基础上补充和完善纪录片的叙事。在拍摄和剪辑过程中也要注意合理地设计和使用镜头去表现故事性。				
总结 / 完成情况					

获取资讯

- 引导问题 1：微纪录片叙事的方式有哪些？
- 引导问题 2：有解说叙事通常出现在哪类微纪录片中？请举例说明。
- 引导问题 3：微纪录片叙事角度，或叙事视角是指什么？
- 引导问题 4：微纪录片有哪些结构方法？
- 引导问题 5：解说词的作用是什么？
- 引导问题 6：微纪录片解说词的写作风格有什么特点？
- 引导问题 7：微纪录片解说词的撰写要点是什么？

工作实施

教师带领学生学习资料、收集信息，引导小组讨论、组间交流分享，控制每个活动环节的时长。

学生首先学习资料，观看鉴赏相关视频，完成引导问题填写，撰写微纪录片解说词。学生相互评价，记录任务完成情况。

评价反馈

根据引导问题填写以及微纪录片解说词情况，进行交流分享，相互评价，完成“项目任务评价表”。

知识加油站

微纪录片的解说词撰写

微课视频同步看

解说词是纪录片的重要组成部分，纪录片的解说词又具有纪录片视听语言的个性特点，有着独特的写作特征。

一、纪录片的叙事

纪录片的叙事，是指对事件顺序进行排列描述。

（一）叙事的方式

叙事方式即讲故事的方法，微纪录片的叙事方式与传统纪录片相似，常见的有以下几种。

1. 有解说叙事

部分纪录片以解说词为核心进行叙事，在历史文献、自然科技类纪录片中比较常见。创作者采用第一人称或第三人称进行解说，一般以正叙的方式展开，中间根据故事情节可以加入倒叙、插叙、闪回等方式，丰富故事信息，补足画面缺失的叙事内容。例如网络纪录片《风味人间》采用有解说叙事，如图 3－4－1 所示。片中这些描绘美食的解说词让观众一听即能口舌生香，食欲大振，其独特的解说风格精练、明快，与片中美食相映成趣，成为《风味人间》的一大亮点。

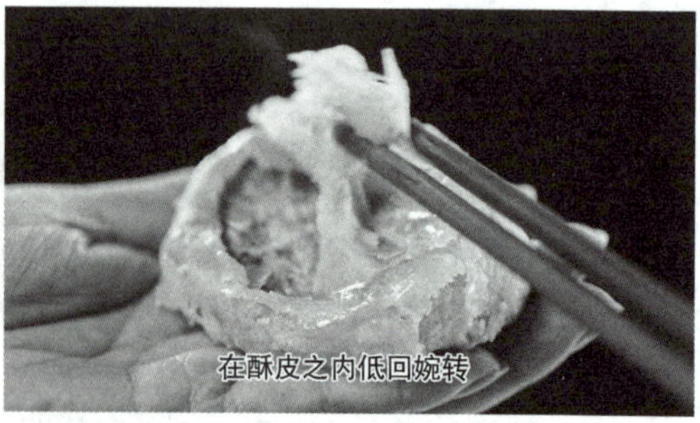

图 3－4－1 《风味人间》解说词

2. 无解说叙事

在微纪录片创作中无解说叙事也比较常见，呈现事件的原生态画面，将创作者的意图、情感隐藏在影片故事里。无解说叙事注意同期声的使用，会穿插加入提示性字幕。例如网络美食纪录片《早餐中国》，采用同期声叙事的方法，访街穿巷、闻香识味，用朴实的影像和家人的口味，寻找地道的中国早餐，如图 3－4－2 所示。

图 3－4－2 《早餐中国》同期声

3. 口述叙事

口述叙事即叙述人参与事件，可以是主要角色或次要角色，对已经发生事实进行口头叙述的客观记录。通过录音、录像、访谈的方式，记录个人的回忆、观点、情感，多角度、多方面反映事件，客观再现并重建历史原貌。例如网络纪录片《和陌生人说话》，采用口述叙事的方法，关注普通人的生活，每集只有十分钟左右的时长，把普通小人物的鲜活生命呈现在了大众面前，给观众留下了深刻的印象，如图 3－4－3 所示。

图 3－4－3 纪录片《和陌生人说话》画面

（二）叙事的角度

叙事角度，或叙事视角，即对故事内容进行观察和讲述的角度。也就是在被拍摄对象、创作者和观众之间，将采取何种立场、角度来处理三者之间的关系。通常有第一人称视角、第三人称视角。

第一人称视角讲述故事带有比较强烈的主观意识、情感色彩。第一人称的“我”可以是参与式拍摄，也可以是观察式拍摄。第三人称视角叙事提供全知的角度，理性色彩较强。借助第三人称，多角度、全方位地展开叙事，在人文历史纪录片常用。例如纪录片《如果国宝会说话》通过“微纪录”表达方式，让沉静的国宝“开口”讲述传奇，采用第三人称视角叙事，向观众展现了蕴藏在文物背后的深邃历史和精彩故事，带领观众读懂中华文化，如图 3－4－4 所示。

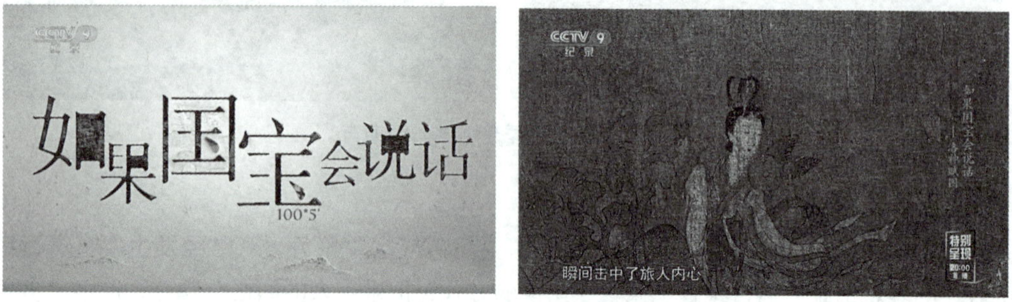

图 3－4－4　纪录片《如果国宝会说话》画面

二、纪录片的结构

纪录片的结构是对素材中的多个事件进行选择、组合、排列的方式，叙事结构即是通过调整素材之间的关系，运用不同的结构方式进行表达，形成具有开头、发展、高潮、结尾的完整故事。微纪录片时间较短，常用单线结构，也会采用双线结构、多线结构、平行结构、交叉结构和倒叙结构。

三、解说词的写作

（一）解说词的作用

微纪录片解说词是为了配合画面解释意义，不是独立存在的，需要与画面中的信息有所融合。具有升华主题，将零散的素材有序地组织在一起，描述故事情节、背景，对画面表达不了的信息进行提示、补充等作用。

（二）解说词的写作风格

不同主题立意的微纪录片要采用不同风格的解说词，常用的有写实理性风格、人文抒情风格等。写实理性风格的解说词，注重同期声和现场音乐、音响的使用，解说词的运用篇幅较少。人文抒情风格的解说词，主观色彩较浓，追求语言词汇的巧妙运用以及艺术氛围的营造，画面与解说词相结合，情景交融富有意境，情感充沛。

（三）解说词的写作要点

微纪录片由于时间较短，解说词要简练、精确，篇幅也不宜过长。解说词不是独立的文学作品，要和纪录片的画面、音响、音乐等相互配合，视听结合。解说词不要对画面进行重复和描述，要对不能准确传递完整信息的镜头画面进行补充说明。要将碎片化的素材有序重组，使画面衔接更流畅、转场更自然，还原完整事件。作为新媒体传播的视频作品，微纪录片解说词在具有深厚的人文性和思想性的基础上，还要提升趣味性、网络感，以适应互联网观众的爱好习惯，吸引更多人来观看。

项目任务 3.4.2

微纪录片的声画编辑

项目任务书

微纪录片的声画编辑项目任务书如表 3－4－2 所示。

表 3－4－2　微纪录片的声画编辑项目任务书

组号		指导老师		日期	
组长		学号		任务活动时间	12 学时
任务导入	1. 观看电影《辛德勒的名单》(斯皮尔伯格导演，1993 年)，任选其中一段主题片段，观察其视听语言构成，并思考以下问题： (1) 这段主题片段是怎样组织镜头的？ (2) 这些镜头是长镜头还是短镜头的组合？拆分镜头的景别构成是什么？ (3) 仔细观察画面，想象镜头所在的空间位置。你能不能产生完整的空间感？ (4) 一般人物对话采取什么样的镜头组合形式？ (5) 影片的叙事表现时间和实际客观时间有没有差异，它是怎样处理的？ 2. 描述蒙太奇中剪辑顺序、节奏和调频的效果。理解图像后期处理所需的方法。 3. 使用蒙太奇营造理想的效果。根据结构和技术要求处理录制的影片。				
任务实施步骤和主要工作内容	1. 选择一段有典型配乐的影视素材，将音乐和画面分离，各自单独作为素材。另外准备几段音乐，当作原画面的配套音乐。可以选择和原始配乐情绪、节奏都比较接近的音乐素材，也可以选择和原始配乐情感色彩反差比较大的音乐素材。 2. 让学生从提供的几段待选音乐素材中选择一段为原始画面配乐，并说明理由。(给画面配乐，一是要考虑声音和画面在节奏上的匹配，二是要考虑二者在情感色彩方面是否和谐。) 3. 分组讨论。把学生新剪辑合成的影片与原片进行比较，找出差异，然后分析配乐思路是否合理。 4. 在后期软件中输入音像素材，创建并梳理项目。根据不同的调平标准制作混音。 5. 剪辑组合音像素材，制作成合适的格式，达成传递信息的目标，在长时间段内投入工作并坚持。 6. 根据新媒体平台播出要求输出微纪录片影片。				
总结 / 完成情况					

获取资讯

引导问题 1：剪辑的要素有哪些？

引导问题 2：纪录片剪辑点的选择分别是什么？

引导问题 3：纪录片的声音编辑包括哪几种？

工作实施

教师发放学习资料，引导小组讨论、组间交流分享，控制每个活动环节的时长。

学生首先学习资料、收集信息，完成引导问题填写，进行交流分享，相互评价，记录学习情境完成情况。

评价反馈

根据引导问题填写以及微纪录片作品完成情况，进行交流分享，相互评价，完成“项目任务评价表”。

知识加油站
微纪录片的声画编辑

微课视频同步看

一、画面编辑

（一）剪辑的要素

画面编辑就是把不同角度、不同景别、不同构图的镜头画面连接组合，以实现流畅的叙事和完整的表意。镜头中出现的不同因素，是剪辑师决定如何选择、剪切的关键。影响剪辑决策的有以下因素。①

1. 镜头信息

每出现一个新的镜头都会呈现出新的信息，镜头中的信息有视觉信息和听觉信息。比如一个新人物的出现，一个不同的场景切换，一个疑点重重的事件展开等，这些属于视觉信息。听觉信息包括同期声、解说词、配音、现场环境音等。剪辑师需要通过镜头中的信息调动观众的情绪或思考，出现的每一个镜头都应该为故事提供新的信息，使观众投入到影片当中，并且始终保持参与。

例如纪录片《风味人间　第 1 季》第 1 集“山海之间”开篇的镜头画面和解说词：“不同的地理条件，造就了人类千姿百态的生活方式。中国，拥有最富戏剧性的环境和气候。从荒漠到平原，从山地到海洋。人们因循自然，从食物中获取能量。”（见图 3－4－5）不同的场景切换，搭配解说词等，每一个镜头为故事开始提供新视觉信息和听觉信息。

① 罗伊·汤普森，克里斯托弗·J 鲍恩. 剪辑的语法［M］. 梁丽华，罗振宁，译. 北京：北京联合出版公司，2017：50－60.

图 3－4－5 《风味人间》镜头画面和解说词

2. 剪辑动机

从一个镜头切出去转入下一个镜头，需要剪辑动机，包括视觉动机和听觉动机。视觉动机可以是人物面部的表情动作、眼神移动，下一个镜头接人物所看到的景象，告诉观众主人公在看什么；也可以是汽车驶入大门，下一个镜头接大门内的画面，展示汽车进入的下一个场景。声音动机一般运用在两个镜头之间的剪辑点，用来精细处理声音和画面的关系。可以由声音引入下一个镜头，比如在远景草丛中有一只狗在奔跑，出现狗的叫声，下一个镜头可以自然切入狗的近景；也可以用声音作为转场动机，搭建“声桥”，比如第一个镜头为中远镜狗在草丛中飞奔发出叫声，后段叠入第二个镜头的狗叫声，第二个镜头再切狗在家门口冲着陌生人叫，声音作为动机转换场景。

3. 镜头构图

剪辑师可以在素材中选择正确的镜头构图，使画面组接更流畅，提升观影体验。比如双人对话的剪辑，第一个镜头为两人交谈的中远景，第二个镜头切主人公 A 说话视线往右，右侧留白多，第三个镜头切主人公 B 视线往左，左侧构图留白多。这样的构图组接，人物视线符合逻辑，更符合观众的观看心理。

4. 拍摄角度

摄像机角度相同或者相似的镜头组接切换容易让观众感到画面跳跃，一般选取不同景别、不同角度的镜头进行剪辑，避免跳切的出现。如图 3－4－6 所示，纪录片《风味人间》从不同角度拍摄食物的制作过程。

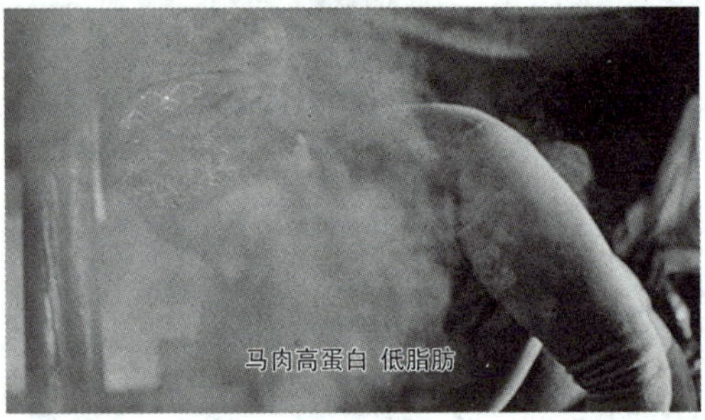

图 3－4－6 《风味人间》镜头

（二）剪辑点的选择

要想纪录片的画面既流畅生动，又富有艺术节奏，就要选择适当的剪辑点。画面的剪辑点主要有动作的剪辑点、情绪的剪辑点和节奏的剪辑点。[①]

1. 动作的剪辑点

动作的剪辑点指的是镜头切换时，根据实际的动作规律而选择的剪辑点。动作剪辑有三种类型：一是“静接静”，指一个动作从动态到静态结束后，再接一个从静态开始的动作，完整展现动作过程；二是“动接动”，动态动作接动态动作，可以形成一种动势；三是在动作之间插入其他画面，再回到动作已临近结束。

2. 情绪的剪辑点

情绪的剪辑点指的是以人物的心理情绪为基础，根据人物喜怒哀乐等外在表情，结合主题方向而选择的剪辑点。可以强调或渲染人物情绪、刻画人物心理。人物情绪的镜头长度一般作延长处理，延伸情绪，淋漓尽致地展示人物的心理活动，从而调动观众情绪，增强影片的感染力。

3. 节奏的剪辑点

节奏的剪辑点指的是以事件内容发展的节奏线索为基础，根据内容表达的情绪、氛围，为实现紧张或放松的气氛而选择的剪辑点。通过镜头的长短来营造不同的节奏，一

---

① 董春晓. 纪录片制作教程［M］. 杭州：浙江大学出版社，2014：125－126.

般与解说词、配音一起考虑，常用来表现激烈冲突、情绪高涨的场面。

二、声音编辑

声音剪辑主要包括解说词、同期声、音响的剪辑和音乐的运用。

（一）解说词的剪辑

解说词剪辑要求解说词与画面对位准确，相互补充，和谐出现。微纪录片的解说是对主题的说明、补充、阐释，深化画面内容。解说时间长度上一般小于画面，比画面的第一个镜头出现得晚，比最后一个画面结束得早。

（二）同期声的剪辑

同期声指画面中人物的同步话语，是直接真实的声音，是当今纪录片创作的重要元素。同期声应流畅清晰，富有表现力，并且符合人物原意，用来塑造人物形象，表达作品主旨。同期声剪辑通常有直切式、渐入式、重叠式、画外音式、无画面独白式等。

（三）音响的剪辑

现场音响有环境音、自然声等实际拍摄的声音，用来渲染情绪、烘托气氛，影响微纪录片真实感的表现。对于纪录片音响的处理，可以根据画面叙事，来调整音响的内容及声音的大小，达到不同的氛围效果。

（四）音乐的运用

音乐可以增强纪录片的情感表现力、感染力，起到激发情感、深化主题的重要作用。微纪录片音乐与画面相辅相成，与解说词、音响相互配合，用来衬托情绪。纪录片中的音乐有拍摄现场录制到的旋律或歌唱和创作者根据表意添加的画外音乐。

参考文献

[1] 徐华飞，王鹏. 新闻类课程开展课程思政的探索与实践 [J]. 重庆行政，2021 (4)：104-106.

[2] 牛天，周继坚. 新华社：短视频成为创新新闻报道“利器” [J]. 传媒评论，2016 (10)：27-29.

[3] 唐世伟，刘贤梅. 信息论 [M]. 哈尔滨：哈尔滨工程大学出版社，2009：1.

[4] 赵毅衡. 符号学原理与推演 [M]. 南京：南京大学出版社，2016：1.

[5] 叶以琛，兰芳. 符号学语境下汉代长青树文创产品设计研究 [J]. 设计，2021 (19)：154-157.

[6] 郭庆光. 传播学教程 [M]. 北京：中国人民大学出版社，2011：4-5.

[7] 马歇尔·麦克卢汉. 理解媒介 [M]. 何道宽，译. 南京：译林出版社，2019：16-18.

[8] 周小普. 广播电视概论 [M]. 北京：中国人民大学出版社，2017：2.

[9] 高钢，潘曙雅. 新闻采访与写作 [M]. 北京：中国人民大学出版社，2018：2-3.

[10] 宫承波. 新媒体概论 [M]. 北京：中国广播电视出版社，2020：2-5.

[11] 牛静，杜俊伟. 全球媒体伦理规范译评 [M]. 北京：社会科学文献出版社，2018：362-365.

[12] 赵振宇，张强. 新闻评论的正义观初探 [J]. 国际新闻界，2013 (11)：34-46.

[13] 周大义. 新媒体时代新闻记者的职业素养和社会责任探索 [J]. 新闻研究导刊，2020 (2)：124-125.

[14] 中国互联网信息中心. 第51次中国互联网络发展状况统计报告.

[15] 潘宇，刘胜枝. 新闻短视频发展现状、问题及趋势 [J]. 中国编辑，2018 (7)：82-85.

[16] 张志安，李霭莹. 变迁与挑战：媒体平台化与平台媒体化——2018中国新闻业年度观察报告 [J]. 新闻界，2019 (1)：6-15.

[17] 殷乐，高慧敏. 传统媒体新闻短视频发展现状与传播态势 [J]. 当代传播，2018 (6)：45-50.

[18] 郑洁. 梨视频内容生产的PUGC模式及启示[J]. 传媒，2021（9）：57－59.

[19] 王汉熙，刘凯，万成娜. 动新闻制作流程探索[J]. 武汉理工大学学报，2014（10）：140－148.

[20] 陈廉. 如何做好新闻选题策划[J]. 新闻战线，2020（10）：94－95.

[21] 陶亮，吴航行. 新媒体信息编辑[M]. 北京：人民邮电出版社，2019：29－36.

[22] 张红霞. 新闻专题片的前期采访和现场采访探析[J]. 传播力研究，2019（22）：109－110.

[23] 时珑姗. 非语言符号在电视新闻采访中的运用[J]. 新闻传播，2014（1）：23.

[24] 肖凭. 新媒体运营[M]. 北京：中国人民大学出版社，2020：99－102.

[25] 罗伊·汤普森，克里斯托弗·J鲍恩. 剪辑的语法[M]. 梁丽华，罗振宁，译. 北京：北京联合出版公司，2017.

[26] 靳斌. 新媒体视听作品制作与运营[M]. 北京：中国国际广播出版社，2020.

[27] 张正. 新闻短视频的拍摄和剪辑技巧[J]. 传媒论坛，2020（8）：69－70.

[28] 杨晓林. 微电影的定义之辩[J]. 民族艺术研究，2019（3）：123－129.

[29] 周建青. 新媒体视听节目制作[M]. 北京：北京大学出版社，2019：4－7.

[30] 杨宁. 微电影的艺术特点及传播机制探析[J]. 山西财经大学学报，2015（S1）：133－142.

[31] 杨晓林. 微电影的特征、分类及传播[J]. 民族艺术研究，2015（2）：18－27.

[32] 徐雄庆，聂俊，陈旺. 微电影创意与制作[M]. 长春：吉林文史出版社，2017：2－4.

[33] 董从斌，赵鑫. 微电影创作[M]. 北京：中国传媒大学出版社，2016：2－5.

[34] 黎力. 微电影理论与创作[M]. 上海：上海三联书店，2018：35－41.

[35] 肖澎. 微电影实战技巧[M]. 北京：中国轻工业出版社，2018：26－43.

[36] 徐燕. 剧本写作教程[M]. 北京：中国传媒大学出版社，2017：18－32.

[37] 邓烛非. 蒙太奇原理[M]. 北京：中国电影出版社，2019：2－12.

[38] 傅正义. 影视剪辑编辑艺术[M]. 北京：中国传媒大学出版社，2017：59－63.

[39] 董从斌，赵鑫. 微电影创作[M]. 北京：中国传媒大学出版社，2016：78－80.

[40] 周振华. 视听语言[M]. 北京：中国传媒大学出版社，2013：53－54.

[41] 齐青. 微电影制作[M]. 上海：上海科技教育出版社，2017：179－236.

[42] 孙茜芸，康玉东. 微电影创作教程[M]. 北京：中国传媒大学出版社，2016：103－127.

[43] 张菁，关玲. 影视视听语言[M]. 北京：中国传媒大学出版社，2014：135－141.

[44] 焦道利. 媒介融合背景下微纪录片的生存与发展[J]. 现代传播，2015（7）：107－111.

[45] 聂欣如. 关于“先锋纪录片”的四个问题[J]. 未来传播，2019（5）：89－95，126.

［46］冯蕾，张文风. 纪录片通识课程与高校“思政课”对接的逻辑与策略［J］. 时代报告，2020（9）：166－168.

［47］赵鑫，刘峰，冯春燕. 纪录片创作实用教程［M］. 北京：中国传媒大学出版社，2019：3－5.

［48］聂欣如. 纪录片研究［M］. 上海：复旦大学出版社，2010：219－224.

［49］迈克尔·拉毕格. 纪录片创作完全手册［M］. 喻溟，王亚维，译. 成都：四川人民出版社，2019：33－39.

［50］董春晓. 纪录片制作教程［M］. 杭州：浙江大学出版社，2014：125－126.

附录

项目任务相关表格

表 1 组员及分工情况表

学习领域（ ）	学习情境（ ）	项目任务（ ）	页码
姓名	学号	班级	日期

序号	姓名	学号	任务分工

表 2　引导问题答题表一

学习领域（　　）	学习情境（　　）	项目任务（　　）	页码
姓名	学号	班级	日期

引导问题（　　）：

引导问题（　　）：

引导问题（　　）：

引导问题（　　）：

引导问题（　　）：

表 3 引导问题答题表二

学习领域（ ）	学习情境（ ）	项目任务（ ）	页码
姓名	学号	班级	日期

引导问题（ ）：

引导问题（ ）：

表 4　引导问题答题表三

学习领域（　　）	学习情境（　　）	项目任务（　　）	页码
姓名	学号	班级	日期

引导问题（　　）:

表 5 项目任务评价表

学习领域（ ）	学习情境（ ）	项目任务（ ）	页码
姓名	学号	班级	日期

序号	评价内容	自我评价	小组互评	教师评价	综合评价
1	学习准备				
2	引导问题填写				
3	完成质量				
4	关键步骤要领掌握				
5	完成速度				
6	参与讨论主动性				
7	沟通协作				
8	展示汇报				
项目任务总分：					
反思与总结：					

注：评价等级统一采用 5（优秀）、4（良好）、3（合格）、2（努力）、1（加油）、0（不合格）6 项。综合评价分数 = 自我评价 + 小组互评 + 教师评价。项目总分为 8 项综合评价分数之和，总计 120 分。

表 6 新闻短视频节目策划方案表

新闻短视频节目策划方案		
姓名： 组长：	学号： 组员：	日期： 指导老师：
报道选题（主题）： 新闻标题（拟定标题）：		
一、选题分析 （一）选题背景（题材分析）： （二）报道目的（选题意义）： （三）报道时间：（时间规划、制作周期、播出日期……） （四）报道范围（选题范围）：（×× 市……）		
二、前期准备 确认采访报道的对象、资料；搜集相关的资料；设计好向采访对象提问的问题。 **（一）采访对象** 1. 主要采访对象： 2. 选择关键采访对象的原因： 3. 辅助采访对象： 4. 选择辅助采访对象的原因： **（二）相关背景资料** （×× 医生：……） （×× 社区工作人员：……） （×× 志愿者：……） **（三）采访问题提纲** 1. 您好，很高兴今天能邀请到您接受我们的采访…… 2. 请问您的职业是什么？ 3.……		
三、拍摄计划 **（一）摄制组** 1. 编导 / 导演：…… 2. 记者：…… 3. 摄像 / 录音 / 灯光：…… **（二）报道思路 / 角度** **（三）报道形式 / 风格** **（四）报道地点** **（五）设备准备** **（六）规划安排** （何时去看现场？何时研究材料？安排几个记者采访？分工如何？素材如何整合？……）		
四、其他问题		

表 7　拉片分析表

影片名称：　　　　　　　　　　　　影片类型：

拉片时长：　　　　　　　　　　　　拉片日期：

镜号	时长	画面	景别	技巧	声音	备注

表 8　分镜头脚本表

No:　　　　　　Part:　　　　　　Scene:

镜号	画面	动作	对话	秒

表 9 分镜头绘制表

No: Part: Scene:

镜号	画面	动作	对话	秒